JN336523

東大寺史へのいざない

堀池春峰 著
東大寺史研究所 編

昭和堂

■東大寺縁起（鎌倉時代・県指定文化財）
七堂伽藍が完備された理想の姿を描く。大仏殿では武士が警護する中、開眼会が行われている。上方には重源像を安置した浄土堂や鐘楼、手向山八幡宮、法華堂、二月堂が描き込まれている。

■東大寺全景
東より境内全域をのぞむ。大仏殿を中心に南（左手）に南大門、北（右手）に講堂跡を挟んで正倉院、東に鐘楼、大湯屋、開山堂、手向山八幡宮、法華堂、二月堂が立ち並ぶ。東方（画面下の右手）観音山と凡山との間の山道を登ると天地院に至る。境内より西方は平城京域となる。転害門（佐保路門）から平城宮（画面上方の野原の空閑地）まで真西に一条大路が走る。

◆目次◆

東大寺史へのいざない

◆目次◆

本文デザイン：はやしデザイン事務所

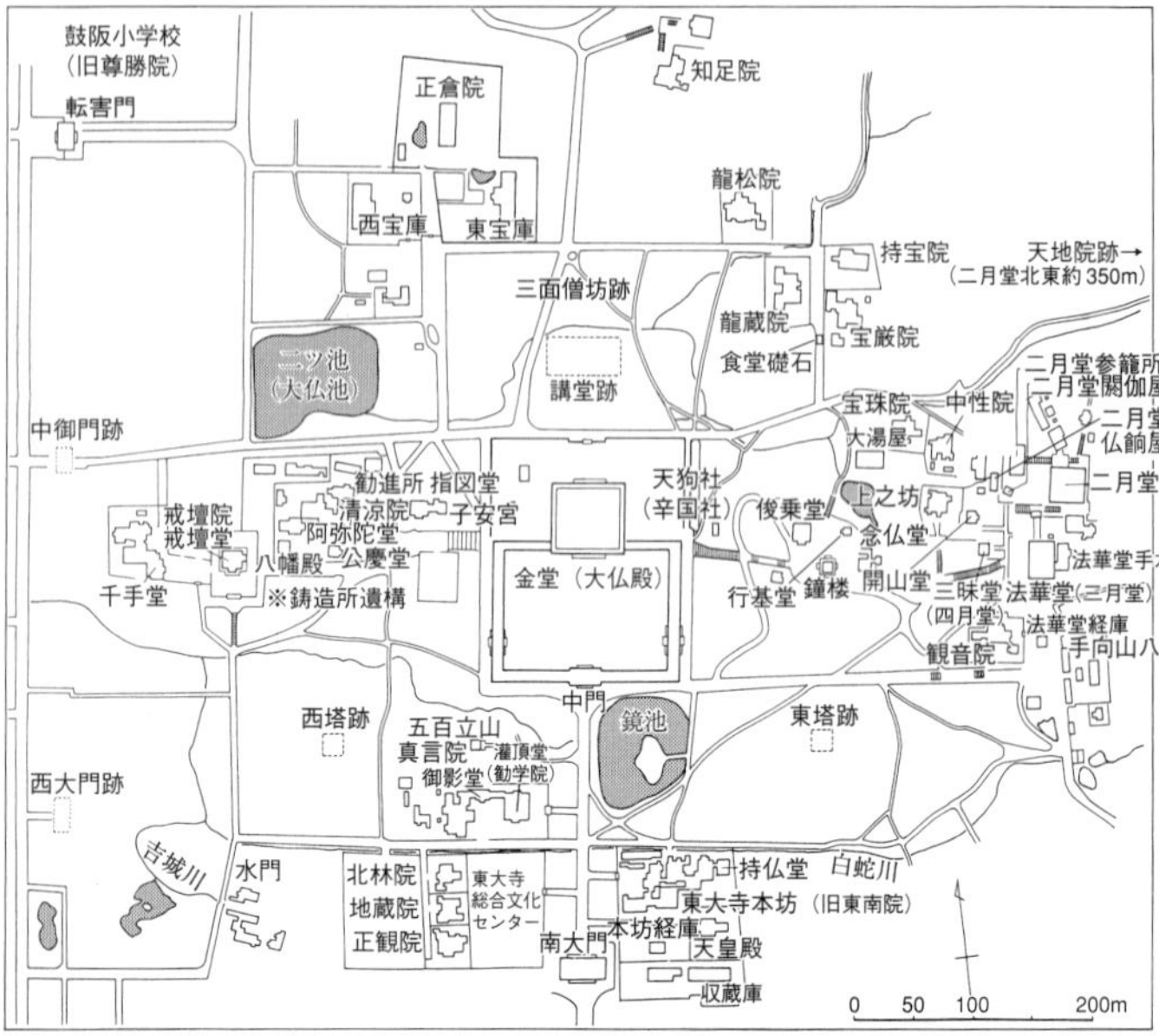

■東大寺境内図

主要堂塔地図索引（五十音順）掲載頁

刊行に寄せて

堀池春峰さんは、東大寺小綱職《しょうこうしょく》として、修二会（お水取り）など諸法会の護持や寺宝の保存管理、財政人事その他の実務全般に亘って多大の貢献をして下さった方ですが、それ以上に、歴史学の研究家として、東大寺史を中心に、大きな業績を遺されました。御自身大変な博識であったばかりでなく、同輩あるいは後進の研究者にも親切で、永年の探索の結実である史料を惜しげもなく提供して下さるなど、多くの人々から「東大寺の生き字引」と呼ばれて、崇敬をあつめておられました。

その業績である主要な論文は、『南都仏教史の研究』上巻下巻および遺芳篇（昭和五十五年・五十七年・平成十六年、法蔵館）に纏められていますが、それら専門的な立場から個別的な問題を追求された論文とは別に、東大寺の寺宝展等に際して一般の読者のために執筆された東大寺史の概説（その殆どは、その当時の管長の名で発表されたもの）や、宗報『華厳』のために分かり易く書かれた、寺史研究のいわば落ち穂拾いのような観のある解説や随筆、あるいは新聞記者の質問に答えて話された、独特の口調の声が聞こえてくるような趣のある聞き書きなど、親しみやすい中にも含蓄の深い原稿が、いろいろと遺されていました。この度、それらの中から、内容の変化と調和を考慮しつつ厳選されたものが一冊の本になりました。

東大寺が辿ってきた千二百五十余年の歴史と、それにまつわるさまざまな事柄に関心をお持ちの方々に、興味深く読んでいただけることと存じます。

平成十六年四月吉日

東大寺住職　橋本聖圓

一　東大寺の歴史

七～八世紀の東洋の世界は、唐を中心に善隣友好の国際関係が昇華した時代である。タクラマカン砂漠の南北の絲綢の道を、紫髯緑眼の胡人が隊商をくみ、ペルシャ・イランの船舶や崑崙《こんろん》の船が南海を渡って交易を求め、首都長安・洛陽や楊州・広州・泉州などに蝟来した。唐はまさに国際国家・世界国家といわれるわけである。天智二年（六六三）八月の白村江での大敗後のわが国の対外政策は、従来の朝鮮半島の文化移入より一転して、唐文化輸入と移植に変ったことは申すまでもない。唐朝は李姓を称したため道教を信奉したが、一方、隋朝からの政策を踏襲して仏教を振興した。帰化僧による仏教聖典の漢訳の盛行もその一つの現われであり、高宗の如く州ごとに一寺を建てて以来、則天武后は大雲寺を、中宗もまた諸国に龍興寺を、更には開元天宝の盛時と謳歌された玄宗は、開元寺を設けて、それぞれの国家の安寧と隆昌を祈願させた。これらの政策がわが天平十三年（七四一）二月の国分・国分尼寺の範となったことは周知のところである。

　このような唐朝の仏教興隆の風潮は、四つの船に分乗して大陸に渡った留学僧や、遣唐使が親しく見聞したところであろう。国分二寺や東大寺の創建は、唐朝の官寺制をモデルにしたもので、聖武天皇の発願にかかるとはいいながら、「もと太后（光明皇太后）の勧めたまふところなり」と続日本紀の光明皇后伝に伝えるように、皇后が重要な役割を果したことが窺われ、その献策者としては、久しく留学して帰国した僧道慈や玄昉《げんぼう》が有力視されている。元来、国分二寺はあの詔にも明記するように新建を主旨とするものであった。大和国にあっては、特別な事情があり、平城左京の東山に在った金鐘山寺《こんしゅさんじ》が国分寺となり、更にその寺地に金銅盧舎那《るしゃな》大仏像が造立され、東大寺と成っていった。教理の面よりいうと、国家の災害・国難などを消除することを説く金光明最勝王経の具現が国分寺の建立となり、更に発展して、世界に存在するあらゆるものは、それぞれ密接な相関関係の上に成り立ち、平和で秩序ある世界を形成しているという大方広仏華厳経（華厳経）の教理の実現が、東大寺の創建となったといえよう。

官大寺を造顕する場合には、造寺司・造仏殿司といった官庁が設けられて造営にあたった。造興福寺仏殿司・造大安寺司・造薬師寺司・造法華寺司・造西大寺司などの名が史上に散見する。東大寺の場合も当初は金光明寺造物（仏）所が設けられ造東大寺司になり、造仏造堂の規模が諸大寺に比べて大きかったために、多くの支所が設けられ、支所には別当・判官などの四等官や工人とよばれる技術者や雑役にたずさわる仕丁などよりなり、造東大寺司長官がそれを統率した。全国の偉秀な技工が各分野にわたって考試を経て採用され、まま未選の人々も雇用されて造営に当たった。奈良時代の文化、特に聖武治政の時代の文化をわれわれは天平文化と称し、その世界性、国際的性格を具えているものとして特色づけている。天平文化の原動力となったのは、実にこの造東大寺司であったし、さらにこの文化が凝固し昇華したのが東大寺であったといって過言ではなかろう。

律令国家が総力をあげて造営した当寺は、平安時代に至り、興福寺とともに宗教都市としての南京（南都）の一翼を保ち、律令制の崩潰に対処しながら法灯を伝えて来たが、治承四年（一一八〇）十二月の平重衡の兵火で、金堂である大仏殿をはじめとする七堂伽藍は炎上し、やがて俊乗房重源《ちょうげん》・栄西《ようさい》《えいさい》・行勇《ぎょうゆう》以下、歴代の造東大寺大勧進に相承されて、諸堂が復興され、教学の振興も計られた。とりわけ大仏の修理、大仏殿の復興は、後白河法皇・九条兼実などの宮廷貴族や、源頼朝を頂点とする鎌倉武士の広範な助援と庶民層の喜捨も多かったが、重源の再興への努力は、「此ノ世ノカハリノ継目」といわれた時代であっただけに、その心労難は筆舌に尽し難いものがあった。だが再興に当たっては宋人陳和卿《ちんわけい》・陳仏寿などの技術者の起用や、宋版一切経などの輸入、運慶・快慶などの仏師による新技法の開発が行われ、興福寺の再興と相俟って、わが国文化史上にエポックを画したことは注目してよい。

応仁・文明の乱はやがて戦国時代に突入し、永正五年（一五〇八）三月には講堂が炎上し、永禄十年（一五六七）十月には三好・松永の兵火で、鎌倉時代の歴代勧進上人によって再興され、修復されて来た諸伽藍が焼亡し、その再興は混沌とした社会の動向に左右されながら行われたが、旧態に復することはできず、元禄・宝永の江戸時代に至り、公慶上人の出現により、漸く大仏殿を中心とする講堂の再建などが行われたが、封建社会下にあっては、すでに昔日の面影はなく、曾《かつ》て八宗兼学を唱えた当時の教学も、三論・華厳の二宗の法灯をかろうじて伝えるのみとなった。

1　大仏造顕の発願

少年期、元明・元正両女帝の宮廷に育まれた聖武天皇は、即位して政界に出たとき、政争にうずまく見苦しい姿を体験することになった。夫人光明子との間に生れた皇太子基親王の夭死と、光明子の立后にからむ長屋王の変があり、光明皇后の立后をうけ

■重文・四聖御影図
（部分、南北朝時代、左上聖武天皇・左下良弁・右上菩提僊那・右下行基）

て藤原氏の政権把握を夢みていた皇后の兄弟武智麻呂・房前・宇合・麻呂の四卿は、天平七年（七三五）八月から九年の秋にかけて、新羅国より伝わった天然痘のために、あい前後して病没した。これに替り葛城王は臣下に下って橘諸兄と称していたが、一躍政界に浮上し、僧玄昉・吉備真備といった唐より帰国した人材をブレーンとして政界を主導することになった。天平十二年九月には宇合の子である藤原広嗣が「時政の得失を指し、天地の災異」のよって来るところが、僧玄昉・吉備真備にあるとして、両人の追放を求めて、大宰府で弟の綱手とともに兵を挙げた。有名な広嗣の乱である。この反乱はやがて鎮圧されたが、光明皇后の甥によって惹起されたものであっただけに、宮廷や貴族にあたえた衝撃は大きかった。乱の最中、平城宮を出た天皇・皇后の一行は、右大臣橘諸兄を伴い、伊賀・伊勢・美濃・近江の国々を彷浪しながら、ついに諸兄の別邸のあった山背国(京都府)井出の南方の恭仁に到着し、恭仁宮の造営が始まり、平城宮に替って新都になるかに思われた。国分二寺の造顕の詔は、この宮に滞在中の天平十三年二月に発せられたのである。だが恭仁宮の造営の工が進行中に、翌年二月には恭仁より近江国甲賀郡信楽(紫香楽)に至る山道が開かれ、八月に至ると信楽宮の造営が開始された。盧舎那大仏造立の詔は、このような目まぐるしい新宮の造営のさ中の天平十五年(七四三)十月十五日に発せられたのである。続日本紀や朝野群載などに収められたこの詔を、律令制の頂点に立つ強大な帝権を示すものとして批判する人もあるし、また「動植咸《ことごと》くに栄えん」ことを願う天皇の悲願の姿を見る人もあろう。さらに造像に当たっては、広く国民に「一枝の草、一把の土」の助援を呼びかけている。大仏の造立は皇室や政府の事業のみではなく、国民に結縁を求め、助力によって完成せんとした点に、従来の官大寺とは趣を異にするものがある。いわゆる国内大衆を知識として造立を果さんとしたもので、この精神は、以後平安・鎌倉・室町・江戸・明治の各時代の当寺再興や修理に当たっては、常に相承された。発願の詔が出された四日後には、民間伝道に体験と人望の厚かった行基は、弟子たちを伴い、広く民衆に助援を求めるために、勧進に出発した。

盧舎那大仏鋳造の動機の一つは、あの広嗣の乱の起こった天平十二年の二月に、難波宮に行幸し、河内国大県郡（大阪府柏原市）の知識寺に詣で、盧舎那仏をみて、「朕も造り奉らむ」と決心されたと続日本紀は伝えている。知識寺はその名の示すように、同法とか信徒を意味する言葉で、地縁的関係によって造られた寺であった。大和川の流域には帰化系の人々が多く、先進的な地域であったから、華厳経による盧舎那仏がいち早く造られ、信仰されていたらしい。

光明皇后が国分寺や東大寺の創建を勧めたことは前に触れたが、皇后は中国の女傑・則天武后を範とされたことで有名である。武后は、華厳宗の立宗者法蔵（賢首大師）にしばしば法界縁起の講義を聴き、華厳経八十巻の新訳が完成すると、親しく聖教序を寄せて巻頭を飾ったし、白馬坂に銅造の大仏を造顕した。また竜門や洛陽の奉先寺には盧舎那仏が安置されていたから、養老二年（七一八）に帰国した道慈や天平八年に帰った玄昉や唐僧道璿《どうせん》などから、唐朝の仏教界の動向や盧舎那仏のことについては伝聞していたと思われる。知識寺の参詣は大仏造顕の機縁となったが、華厳経の教理の研究が先ず必要であった。華厳経の研究は皇后宮職と殊に関係の深かった平城京左京の東山に在った金鐘寺で、大安寺の審祥大徳を講師として、慈訓・鏡忍など当時の気鋭の学僧を集めて、良弁《ろうべん》が主催して三ヵ年をようして天平十四年に終了した。大仏造顕の詔が発せられた前提には、金鐘寺におけるこの華厳講説があり、盧舎那仏の性格や華厳経の法界縁起が研究され、「率土《そつど》の浜已《すで》に仁恕《じんじょ》に霑《うるお》ふと雖も、而も普天《ふてん》の下未だ法恩に洽《あまね》からず。誠に三宝の威霊に頼りて、乾坤相泰《やすら》かに、万代の福業を修めて、動植咸《ことごとく》に栄えんことを欲す云々」といった発願の詔となって示された。勿論《もちろん》教理の研究と並行して仏像の相好や鋳造方法なども研究された上でのことであったのは申すまでもない。

華厳の根本教理は法界縁起《ほっかいえんぎ》をもって代表される。法界すなわち世界は、事法界《じほっかい》・理《り》法界《ほっかい》・理事無礙法界《りじむげほっかい》と事事無礙法界《じじむげほっかい》の四法界を考え、宇宙・世界の存在関係を説いている。事法界は対立差別の世界、理法界は超差別の世界、理事無礙法界は事と理とが互いに融合した世界で、最後の事事無礙法界は、理と事、事と事とが互いに融合調和した世界で、その相関関係は重々に複合し、無盡に展開する理想の世界で、華厳哲学のもつ独自の世界観である。この事事無礙の関係によって成立しているのが、盧舎那仏を中心とする華厳蔵世界とか華蔵世界と呼ばれる浄土の世界である。森羅万象は一見、個々別々に存在するようであるが、互いに深い相関関係にあり、互いに融合し調和を保ち統一されているという。一見われわれが無駄なもの、存在価値のないものと考えるものでも、価値ないものとみるのは、自己のあるいは人間の主観であり、妄執で、地上に、世界に存在するものには、存在する何らかの価値と理由があるとする。天平という政治目標をかかげた年号に背反する政争変事や天変地異を、身を以て体験した聖武天皇は、ここに金銅盧舎那大仏の造顕に決断を下したものと思われる。

まず大仏の造顕は信楽宮の近くで計画され実施された。当時としては山間僻地といってよい処である。旧貴族の利害の錯綜する平城京、橘諸兄と関係のある恭仁宮の周辺に適地を求めず、この信楽で造像にふみ切ったのは、貴族の拮抗や束縛をはなれての意図からとも考えられる。しかしそれだけではなかったろう。物資の運搬や労働力の集合、鋳像に必要な地形・地質などの選択など、総合的な観点より信楽の地が選ばれたものとみられる。

大仏発願の詔の出された翌日、東海・東山・北陸三道の二十五ヵ国の庸調の物資は、すべて信楽宮に運ぶよう発令され、造仏の工事も軌道にのったかに見えた。しかし翌十六年になると宮に近い東西の山々には山火事が頻発し、地震が続発するなど不吉な兆候が発生し、十一月には甲賀寺に骨柱をもって支えた盧舎那仏像が造られ、天皇は難波宮より行幸された。この大仏像は鋳造の母体となる土製の本型であろう。しかし不吉な山火事は翌十七年に至っても続発し、地震も起こり、結局諸司の官人・僧侶・庶民の意見を求めた天皇は、平城還都にふみ切った。ここに信楽での大仏造立の工事は、一年八ヵ月で中止され、造像の適地などに関しての有力な献策者とみられる僧玄昉は、この歳の暮に、大宰府・観世音寺に左遷された。

2 東大寺の創建

平城還都から三ヵ月後の天平十七年（七四五）八月、大仏造顕の工事は、金鐘寺の寺地で再開されるに至った。金鐘寺は皇太子基親王の菩提を祈るために設けられた山

■国宝・大仏殿（江戸時代）

房・山寺より出発した小寺であったが、皇后宮職と関係が深く、天平十二年には華厳経の研究が行われ、同十三年六月頃には大和国国分寺に昇格し、同十五年正月から三月にかけては、「殊勝の会を設け奉て天下の模となさん」といわれた最勝王経の講讃が四十九人の学僧を招いて行われるなど、当時の仏教界をリードする活発な宗教活動や研究が行われていた。この寺域に大仏鋳造の工事が行われたもう一つの要因は、巨像の鋳造に必要な立地条件が備わっていたことも見逃し得ない。

大仏殿の東方の「縄引岡」とか「鐘楼岡」とも呼ばれ、大仏殿の造営に関係あると伝えられていた高地は、昭和三十五年に奈良国立文化財研究所の森蘊《おさむ》博士と牛川喜幸氏による東大寺境内の実測調査によって、この高地から大仏殿を経て、西方戒壇院にまで走る丘陵状の山脈の存在が、等高線の調査で確認された。巨像や大鐘などを鋳造するのには、丘や小山などを掘削して、土の本型を造り、鎔解鑪を設けて鋳造するのが、平地で行うよりも労力・費用などの点からも有利であり、鋳造の確率が高い。大仏発願の詔に「大山を削りて、以て堂を構え」という一句は、これまでややもすれば、誇張的な美辞麗句として考えられていたが、誤りであることが明らかになった。信楽宮で行われた時も、同様な立地条件の地形が選定されたとみてよい。

工事はのちに造東大寺司に発展した金光明寺造物（仏）所が担当して進められた。大仏の相好や設計などは、信楽でも経験のあった大仏師国中連公麻呂（国君麻呂）、鋳造には大鋳師高市大国・同真麻呂・柿本小玉の技師が指揮監督に当たり、多くの小工や雑工、さらには諸国より徴発された仕丁や労力奉仕の知識らが従事したらしい。唐僧鑑真の弟子の思託の著した延暦僧録の中の聖武天皇伝によると、仏体の表面積を割出したり、大仏の仏体・蓮華座《れんげざ》や頭の毛髪の螺髪《らほつ》などに要した銅・錫などの量目が斤で算出されている。それをトンで改めると、仏体に用いられた銅・錫は約二五〇トン、蓮華座は約一三〇トンで、現場に集積されたものは、遥かにこれより上廻る量であったろう。当時としては、確かに「国銅を尽くして象を鎔し」ての鋳造であり、幾度か危機にみまわれたことは、「若し朕が時に造りをはるを得ざることあらば、願くば来世に於いて身を改めても猶作らむ」という述懐からも推知される。鋳造は天平十九年九月から天平勝宝元年（七四九）十月まで三年の歳月と八か度の鋳継ぎによって、五丈三尺（約一六メートル）の巨像が、半天に涌出する如く地表に姿を現わした。塗金の黄金は大仏の完成に呼応するかの如く陸奥国小田郡で発見され、陸奥国守百済王敬福から貢金された。宮城県遠田郡涌谷《わくや》町の式内社黄金山神社一帯が産金の故地である。「天地の開闢よりこのかた黄金」はわが国で産出しないものと信じられていただけに産金の瑞祥は関係者に異常なまでの感動を与えた。天平二十一年四月には大仏の前で、先後に例をみない長文の宣命が左大臣橘諸兄によって読まれ、盧舎那仏の被護に対して感謝の意を現わされ、元号も天平二十一年を天平感宝元年という史上最初の四字年号に改めたが、産金の瑞祥を寿ほぐ意図からの改元であることは容易に察せられる。七月には聖武天皇は退位され、孝謙女帝が即位、元号はさらに天平勝宝元年に改まった。

大仏の鋳造がほぼ完成した頃から、尼信勝・善光の寄進にかかる三丈の乾漆造の観音・虚空蔵菩薩の脇侍像が造り始められたし、大仏殿も造建が開始された。かくて天平勝宝四年（七五二）四月八日、釈尊降誕の日を大仏開眼供養会と決定をみたのであったが、実際には翌九日に行われた。史書にはこの原因について触れたものがないが、恐らく釈尊降誕の祝日を避けたからであろう。すでに東西十一間・南北七間の高さ十五丈六尺の重層の大仏殿が美しく荘厳され、殿前の会庭を中心に東西に楽所や、必要な施設が設けられ、「仏法東帰してより、斎会の儀、未《いま》だ嘗《かつ》て此のごとくの盛なることあらず」と続日本紀に記された開眼供養が、請僧一万人を招いて行われた。天平勝宝四年は盧舎那大仏造立の発願の時からの既定の目標であったと推定されるが、欽明天皇十三年（五五二）に仏法が伝来してまさに二百年目に当たる。聖武上皇に代って印度のバラモン・ボジセンナが開眼導師となり、隆尊が講師、延福が読師、唐僧道璿が咒願師になり、すでに没していた行基にかわりその弟子景静が都講に任命されて、大会を統括した。異国の帰化僧が世紀の大会の重職に起用されたことは、大仏開眼供養にふさわしい措置であり、国際性を示唆しているといえよう。聖武上皇に代ったボジセンナは開眼導師として仏前において長大な筆墨をとって開眼の作法を行ったが、この筆端には絹の長い縷《る》（約二〇〇メートル）がゆわえられて会庭において上皇はじめ貴族や有縁の知識がそれを握ってともに点睛を加えたという。これらの筆墨や開眼縷は、いま正倉院に伝えられているが、開眼作法としては全く異例のものであった。民衆を知識として完成した悲願の大仏を、ともに開眼するという発願以来の一貫した意図が、ここに実行されたのである。

大仏開眼供養会は東大寺創建に一画期を示すものであるばかりでなく、天平文化にも画期を示したものであった。造東大寺司による諸堂舎の建立は、以後延暦八年（七八九）三月の廃止に至るまで継続された。講堂・食堂はじめ、三十三丈余（約一〇〇メートル）に達する七重の東西両塔は、大仏殿と南大門との空間に対称的に建立された。また開眼供養を機縁に大仏殿内には六宗厨子が安置された。華厳・三論・法相宗などの基本図書が納められ、扉には各宗の祖師像などが描かれていた。当時の官大寺はおおむね一宗のみでなく、三宗程の教団があり、兼学していたが、六宗の組織をもっていたのは東大・大安寺のみで、当寺を六宗兼学の寺というのはこれに起因するし、更に平安時代の天台・真言二宗を加えて、八宗兼学を標榜するようになる。鎌倉時代になると東大寺を「四聖建立の伽藍」とも称している。当時造顕の発願者聖武天皇、民衆層に勧進して協力を求めた行基菩薩、金鐘寺以来力を尽し、最初の東大寺別当にあった良弁僧正、開眼導師のボジセンナ僧正の四人の協力によって造顕された寺ということで、民衆を代表する行基、異国の僧を加えている点、東大寺の庶民性と国際性を象徴している。七堂伽藍の外にも数多くの院堂があった。特に天平勝宝六年二月に平城京に入った唐僧鑑真の指導により創建された戒壇院は、のちに建立された下野国薬師寺・大宰府観世音寺の戒壇と共に、官僧の登竜門とし、かつまた智行具足の清僧の養成の場として重きをなした。その外、大仏殿の東方には千手堂・法華堂・如法堂・吉祥堂や、行基建立と伝える天地院（法蓮寺）などが散在していた。

3　罹災と復興

延暦三年（七八四）の長岡遷都、さらに同十三年には平安遷都が行われ、その間、同八年には久しく造営に当たっていた造東大寺司が廃止された。桓武朝の国家財政の緊縮政策にそって行われたのであろうが、反面一応講堂の建立が一段落をしたことを示唆している。延暦五年ごろから大仏の背部に亀裂が生じて、一応実忠の案により応急処置が施されたが、天長四年（八二七）には亀裂が進行して、大仏の傾斜を防ぐために背面に小山が築かれるといった思いもよらぬ事件が生じた。その後斉衡二年（八五五）五月、畿内に発生した地震で、大仏の御首が落下するという被害が生じたが、貞観三年（八六一）三月に修理が完成して、開眼供養が盛大に行われた。修理に当たっては、薬子の変に廃太子となられ仏門に入られた真如法親王が造東大寺大仏検校となり、大納言藤原良相とはかって、天平の旧儀により、広く庶民に知識を求めたことが特筆される。平安時代三百年の間、天災による諸堂・両塔などの炎上と、それに呼応する修理再興の努力がたえまなくくり返されたが、律令制の崩潰、摂関政治の影響は、寺領荘園や封戸の退転となり、巨大な堂舎の再興は難渋を極めたようである。

だがかつて戒壇院が創建されたように、空海（弘法大師）によって請来された真言宗は、長安仏教の新しい動向を示すものとして、南都諸大寺の僧に受容され、東大寺境内に真言院の創建が弘仁十三年（八二二）に勅許されるに至った。真言密教は以後南都仏教界に想像以上の深い広い影響を与えることになるが、空海の華厳・三論宗に対する評価は、その著十住心論でも窺える如く、両宗と密接な関連性があり、とりわけ華厳教学の上に打ち立てられたといわれる程、高く評価している。真言院につづいて、貞観十七年（八七五）には聖宝（理源大師）による東南院の創建があり、天暦九年（八五五）十二月には別当光智による尊勝院の建立などがあげられる。前者は三論と真言二宗を兼学し、後者は華厳と真言を兼学する院家として、東大寺内に重きをなした。真言密教は摂関政治の台頭とともに、加持祈祷を通して、貴族生活に深くくいこみ、天台法華宗の叡山も台密といわれるごとく密教色を深めた。密教優位の大勢は当時抜き難いものになっていた。顕密一致の思想を基にしながら、寺内は密教化への傾向を早めたが、また永承七年（一〇五二）を機縁とする末法思想の流布による浄土教の勃興は、鎮護国家を標榜して来た当寺にも多大の影響を与えた。光智・法蔵・円超・奝然《ちょうねん》・永観・覚樹・珍海などはこの時代の著名な学僧であり、求道者でもあった。

末法の世をさながら具現したともいえる保元・平治の骨肉相食《は》む内乱と平氏一門の台頭に、世人が有為転変の実相と無常観を如実に体験したことは慈円の愚管抄や鴨長明の方丈記などによって窺うことができる。

治承四年（一一八〇）の以仁王と源頼政の反平氏への挙兵は、やがて源頼朝を棟梁とする関東武士団の蜂起をうながしたが、十二月には平重衡の軍兵によって東大・興福寺の伽藍は焼亡した。平家物語の奈良炎上に記されたように、天平・平安時代の宗教的文化遺産は一夜にして灰燼に帰した。翌年六月に至って、漸く藤原行隆を造東大寺兼修理大仏長官に任命し、一方入宋三度、造寺にも経験の深い、もと醍醐寺の僧であった俊乗房重源が造東大寺大勧進に起用され、後白河上皇の助援を背景に再興が進められた。勧進職に補せられた重源は、時にすでに六十一歳であったが、以後、建永元年（一二〇六）六月に八十六歳で入寂するまで、半ば鎔解した盧舎那大仏像の修理、大仏殿の再興、諸堂諸仏の復興が彼の手により達成された。「此事、人力の及ぶ所に非ず」と大仏修理の技術的困難に匙《さじ》を投げたわが国の鋳物師のかわりに、折りよく九州・博多に来航していた宋人鋳物師陳和卿・陳仏寿の起用により、大仏の御首の新鋳や仏体の修理が完成した。この間後白河院は東南院主であり醍醐寺座主であった勝賢に祈願させた仏舎利を、また右大臣九条兼実は子息良通とともに願文を添えて仏舎利と写経とを大仏の躰内に納めて、平和な時代の将来を祈るところがあった。

元暦二年（一一八五）三月、平氏は壇ノ浦で安徳天皇を擁して一門海に没し、八月には文治元年と改元、八月二十八日には大仏開眼供養会が行われた。天平の開眼供養に用いられた開眼筆と墨が正倉院より出され、折からの地震と雨の中、後白河法皇は院の近臣の制止をふりきり、仮設の七段の階を登り、親しく開眼作法を行われた。この供養会は、久しく続いた兵乱の終結を告げ、新しい文治の元号を象徴するに相応しい国家行事であった。

大仏の修復は終わったが、引き続いて行われた大仏殿の再建は、それ以上に大事業であった。文治元年十二月に鎌倉で「天下草創の時」と新時代の到来を宣告した源頼朝は、以前より人心の収攬により当寺の再興に熱情と助援をおしまなかったし、重源に対しても再三親書を送っている。文治二年には造国として周防国が寄せられ、その後備前国が追加され、建久六年（一一九五）三月十二日に、後鳥羽天皇・七条院の臨幸のもとに落慶供養が行われた。一方大仏殿再興に異常なまでの助援を行って来た頼朝は、畠山重忠・和田義盛など有力な後家人を随えて、政子と共に供養会に臨んだのである。建久八年には宇都宮朝綱・藤原親能寄進による大仏両脇侍の巨像の彫造などが、仏師定覚・快慶と康慶・運慶のグループの手で開始、大仏殿内の四天王像も彫造されて、建仁三年（一二〇三）十一月に諸仏像の完成をまって、東大寺総供養が行われた。

東大寺の再興に老後の半世を投入した大勧進重源は、多彩な生涯を建永元年（一二〇六）六月に、当寺浄土堂で閉じたが、この間二度にわたる逐電問題が生じたほどに、辛苦を重ねた再興であった。しかし当寺再興による建築技術や鋳造・彫刻などの面での新技法の開拓は、新時代を告げるに相応しい成果をあげたのである。当寺の再興は以後、栄西・行勇などと継承されて行った。

大仏殿を始めとする諸堂・諸院の復興とともに生起したのは教学・法会の復興である。当寺の法会の起こりはおおむね天平勝宝四年の大仏開眼供養に発するが、平安時代にはおおよそ一ヵ年に四十の法会が行われている。摂関政治以降、経済的基盤を漸次失って行ったために、恒例の大会は断絶するものが多かったが、鎌倉時代に至って教学の振興が計られて多くの論義講会が生れ、再興された。十世紀の後半頃には漸次退転していった十二大会のごとく、鎌倉時代に入って復興されたものもあったが、十二大会にも数えられなかった二月堂修二会のごとく、「不退の行法」として意識され、多くの危機に直面しながら、悔過の遺風を今に伝えているものもある。あるいは華厳・三論・倶舎などの祖師崇拝より発した講、聖武天皇五百年忌に当って「四聖御影」を作って行われた四聖講、さらに行基菩薩の舎利出現による報恩謝徳の念より発した大会が大仏殿などで盛大に行われたこともあった。教学の復興は多くの修学僧を生んだが、中でも華厳の弁暁・宗性、三論・真言兼学の聖守、律の円照・凝然のごとくに当代屈指の学僧が輩出し、宋版を母体とした東大寺版の開版も行われた。

世は移り足利氏が幕府を京都室町に開き、源氏の流れが天下を統治するに至った。源頼朝や鎌倉幕府の有力な御家人の助力で再興した当寺に、将軍尊氏以下は深い帰依を寄せたが、殊に応永十七年（一四一〇）には康安二年（一三六二）に焼失した東塔再興に寺領を寄進し、同二十四年には将軍義持が大仏の塗金を施すなど、従来秘められたことが明らかにされる。しかし幕府の統制の弛緩と下剋上の風潮は、応仁・文明の乱を経て戦国時代に突入し、奈良の地は永禄十年（一五六七）五月の霜台松永久秀と三好三人衆の対決の場となり、五月には戒壇院が、十月十日には大仏殿が戦火で炎上、盧舎那大仏の御首は焼け落ち、右手は溶解、仏躰には大きな損傷をうけた。文治元年の開眼以来三百八十三年、建久六年の大仏殿落慶より三百七十三年目に再び兵火で焼失したのである。しかし戦国の世とはいいながら、再興の計画が進められ、正親町天皇は綸旨を戦国大名に下され、清玉が勧進上人に選ばれ、織田信長も勧進に援助をおしまなかったが、本能寺の変で再興は画餅に帰した。

大仏殿のごとき巨構の再建は、そのかみの重源のような献身的な人物の出現と時代背景がなければ不可能で、江戸幕府の文治政策が昇華し、その基礎も安定した貞享・元禄時代にならねばならなかった。大喜院英慶のもとで三論・真言を学んだ公慶は、露座の大仏を朝夕拝する度にその修理と大仏殿再興を心に誓っていたが、貞享元年（一六八四）五月に幕府の再興勧進の訴願を行い、その許可を得て、かつて鎌倉時代に重源が庶民の奉加喜捨を得るときに用いた「蓮実の杓」を持って奈良・京都・大坂を勧進し、多大の反響を起こした。大坂の豪商北国屋治右衛門の寄進した銅塊三千余個が、通交する人々の手より転送されて、東大寺に到着したこともあった。元禄四年（一六九一）二月には鋳物師広瀬国重の手で御首が新鋳され、仏躰の修理も完了し、翌五年三月八日から四月八日にかけて、盛大な大仏開眼供養会が、奈良・京都などの寺々の僧を迎えて行われ、三月八日には勅使が下向されて、東山天皇の御願文が仏前で読まれた。奈良と大坂の暗峠《くらがり》越えの道は、参詣の人々で延々とつながり、京都と奈良の間にある木津川の船頭は数日で一年間の収入を得、奈良の旅籠は人をさばき切れず、臨時旅館が方々で生れたというのはこの時である。この供養会の成功は知足院隆光を介して桂昌院や将軍綱吉にも感銘をあたえたようで、大仏殿再興には、公慶の出願によって、元禄十年九月に十万両勧進の許可をあたえ、五ヵ年にわたって諸大名・

諸臣の石高百石につき金一分の拠出を命じて積極的に助力されることになった。この拠出金は以後奈良奉行所に集められ、公慶の大仏勧進所へ送金されることになる。

大仏殿の再興はこの諸大名からの奉加金と、勧進所により集められた庶民層からの寄附金をもとに始められた。元禄十二年六月の時点では、用材・鉄輪・釘や、鳶・人夫の費用、あるいは十三万三千六百六十枚の瓦代を含めて、銀三千九百七十四貫六百三十一匁余と見積られた。金にして六万六千二百四十余両に達する。将軍綱吉は公慶を江戸城本丸に招いたとき、天平・鎌倉時代の如く、十一面堂の再建を命じ、公慶は模型まで作成して上覧に供したが、この頃には、今日の当寺南大門に使用されているような大木の入手は不可能であったらしい。大仏殿の巨柱は槻の真木を檜で包み、一丈ごとに鉄・銅輪で締めて一本として使用する方法が採用され、大仏殿も七間四方のほぼ正方形に近い形に縮小された。もっとも懸案であった大屋根を支える長さ十三間（約二三・六メートル）の二本の虹梁は、日向国白鳥山の白鳥権現社の参道にあったものを入手し、島津藩の助援を得て鹿児島湾に搬出し、千石船に船載して大坂伝法口まで運び、木津川を遡行して、東大寺に運搬された。この一本六千貫前後の虹梁の運送には、「寄進引き」と称して数千人の人々が労力奉仕をしたという。公慶は大仏殿落慶をみることなく、宝永二年（一七〇五）七月、江戸で五十八歳の生涯を閉じたが、没後四年の同六年三月に盛大な落慶供養が行われた。現在の大仏殿がこれである。公慶の後には公盛・公俊・庸訓・公祥など歴代の勧進上人がそのあとを継ぎ、享保元年（一七一六）には中門、さらにその後には廻廊や東・西の楽門、大仏の両脇侍の巨像も造立された。

明治維新の廃仏毀釈は、京都・奈良の諸大寺に深刻な影響を与えた。廃藩置県による寺領の消滅や境内他の上地は、大仏殿などの巨大な堂社をもつ当寺には、その維持管理においても、幾度かの危機が襲った。鼓坂荐海・菅沼英樹などの寺僧の護寺伝法の信念が、この危機を乗り越えたのである。大仏殿は木造建築としては巨大なものであるだけに構造上無理があり、文化三年（一八〇六）三月には下層の屋根が下がった為に支柱でささえ、天保八年には東北角の柱に根継ぎを施している。明治十年（一八七七）頃から修理計画が考慮されたが、日清・日露の戦争を中にはさんで、本格的な修理が施されたのは明治三十九年からで、大正四年（一九一五）五月に盛大な落慶供養がいとなまれた。

その後、重源上人によって建立された南大門が、昭和五年（一九三〇）五月に解体修理完了し、その建築様式が改めて注目をひくことになった。続いて天平の遺構転害門、同三十六年九月には大仏殿回廊の解体修理が完了したが、とりわけ同四十九年から五十五年にわたった大仏殿昭和大修理は、先端技術と工法を駆使し、国民各位の絶大な助援によって完成し、さらに平成五年（一九九三）六月、六年をようして南大門仁王像の修理が終り運慶一門の巨像を造る技法が判明した。

天平の昔、古代国家が国力を注入し創建した当寺は、その発足において民衆を同法知識として、助援を求めて造顕され、その精神は各時代に回顧され法灯を護持して来たのであるが、この伝統は今後のちのちまでも継承されて行くであろう。

二

東大寺の伽藍

華厳宗《けごんしゅう》大本山東大寺は、奈良市の東部、奈良公園の東北部に位置する。本尊は銅造盧舎那仏坐像《るしゃなぶつざぞう》（国宝）で、俗に「奈良の大仏」といわれている。東大寺の称号は、平城外京すなわち平城宮東方に建立された官大寺という意味から称せられ、まま東寺ともよばれた（天平勝宝二年十二月二十三日「造東寺司解案」正倉院文書）。奈良時代の官大寺の筆頭、南都七大寺・十五大寺の一つであった。平安時代以降、数度の火災で七堂伽藍《しちどうがらん》などは焼亡したが、再興されたもの、新建されたものがあり、現在東方より法華堂（羂索堂《けんさくどう》・三月堂。国宝）、二月堂（国重文）[※1]、法華三昧堂《ほっけざんまいどう》（四月堂。国重文）、法華堂北門（国重文）、閼加井屋《あかいや》（若狭井屋《わかさいや》。国重文）、二月堂参籠所《さんろうしょ》（国重文）・同仏餉屋《ぶっしょうや》（国重文）・湯屋《ゆや》、良弁堂《ろうべんどう》（開山堂。国宝）、大湯屋（国重文）、念仏堂（国重文）、俊乗堂《しゅんじょうどう》、行基堂《ぎょうきどう》、鐘楼《しょうろう》（国宝）などが散在し、西方には大仏殿（国宝）、中門および回廊（国重文）、昭和五十五年（一九八〇）十月新造の集会所《しゅうえしょ》、東大寺本坊（旧東南院《とうなんいん》）、真言院《しんごんいん》、南大門（国宝）があり、大仏殿の西方部には僧形八幡神像《そうぎょうはちまんしんぞう》（国宝）を安置する八幡殿、公慶堂《こうけいどう》、戒壇院《かいだんいん》や転害門《てがいもん》（佐保路門・手害門。国宝）が現存し、境内にはなお南大門の東方に東大寺図書館[※2]、本坊の西方には金鐘《きんしょう》会館や福祉法人東大寺整肢園が設けられている。[※3]東大寺旧境内および東大寺東南院（現本坊）境内はとも

※1　平成17年12月、国宝へ格上げ。
※2　平成23年10月、南大門西方に新設の東大寺総合文化センター内に移転。
※3　平成20年4月、東大寺福祉療育病院に名称変更。

に国史跡である。

1　草創期

当寺の起源は天平十七年（七四五）五月に紫香楽宮《しがらきのみや》（信楽宮）からの平城還都に伴い、平城外京東山で再開された盧舎那大仏の鋳造に求められるが、それより以前にこの地に金鐘寺《こんしゅじ》《きんしょうじ》とよばれたささやかな山寺が存在し、大和国金光明寺《こんこうみょうじ》となり、やがて東大寺に発展していった。すなわち神亀五年（七二八）九月に夭逝した聖武天皇の皇太子基親王《もといしんのう》の菩提を祈願するために、同年十一月に山房司長官智努王《ちぬおう》などの手で建立された山房がそれで、智行僧九人が止住したと伝える（続日本紀《しょくにほんぎ》）。この山房がいつ頃から金鐘山寺とか金鐘寺とか称するに至ったかはつまびらかでないが、天平十一年七月十二日の皇后宮職移案（正倉院文書）には金鐘山房の寺名がみえる。同十二年二月に天皇が河内国知識寺《ちしきじ》（太平寺）に参詣して盧舎那仏を拝し、「朕も造り奉らむ」と決心したという（続日本紀）。金鐘寺においては良弁が大安寺審詳《しんしょう》を講師に迎えて華厳経の研究が開始され、同十四年七月以前には大和国金光明寺となる（東大寺要録《とうだいじようろく》）。

皇后宮職と密接な関係を持続し、大和国国分寺となり、華厳経・最勝王経《さいしょうおうきょう》などの研究を通して仏教界をリードする活発な活動を行っていたことが明らかにされる。後年この地に営まれた東大寺が大和国国分寺の一面を具備していたことは、平城左京二条大路に西面して建立された西大門が国分門とも称せられ、「金光明四天王護国之寺《こんこうみょうしてんのうごこくのてら》」の十字の大額（国重文）を懸け、広大な門内で国分寺の仏事が行われていた（七大寺巡礼私記）のも、こうした遠因に求められる。

金鐘寺の旧地は、今日正確には把握できないが、大仏殿以東の地域を含めた山中にあったものと推定され、正倉院文書に散見する千手堂（銀堂）・羂索堂（法華堂）などは国分寺時代の創建と考えられるし、若草山（九十折山）にかけては和銅初年に行基によって創建された天地院があり（東大寺要録）、大仏殿と戒壇院の間には辛国堂《からくにどう》が存在した（正倉院文書）。

一方、天平十二年九月に藤原広嗣・縄手の大宰府における反乱は、宮廷はもちろん、橘諸兄の政権に大きな打撃と驚愕を与え、政情は大きく動揺し、聖武天皇一行の当てどもない放浪的な行幸が始まり、恭仁宮《くにのみや》（現京都府相楽郡）・紫香楽宮（現滋賀県甲賀郡）へと遷都が行われ、同十五年十月十五日に至って、紫香楽宮造営の最中に金銅盧舎那大仏像の造立の詔《みことのり》が発せられた。河内国知識寺行幸から実に三年八ヵ月になり、この間、華厳経や華厳教主としての大仏の研究、鋳造方法などの教理・技術面の研究、経済的な面にわたっての対策が確立したうえで造顕に踏切ったものと思われる。すなわち

朕以簿徳、恭承大位、志存兼済、勤撫人物、雖率土之浜已霑仁恕、而普天之下未洽法恩、誠欲頼三宝之威霊、乾坤相泰、修万代之福業、動植咸栄、粤以天平十五年歳次癸未十月十五日、発菩薩大願、奉造盧舎那仏金銅像一躯、尽国銅而鎔象、削大山以構堂、広及法界、為朕知識、遂使同蒙利益、共致菩提、夫有天下之富者朕也、有天下之勢者朕也、以此富勢造此尊像、事也易成、心也難至、但恐徒有労人、無能感聖、或生誹謗、反堕罪辜、是故預知識者、懇発至誠、各招介福、宜毎日三拝盧舎那仏、自当存念、各造盧舎那仏也、如更有人情願持一枝草・一把土、助造像者、恣聴之、国郡等司莫因此事、侵擾百姓、強令収斂、布告遐邇、知朕意矣

というものである（続日本紀、朝野群載、東大寺要録）。官大寺の建立を予定に入れていたとはいいながら、仏像の造顕に当たってこれほど明確に造像の趣旨・目的など

を述べた発願の詔は前後に例がない。翌十月十六日には、東海・東山《とうさん》・北陸三道二十五ヵ国の今年の調庸《ちょうよう》などの物資を紫香楽宮に貢上するよう布告されたが、それより以前の同年五月二十七日には、有名な墾田永世私財法《こんでんえいせいしざいほう》が発令されていることも、大仏造像と無関係ではない。大仏造立の発願の前に詔として発令されていることは、国土開発による増収の資財の一部を寄進させる政策より出たものとみられる。私財法は後年に至って地方豪族の寄進を誘致するうえで、大きな成果をあげるに至った。この詔には「天下の富を有つものは朕なり。天下の勢を有つものは朕なり」といった帝権の誇示がみられるが、帝権の象徴としての造顕にとどまらず、さらに「一枝の草、一把の土」の零細な民衆の助援を呼びかけている点が注目される。河内国大県郡の知識寺の盧舎那仏像などは、その寺名の示すとおり、氏寺のごとく一族一門によって造立された寺でなく、広く地縁的関係に結ばれた地域住民が信仰によって私財を投じて建てたものであった。知識とは知恵・認識を意味する語ではなく、信仰を共にするグループをさす用語で、同法とか結いといった意味をもつ。大仏の造顕は血縁的氏族的な氏寺の枠を外して、国民にも同法としての喜捨助援を求めて行わんとしたところに大仏造立の意義が認められる。のち平城還都とともに外京の東方に営まれたいわゆる東大寺は、官大寺である一面、知識寺的な性格をもって造建されたのも当然で、また罹災による再興にあたっては必ず民衆を知識として、勧進の方法が採られたのは一にこの詔に起因する。

大仏造顕の詔が出された四日後の十月十九日には造立のための寺地が開かれ、僧行基は弟子たちを率いて諸国勧進に出発した（続日本紀）。翌十六年十一月十三日には「甲賀寺始建盧舎那仏像体骨柱、天皇親臨、手引其縄」と続日本紀に明記するように、聖武天皇の行幸をまって甲賀寺（信楽寺）における大仏造立の式が行われた。この大仏像は骨柱を体とするといった点や、造像期間からみて、大仏鋳造の本型となる骨柱に支えられた土像とみて誤りがない。

工事は以後いちおう順調に進捗するかにみえたが、柴香楽宮・甲賀寺の近辺の山に再三にわたって火災が続発し、地震も頻発するという不吉な現象で、天平十七年五月十一日ついに平城還都が決行され、天皇は中宮院を在所とした。また一時紫香楽に移住した民衆も、先を争って平城京に帰ったという（続日本紀）。大規模な山火事は、紫香楽遷都に対する反対派の放火説が有力である。当時辺境とも考えられるこの地が、巨像の造顕の地として選定されたことについては、明確な要因は史料にみえない。ただ平城還都後の同十七年十一月に、内道場僧として宮廷の絶大な信頼と権勢を得ていた僧正玄昉《げんぼう》が大宰府観世音寺《かんぜおんじ》に左遷されたことを思うと、紫香楽での大仏鋳造の計画は玄昉の画策とも考えられ、平城故京に旧宅をもつ貴族や豪族層の無言の反抗が放火となって山火事に発展したものとみられる。

大仏造立は東大寺要録に収める大仏殿碑文に、還都三ヵ月後の八月二十三日に至って大和国添上郡《そえのかみぐん》において再開されたとあり、延暦僧録の勝宝感神聖武天皇菩薩伝（東大寺要録）では「又於古金鐘寺、造東大寺并蓮花蔵世界盧舎那仏」と記し、さらに東大寺要録では、添上郡山金里で大仏造顕の工事を再開したとする。金鐘寺の地が大仏造立の適地に選定されたのは、金鐘寺（大和国国分寺）が華厳・最勝王経の研究を行っていたという関係のみでなく、巨像鋳造に適した地形が寺地の中に探求されたことも、有力な原因であった。

昭和三十五年の東大寺境内実測調査により、大仏殿東方の鐘楼岡（縄曳の岡）の標高一二〇メートルの台地から大仏殿を経て西方戒壇院にかけて丘陵が東西に走っていたことが、等高線の調査で判明し、この丘陵の一部を掘削して、大仏・大仏殿が造顕されていることが明らかになった。発願の詔にみえる「尽国銅而鎔象、削大山以構堂」

という一句は、紫香楽の地でのことを述べたものではあったが、平城外京東山においても、かかる地形が占定されたことが確認された。

律令時代の官大寺の造営は、おおむね造寺司が設置されて造寺造仏などに当たった。当寺の場合は、金光明寺造仏所より発展した造東大寺司がこれに当たった。金光明寺造仏所の起源は史料の制約もあってつまびらかでないが、天平十六年十一月の優婆塞《うばそく》貢進解《こうしんげ》（正倉院文書）に「預造奉仏所、欲駆使」の辞句がみえるから、すでに造仏所の存在が認知される。同年十二月四日には金光明寺造物（仏）所（同文書、同十八年十一月一日（同文書）などに散見し、長官として玄蕃頭《げんばのかみ》従五位下市原王、次官には従七位上佐伯宿禰今毛人《さえきのすくねいまえみし》、史生に大初位上田辺真人のほかに、造仏長官従五位下国連君《くにのむらじきみ》麻呂《まろ》（国中連公麻呂《くになかのむらじきみまろ》）が連署し、さらに仏師・木工・銅工・金簿工・舎人・校生・優婆夷などによって組織されていたことが判明する。一方、東大寺の称号は、同十九年十二月東大寺写経所解・同十二月二十二日坂田郡司解・同二十年五月東大寺写経所解（正倉院文書）などにみえる東大寺の名が早い使用例で、まま東寺の号も使用されたこともあった（同文書）。しかしなお金光明寺の寺号もときに用いられていた。

2　盧舎那仏・大仏殿

大仏殿は東大寺の金堂であり、華厳経の教主盧舎那大仏を本尊とし、東方に木造如《によ》意輪観世音《いりんかんぜおん》、西方に同じく虚空蔵菩薩《こくぞうぼさつ》の坐像を脇侍に、四天王像のうち広目天・多聞天の立像を安置している。大仏殿は南面し、南方正面に南中門（国重文）を配し、大仏殿の東西に接して単廊の軒廊と、東西の長大な歩廊（国重文の東楽門《とうがくもん》・西楽門《さいがくもん》を含む）が南北に走り、南中門の東西に走る歩廊と合して大仏殿前の会庭を取り囲んでいる。会庭の大仏殿前には国宝の八角灯籠が置かれている。大仏殿の後方は治承・永禄の兵火で罹災した古石などを集めて石垣を築いて土塁とし冂字形に北中門と連接している。

大仏の平城における造像の工事は、天平十七年八月二十三日（大仏殿碑文）より開始され、聖武天皇や貴族の人たちが土を運び、大仏の座を固めたという。続日本紀には同十八年十月に金鐘寺に行幸して一万五千七百余杯の灯を燃やし、数千の僧が脂燭をささげて盧舎那仏を供養したと記している。大仏の原型となる土像の完成を祝って

■国宝・盧舎那仏

の供養説が有力であるが、のちに千手堂に安置された等身の銀の盧舎那仏像をさすという説もある。大仏殿碑文には「以天平十九年歳次丁亥九月廿九日始奉鋳鎔、以勝宝元年歳次巳丑十月廿四日奉鋳已了、三箇年八ヶ度奉鋳御体」とみえ、八回の鋳継ぎを繰返して鋳造が完成したという。結跏趺坐《けっかふざ》像高五丈三尺余の巨像の鋳造は各所に不備な個所が生じたもののようである。延暦僧録の聖武皇帝菩薩伝（東大寺要録）には「合御体表竇五千七百四十尺　奉鋳用銅卌万一千九百十一斤両、熟銅卅九万一千卅八両、白鑞一万七百廿二斤一両、八箇度所用合四十万二千九百斤両、〈始天平十九年九月廿九日、造勝宝元年十月廿四日、合八ヶ度所用〉二万三千七百十八斤十一両〈自勝宝二年正月、迄七歳正月、奉鋳加所用也〉右奉鋳尊像御体所用鋳銅白鑞如前」と明記する。天平勝宝二年（七五〇）一月から七年にわたって鋳がけが行われて補修を施した。さらに天平勝宝元年十二月から三年六月までに生銅九千三百二十四斤余両を用いて大仏の螺髪《らほつ》九百六十六個が鋳造された。大仏の蓮華座《れんげざ》は銅二十二万四千九百二十九斤九両、白銅百八十四斤十三両を用いて鋳造され、さらにその下階には白石による蓮華座が造られた。治承・永禄の兵火による罹災で、大仏の蓮華座は今日想像されにくいが、幸いにも信貴山縁起絵巻《しぎさんえんぎえまき》によってうかがうことができる。大仏殿碑文には大仏と銅造蓮華座などに用いた熟銅を七十三万九千五百六十斤（約一万三千三百十二貫）、白鑞一万二千六百十八斤（二千二百七十一貫）とし、延暦僧録の記載との間に相違がみられるが、碑文の数量は後日の蓮華座などの鋳がけや両手などを含めた総量をまとめたものであろう。延暦僧録の「御体表賓五千七百四十尺」としている「賓」は冪《べき》の字で、大仏の表面積を算出したものと解せられ、当時の高度な鋳造技術を想定するに難くない。表面積を算出したのは、所要銅や塗金の金の量を概算するためにも必要であったからであろう。

奈良時代としてはまさに「国銅を尽して」の鋳造工事であり、鋳造のさなかに元正上皇が没し、紫香楽以来、功績のあった行基も平城右京の菅原寺《すがわらでら》（喜光寺《きこうじ》）で世を去り、宮廷は憂愁に沈んでいた時、陸奥守百済王敬福から同国小田郡で産出した黄金が平城宮に貢上された。「天地ノ開闢ヨリコノカタ、黄金ハ人ノ国ヨリ献ツルコトハ有レド、斯地ニハ無キ物」と信じられていただけに（続日本紀）、天平二十一年四月一日には天皇・皇后・皇太子をはじめ律令官人や関係の庶民までが東大寺に至り、前後に例をみない長文の宣命《せんみょう》が左大臣橘諸兄《たちばなのもろえ》により代読され、有名な「三宝の奴」として産金の瑞祥を報告、大仏の仏恩を感謝した。関係者には昇叙・叙位が行われ、年号も天平二十一年を天平感宝元年という史上最初の複号年号に改められた。黄金を産出した所は、延喜式内社《えんぎしきないしゃ》の陸奥国小田郡黄金山《こがねやま》神社（現宮城県遠田郡涌谷町）がそれで、昭和二十九年九月に遺構が検出、産金の史実が確認されるに至り、敬福の貢金を疑問視する学説に終止符を打つことになった。天平勝宝三年十月二十四日には、大仏の巨像が八度の鋳継ぎを経て完成をみるに至った。大仏造顕の当初から積極的な関心を託《たく》宣《せん》に示していた豊前国宇佐八幡神が、十二月十八日に平城京に入り、同二十五日には新鋳された大仏の像を拝した。

一方大仏殿の造営については、東大寺要録には天平十九年の条に「大仏殿造事、始自今年焉」としているが、確証はなく、大仏鋳造後でないと技術的にも困難と考えられるから、鋳造後の天平勝宝元年十月以後とみられる。大仏殿の完成は史料の伝えるものがないので、正確な年月日はつまびらかでないが、東大寺要録には天平勝宝三年とする。翌四年三月には大仏の塗金が開始され、大仏殿内に安置する六宗厨子《りくしゅうずし》が製作され、三月二十一日には大安寺に止住していた印度僧婆羅門菩提僊那《ばらもんぼだいせんな》が聖武上皇に代わって開眼導師に、唐僧道璿《どうせん》が呪願師に任命された。異国の僧が世紀の大会の重職に迎えられたことは、大仏開眼供養にふさわしい処置であり、天平文化の国際性を示唆しているといえる。

開眼供養会は四月九日に行われた。東西十一間（二十九丈）、南北七間（十七丈）、高さ十五丈六尺という裳階《もこし》付の巨大な大仏殿は美しく荘厳され、請僧一万を招き、聖武上皇・光明皇太后・孝謙天皇や顕官・貴族の行幸・供奉をまって盛大に行われた。聖武上皇に代わった開眼師菩提僊那は、筆墨をとって開眼作法を行ったが、長大な筆には絹の開眼縷《かいげんる》が結わえられて、大仏殿前の会庭に達し、上皇・皇太后・天皇はじめ顕官・関係者たちがともにそれを握って、点睛を加えた。筆墨と開眼縷を用いた開眼作法は、前代未聞の異例の作法であった。国民を知識とした悲願の大仏の開眼に当たって、発願以来の一貫した意図がここに端的に示されたのである。この大会に使用された品々の多くは、今日幸いにも正倉院や東大寺に伝えられている。続日本紀、東大寺要録は開眼供養の盛儀を要記している。翌五月一日、金鐘寺以来、大仏殿創建にあって常に重要な役割を果した良弁は、初代の東大寺別当に任ぜられた。諸大寺別当職の先例を開いた。

大仏殿をほぼ中心にして、これを取り巻く回廊は、東西径五十四丈六尺、南北径六十五丈の複廊で構成され、大仏殿の東西に延びる軒廊によって接続していた。南には五間三戸の南中門、北方には対照的に北中門が建てられていた。北中門は今日その規模も様式も当初の面影を伝えない江戸後期のものであるが、昭和五十三年の大仏殿屋根替工事中に、門跡・礎石が発見され、南中門と同規模のものであったことが判明した。天平勝宝八歳五月二日に聖武上皇が没したが、六月二十二日に至って、孝謙天皇は翌年の父聖武天皇の一周忌を東大寺（大仏殿）で行うこと、それまでに大仏殿歩廊を完成する旨を命じ、大仏殿を取り囲む回廊の造営が開始された（続日本紀）。八月十四日には造東大寺司より興福寺に対して瓦三万枚の作成を依頼し（「造東大寺司牒」正倉院文書）、翌九歳正月二十一日には大仏像の塗金用の砂金二千十六両が造東大寺司に下げ渡され（「造東寺司沙金奉請文」正倉院御物）、「大仏殿院歩廊一百十六間」に用いる緑青一千七百四十斤が造東大寺司によって算出されている（「造東寺司定文」正倉院文書）。十一月二日には摂津職に二万枚の造瓦を要請し、摂津職は四天王寺・梶原寺の瓦窯で製作し、天平宝字元年（七五七）五月までに、「東西径五十四丈六尺・南北径六十五丈」の長大な複廊が完成した（大仏殿碑文、続日本紀など）。五月二日には周忌は計画どおり行われた。大仏殿・回廊の造営は部分的な工事が続行され、天平宝字二年中にはほぼ完成したと思われる。

光背《こうはい》（国重文）は天平勝宝四年から宝亀二年（七七一）頃、約二十年を要して彫造されたが、高大なため大仏殿の天井を一丈切り上げて光背を建てた。七大寺巡礼私記には「光一基〈高十一丈、広九丈九尺〉光中有五百卅六軀金銅菩薩坐像、口伝云、須弥炎仏像者周丈六云々」と明記されている。大仏殿の規模については大仏殿碑文に「大仏殿一宇、二重十一間、高十五丈六尺、東西長廿九丈、広十七丈、基砌高七尺、東西砌長卅二丈七尺、南北砌長廿丈六尺、柱八十四枝、殿戸十六間、天壺三千百廿二蓋」「歩廊一廻、戸廿間、東西径五十四丈六尺、南北径六十五丈」とみえ、七大寺巡礼私記には「大仏殿一宇二重〈高十二丈六尺、或云、十二丈一尺四寸〉東西長廿九丈、南北広十七丈、七面四面、有裳層、仍二蓋下十一間、柱八十四本〈末口径三尺、木口径三尺八寸〉」とある。堂の高さについては十五丈六尺と十二丈六尺の二説がみられるが、十一丈の大仏の光背を建てたところから、棟高は十五丈余とするのが穏当であろう。上層と下層の間には平等院（現宇治市）や東寺（現京都市南区）金堂のように裳階があったことが知られる。柱は長大なものが用いられたが、大仏殿の巨構に比しては細いことがうかがわれ、大仏開眼供養より二十年後の宝亀二年には、柱四十本をもって大仏殿を支えなければならなかった（東大寺要録）。

延暦五年（七八六）頃から大仏の尻部に亀裂が生じ、同二十二年に僧実忠が背部・左手の破損を修理し、二十四年十一月には背面に小山を築き固めるために正倉より臘蜜二十斤を出蔵したが（正倉院文書）、天長四年（八二七）四月に至って後堂の柱を切り、大仏の傾斜や破損を食止めるために、高さ四丈、基底広さ二丈の小山を築いたという。いわゆる仏後山と称せられたもので、鎌倉時代の大仏修理の際には、溶解炉を据えるなど活用され、建久元年（一一九〇）六月に勧進僧重源が除却するまで存在していた。巨像鋳造の技術的欠陥によるのと、地盤の沈下などが原因であろう。斉衡二年（八五五）五月二十七日の大地震で、大仏の首が落下するという天災を被ったが（文徳実録、東大寺要録）、貴賤の喜捨を募り、貞観三年（八六一）三月十四日に盛大な大仏開眼供養会が行われた。世に貞観の御首供養と称せられる。

平安時代三百年の間、維持修理が絶えず行われたことは、大鏡に「世の中に斧の音するところは、東大寺とこの宮（小野宮）とこそは侍るなれ」と記され、また東大寺要録・東南院文書などによってうかがうことができる。なかでも治承四年（一一八〇）十二月の平重衡の兵火による大仏殿をはじめとする七堂諸伽藍の炎上は、興福寺の焼亡とともに南都炎上と称せられ、日本史上の大事件であった。

3　講堂

講堂は大仏殿の北方にあり、今は巨大な礎石を残している。天平勝宝五年（七五三）正月二十二日の造講堂院甲可山作所解（正倉院文書）によると、用材は現滋賀県甲可山で伐採されており、また同七、八歳にわたって造講堂院所・造講堂所と称せられる造東大寺司下の造営支所の名が散見する（造講堂院所解）ので、講堂造建に当たっての特別の機関が設けられたことが知られ、正倉院宝物には、講堂・僧坊・食堂を描いた殿堂平面図（仮称）の指図が伝わっている。延暦元年（七八二）の新検記帳（東大寺要録）によると、講堂は長さ十八丈二尺（六〇メートル）、広さ九丈六尺（三一・六メートル）の広さをもち、左右に軒廊があり、東西の僧坊に接続していた。本尊の乾漆千手観音立像は、聖武上皇の勅願として天平勝宝七歳十一月に造像を開始したというから、講堂も翌八歳中には造建されたものと考えられる。

その後、講堂は延喜十七年（九一七）十二月一日に僧坊とともに全焼したが（日本紀略、扶桑略記、政事要略）、講堂の諸仏像は大仏師会理と仏師五十余人により造像され（東大寺別当次弟）、一方、講堂は承平五年（九三五）五月に南都七大寺と天王寺・延暦寺の衆僧一千人を請じて落慶供養が行われた（東大寺要録）。以後幾度かの修理を経ながら、治承四年十二月の兵火で類焼するまで存続していた。

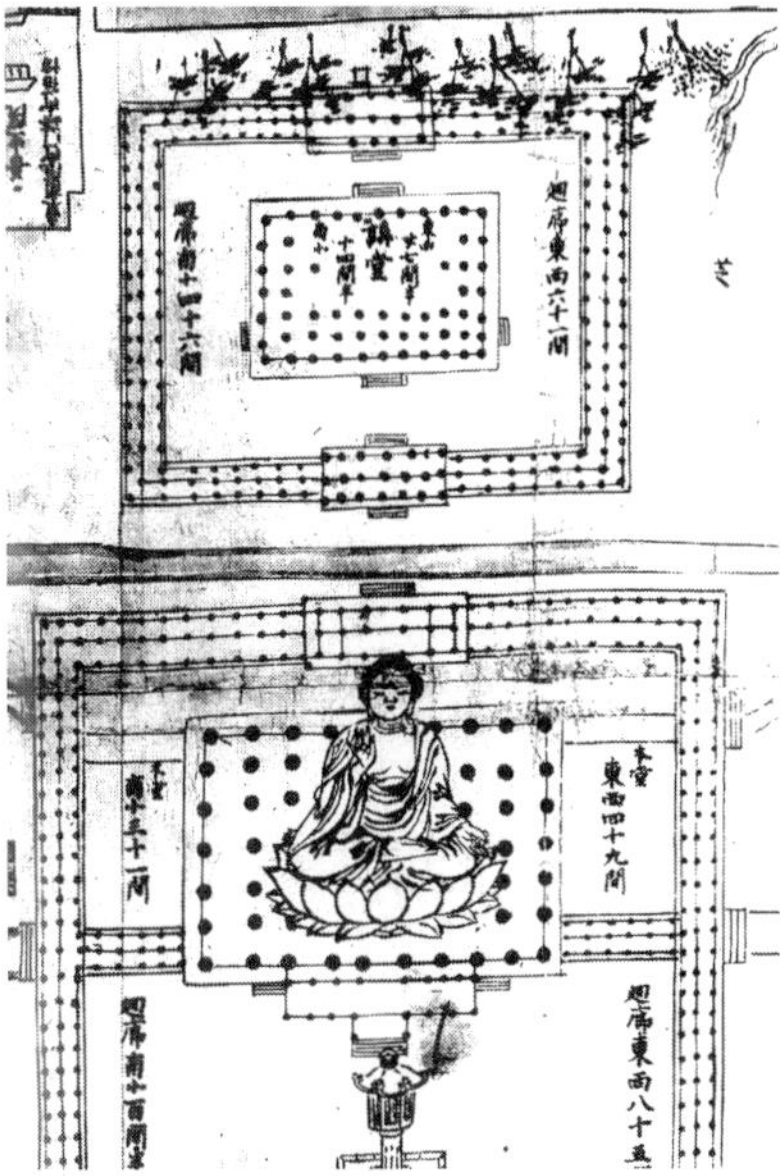

■江戸時代の講堂跡
（寺中寺外惣絵図・部分、江戸時代）

4　僧坊・食堂

講堂を取囲むように僧坊《そうぼう》があり、東方を東室、西方を西室、北方を北室と称するいわゆる三面僧坊で、東室より東方に登廊を経て食堂《じきどう》に接していた。僧坊・食堂ともに、いつ頃に造建を開始し完成したものかつまびらかでないが、僧坊は寺僧止住の建物であり、割合に早期に建造が開始されたと推定されよう。天平宝字六年（七六二）二月中に九十一人により僧坊の瓦と壁を修理しているから（「造東大寺司告朔解」正倉院文書）僧坊の一部は早く完成していたらしい。また同年三月中にも二十三人の工夫により僧坊経蔵を作っているし、四月には壁木を作り、壁を塗っているから、同六年中には少なくとも完成したのであろう。

僧坊の規模については、延暦元年の新検記帳（東大寺要録）には「僧房四宇　一宇〈長廿七丈七尺　広四丈六尺〉　一宇〈長廿七丈六尺　広同前〉　二宇〈各長十二丈七尺　広四丈六尺〉」とし、ほぼ同長の東室・西室と、中央を馬道で仕切った東西二棟の北室が存在した。延喜十七年（九一七）十二月に三面僧坊は講堂とともに失火で全焼したが、日本紀略には「東大寺講堂一宇、僧房一百二十四間焼亡」とみえ、僧坊は全体で百二十四間あったことが判明する。

大房・小子房をもった三面僧坊は、治承四年（一一八〇）の平重衡の兵火で大仏殿・講堂などとともに焼失し、鎌倉時代に至って再興された。昭和二十六年、僧坊の一部が調査され、巨大な松香石（凝灰岩）の地覆石や礎石の一部が散在していることが確認された。軒瓦銘や西迎上人行状によるとこの僧坊の再興は建長元年（一二四九）

であるが、永正五年（一五〇八）三月には講堂からの出火で類焼し、柏原天皇や三条西実隆の尽力があったが（実隆公記）、ついに再建に至らずに終わった。

食堂は東室跡の東方の高地にあり、現に塔頭宝厳院前の道路上に巨大な礎石一基を残している。食堂構築にあたっては、造東大寺司の一支所として作食堂所・食堂所とよばれる組織が作られたことが、天平宝字二年十月二十九日の請用雑物并所残注文（正倉院文書）によって判明する。講堂の造営が終わった頃から食堂の創建に当たったらしい。食堂の完成は明らかでないが、同六年頃には相当進捗していたことが明らかである。正倉院の東大寺講堂・食堂等殿堂平面図には十一間五面の食堂が描かれて、北面中央に北行する軒廊がさらに十一間四面の建物に連なり、その西方には南北に長い大炊殿と推定される建物

■食堂礎石

が連なっている。寛和二年（九八六）三月、円融上皇の東大寺戒壇院における受戒の際、食堂内で東西に六列の長床を設け、千僧に熟食を供養したといい（円融上皇御受戒記）、寛仁三年（一〇一九）九月の藤原道長の受戒の場合も、食堂で千僧供を行ったことが左経記にみえ、その規模の広大さがしのばれる。

七大寺巡礼私記には「碾磑亭一宇　七間瓦屋、置碾磑、件亭在講堂東食堂之北、其亭内置石唐臼、是云碾磑、以瑪瑙造之、其色白」とみえる。円融上皇御受戒記にみえる大炊屋とか大炊殿にあたるもので、白大理石（白石）の唐臼があったことで有名であったらしく、当寺西北門の碾磑門（転害門・手貝門）の称呼とも関係がある。治承四年十二月の兵火で三面僧坊とともに類焼してしまった。鎌倉・室町時代、再三復興が試みられたが、食堂はついに再興をみるに至らなかった。

5　東塔・西塔

東・西二塔跡は今日大仏殿鏡池の東方と東大寺整肢園の北方に残っている。天平十三年（七四一）二月十四日の国分寺建立に関する詔にも「宜令天下諸国各敬造七重塔

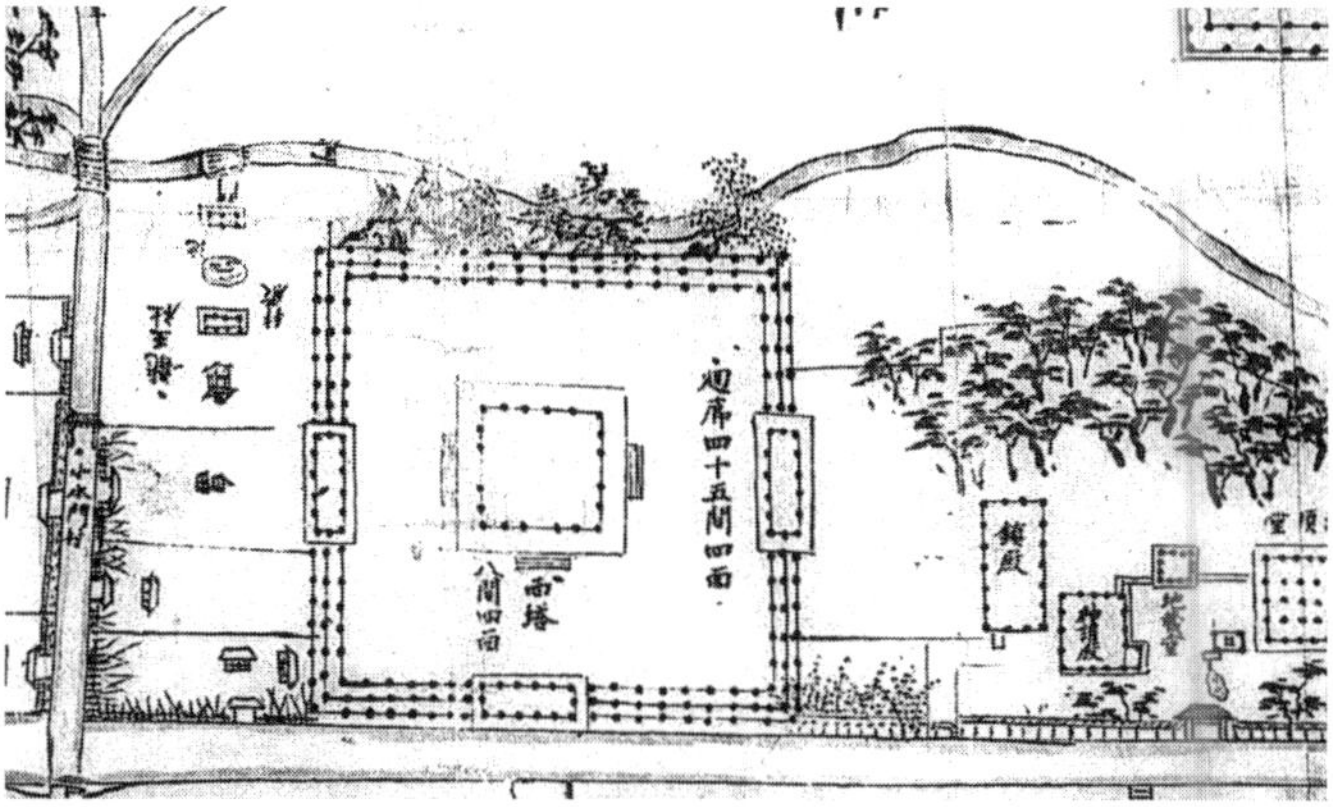

■江戸時代の西塔跡（寺中寺外惣絵図・部分、江戸時代）

一区、并写金光明最勝王経・妙法蓮華経各十部云々」とみえ、同十九年十一月には諸国司に七重塔の造建を督促している。造塔は大仏鋳造の工とともに計画され着手されたのであろう。天平勝宝五年（七五三）六月に収録された造東大寺司作物帳断簡（正倉院文書）は、同二、三年頃のものと推定されるが、「塔本歩廊一間〈長廿九丈、広九尺〉構造〈瓦蓋畢〉瓦葺屋一間〈長九丈四尺、広四丈七尺〉檜皮葺舎屋三間〈各長七丈、広二丈八尺〉」の記載があり、塔をめぐる歩廊が完成し、瓦もすでに葺き終えていたことがうかがわれる。正倉院宝物の銅板勅書の表に「今以天平勝宝五年正月十五日荘厳已畢、仍置塔中、伏願前日之志、悉皆成就」と刻され、この銅板勅書が納められた一基の七重の塔が完成していたらしいことが知られる。東大寺要録には、西塔に関して「一、西塔院　高廿三丈六尺七寸　天平勝宝五年潤三月廿三日建、長保二年十月十九日、西塔三重并正法院焼亡、興福寺喜多院焼亡火移也、又承平四年甲午東大寺西塔焼亡」と、その建立を天平勝宝五年閏三月とするが、閏三月は天平勝宝四年にのみあり、閏三月に信憑性を求める限り、西塔の創建は大仏開眼供養会の前月にあったことになる。西塔に関しては以後正倉院文書には管見に触れるものがないから、おそらく同四年閏三月に完成をみたものであろう。

日本紀略、扶桑略記（裏書）には、承平四年（九三四）十月十九日の雷火で「西塔并廊為神火被焼」とし、「大和国々分寺也」と注記している。西塔では大和国国分寺関係の仏事を行っていたこと、さらに国分寺の塔の伝統を伝えていたものといえる。同年の焼亡後、天徳三年（九五九）七月、時の別当光智は西塔の復興を企てたが、再興した三重目までがまた長保二年（一〇〇〇）十二月に焼亡し、鎌倉時代には塔跡には、西塔院と称せられる小堂舎が建っていたらしい。江戸初期の東大寺々中寺外惣絵図には、西塔屋敷として礎石の散在している跡を記しとどめている。塔中に収められた銅板勅書は、西塔の焼亡後、印蔵に収められていたが、明治四年（一八七一）に至り、東南院文書とともに皇室へ献納された。

東塔については東大寺要録諸院章にその建立を天平勝宝五年三月三日としている。しかし同四年から六年にかけて、かなり多くの東塔造建に関する記載がみられる。ことに天平宝字六年（七六二）四月一日の造東大寺司解には、木工所の作物として東塔歩廊材や塔の初重内部の打出仏像五十体、露盤（現在の相輪）の金物などが作られている。同八年に僧実忠《じっちゅう》は高さ八丈三尺の露盤を、工夫を督励して二十三ヵ月かかって作り上げ、匏形（流星）の中に金字最勝王経一部（十巻）と仏舎利十粒を納めた（実忠二十九ヶ条）。東塔はおそらくこれ以後に完成したものと思われるが、年次は明らかでない。大仏殿碑文には東西両塔について「塔二基並七重、東塔高卅三丈八寸、西塔高卅三丈六尺七寸、露盤高各八丈八尺二寸、用熟銅七万五千五百二斤五両、白鑞四百九斤十両、錬金一千五百十両二分」と記されている。

東塔は以後、落雷・地震などの被害を受け、何度も修理を繰返したが、治承四年十二月の兵火で炎上してしまった。鎌倉時代の再興の機運に乗じ、元久三年（一二〇六）四月八日に再建の事始めが行われ（三長記）、承元二年（一二〇八）八月に立柱、安貞元年（一二二七）十月に東塔は完成した（東大寺続要録）。しかしこの七重大塔も、康安二年(一三六二)正月十三日に雷火で炎上し(嘉元記)、再建を企てたがついに成らず、礎石をとどめるのみで、心礎は明治末期に売却され、現在大阪市の藤田美術館に伝えられている。

6 鐘楼

大仏殿東方の高地にあり、菅家本諸寺縁起集は、鐘は天平勝宝二年(七五〇)五月に造り始め、翌三年十二月に鋳造をしたが成功せず、同四年正月八日に下型を造り、三月七日に鋳造、四月八日に天皇が行幸して鐘を懸けたとあり、開眼会に使用されたものとみられる。大仏殿碑文には「鍾一口 高一丈三尺六寸、口径九尺一寸三分、口厚八寸、用熟銅五万二千六百八十斤、白鑞二千三百斤」とみえる。巨大な梵鐘であるだけに、当初からこの丘の上で鋳造されたものらしい。永祚元年(九八九)八月の大風で鐘楼は倒壊し(東大寺別当次第)、その後延久二年(一〇七〇)十月、永長元年(一〇九六)十一月(中右記)、治承元年(一一七七)十月(玉葉)にも地震で鐘が墜落したが、同四年十二月の兵火には罹災を免れた。現在の鐘堂は、俊乗坊重源のあと

■国宝・鐘楼（鎌倉時代）

第二代の大勧進に任ぜられた栄西《ようさい》《えいさい》が、建永元年（一二〇六）から建保三年（一二一五）の間に大仏様式をも加え創建したもので、巨鐘をつるにふさわしく、後世の鐘堂の範となっている。その後延応元年（一二三九）に落下し、同年十月につりあげたが、現在竜頭の釣金に刻銘があり、第三代大勧進行勇《ぎょうゆう》によって行われたことが判明する。

東大寺のこの大鐘は余韻の長いこと、すなわち振幅が長遠で音声が低いことで有名で、室町時代には南都八景の一つにも加わり、世人に親しまれてきた。鐘堂・鐘ともに国宝に指定されている。

7　戒壇院

大仏殿の西方、約一五〇メートルにある。六度目の渡航によって来朝した唐僧鑑真一行は、朝野の絶大な歓迎を受けて東大寺客堂すなわち後の唐院（唐禅院《とうぜんいん》）に止住したが（続日本紀）、天平勝宝六年四月と翌七歳の二回にわたり大仏殿前庭に仮設の戒壇を設けて、聖武上皇・光明皇太后・孝謙天皇をはじめ、四百四十余人に授戒した。常設の戒壇は同六年五月の宣旨により始められ、翌七歳十月十三日に落慶供養が行われたと伝える（東大寺要録）。

僧尼の持戒伝律を重視して行われた戒壇院の創設は、天平仏教に点睛を加えたものといえる。平安時代初期に最澄の提唱した天台の大乗戒壇院が、没後勅許されて建立されたが、平安時代中期に至るまで官僧の登竜門として重視された。戒壇院は金堂にあたる受戒堂（戒壇堂）と講堂・僧坊や軒廊・回廊などがあり、受戒堂の壇上には当初中央に高さ一丈五尺ばかりの銅塗金の六重塔を置き、銅造の四天王像が安置され、絵

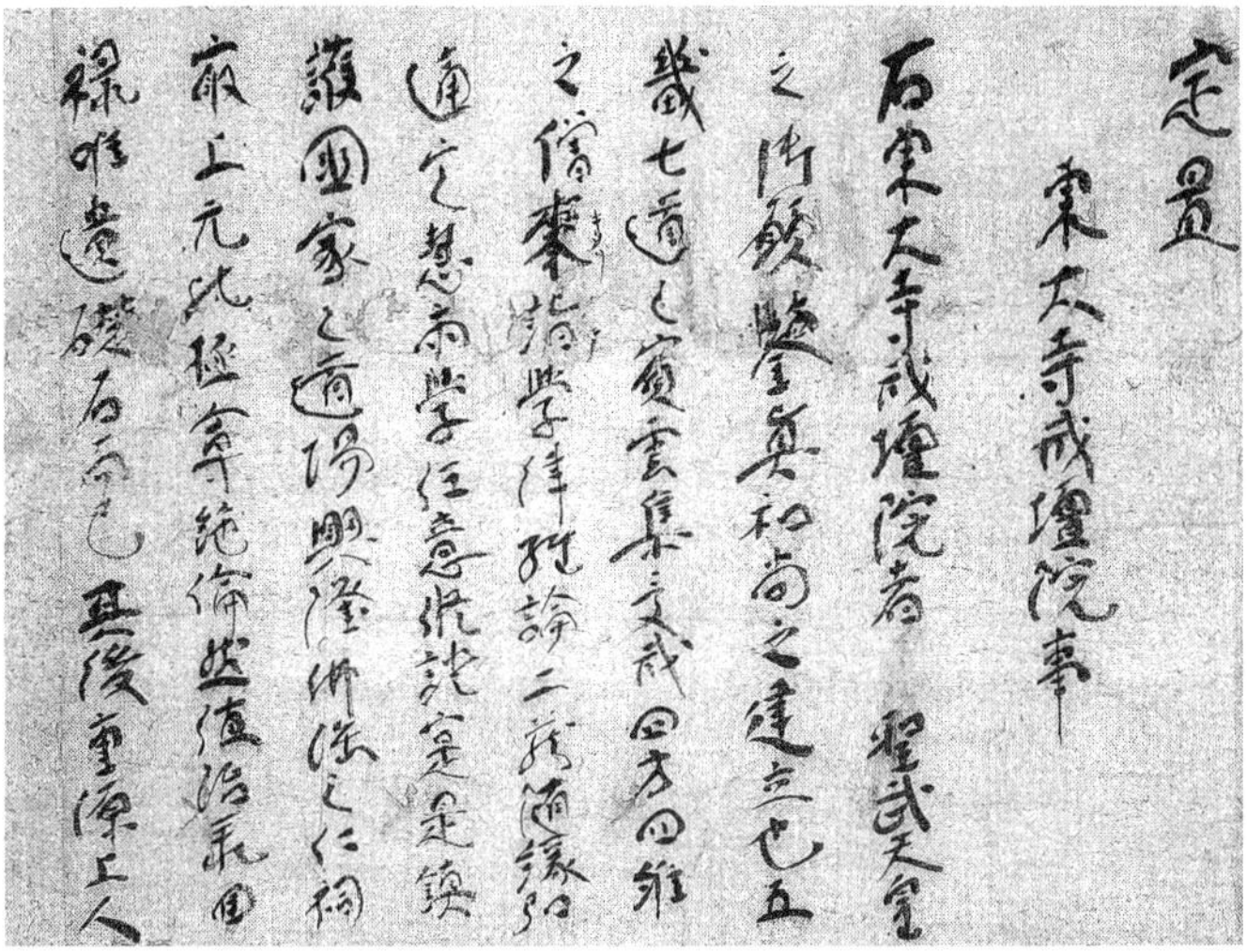

■戒壇院住持凝然が定めた掟書（鎌倉時代）

厨子に納めた華厳経三部などが置かれていた（七大寺巡礼私記、東大寺要録）。

治承四年十二月の兵火で焼失したが、重源により戒壇堂は再興され、講堂・三面僧坊・四面回廊などは、源頼朝の援助や西迎房蓮実・円照などにより再興された（円照上人行状）。その後、文安三年（一四四六）正月二日に僧坊より出火して、三面僧坊・講堂・戒壇堂・鐘楼・経蔵・南中門などすべてが焼け（東大寺雑集録）、永禄十年（一五六七）五月に三好・松永の戦火で三度焼失し、慶長十年（一六〇五）五月に鑑真和上八百五十年忌に千手堂が創建された。現在戒壇堂の西方に伝存する（注 千手堂は、平成十年（一九九八）五月、不審火によって全焼したが、平成十四年（二〇〇二）修理復興なった）。戒壇堂は文禄三年（一五九四）に仮堂を建てたらしいが、享保十六年（一七三一）に至り恵光により再建され、同十八年二月に完成し、壇上には木造多宝塔と、中門堂より塑造の四天王像（国宝）を移し今日に至っている。

8 法華堂（羂索堂）

大仏殿の東方、手向山神社の北に接し、南面して建っている。もと不空羂索観世音菩薩立像を本尊とするところから羂索堂（院）とよばれ、天平十八年三月以降、法華会が恒例的に行われるに至り（東大寺要録）、延喜年間（九〇一～九二三）にはすでに法華堂の名でよばれ、近代にはさらに三月堂とも称せられるに至った。国宝に指定されている。

寺伝では「一、羂索院〈名金鐘寺、又改号金光明寺、亦云禅院〉堂一宇　五間一面在礼堂　天平五年歳次癸酉創建立也、良弁僧正安置不空羂索観音菩薩像、当像後有等

■国宝・法華堂

身執金剛神、是僧正本尊也」とみえ、その創建を天平五年としている。正倉院文書には、同二十年頃から羂索堂の名がみえる。天平十九年一月の造仏長官国君麻呂の署名のある金光明寺造物所解案（正倉院文書）に不空羂索観音像の花柄に用いる鋏二十挺を申請していることから推して、金光明寺造仏所の手により、同年頃に創建をみたものであろう。

天平勝宝八歳六月の東大寺《とうだいじ》山堺四至図《さんかいしいしず》に、今日と同じ位置に南面して建物の描写がある。東大寺要録には、さらに応和（九六一～九六四）頃の羂索院の建物を掲出し、「一、羂索院　五間檜皮葺礼堂一宇、三間二面庇瓦葺二月堂一宇、七間檜葺会房一宇、一間檜皮葺僧坊一宇」の堂舎と、双倉をあげている。二月堂が羂索院の中に包含され、会坊とか長大な檜皮葺の僧坊の存在が認められ、大仏殿の東方の山腹、上院といわれる諸堂の中心的存在であったらしい。もちろんこれは平安時代十世紀頃の時点でのことであるが、正倉院文書には良弁の高弟智憬などが止宿していたことが確認され、華厳経などの貸借が行われている。金鐘寺での華厳研究は、天平十二年から行われ、羂索堂の創建とともに華厳研究はここで続行されたらしい（東大寺華厳別供縁起）。後年に至り華厳の道場として重視され、光智により建立された華厳宗の本所尊勝院家の支配するところとなったのも、故なしとしない。羂索堂は現在、東大寺内最古の堂であるばかりでなく、奈良市でも最も古い建築物で、正面五間、側面八間、正面は入母屋造で、後部は寄棟造の本瓦葺になっている。しかし創建当初は正面五間すなわち礼堂《らいどう》にあたる建物は檜皮葺で、後方の本堂は瓦葺のそれぞれ独立した双堂式の建物であった。その後、度々修理などが行われたが、鎌倉時代に至って礼堂は大仏様をもって、屋根は瓦葺、入母屋造《いりもやづくり》の様式に新建し、本堂と礼堂の中間に屋根を葺き、あたかも南北に長い一棟の観を与える堂となった。礼堂天井裏には正治元年（一一九九）八月八日の修理棟札が残されている。

■国宝・不空羂索観音立像、脇侍・日光・月光菩薩立像（奈良時代）※

※　日光・月光菩薩立像は現在東大寺ミュージアムに移安

堂内には「天平彫刻の宝庫」と称せられているとおり、像高三・六二メートルに及ぶ乾漆造の本尊不空羂索観音立像、四メートルに達する乾漆造の梵天《ぼんてん》・帝釈天《たいしゃくてん》像と四隅には四天王像、金剛力士像二体のほかに、塑造《そぞう》の日光・月光仏立像二体、本尊後方には塑造の執金剛神《しゅこんごうしん》立像（以上いずれも国宝）、八角黒漆塗厨子には、東方のそれには弁財天、西方には吉祥天の塑造の立像（ともに国重文）がそれぞれ安置されている。

■国宝・執金剛神像（奈良時代）

本尊をはじめとする乾漆像九体は、当堂創建以来の像で、日光・月光の二体の塑像はもと当堂北門の西方にあった絵馬堂にあり、享保（一七一六〜三六）頃に移安された。吉祥天・弁財天の二塑像は、天暦八年（九五四）に焼亡した吉祥堂の本仏で、移安の最中に破損を被ったもののようで、頭部や体表にいたましい姿をとどめている。ほかに木造地蔵菩薩坐像・木造不動明王二童子像（国重文）を安置する。

本尊は三目八臂《さんもくはっぴ》の巨像で、頭上には銀製の宝相華文《ほうそうげもん》唐草放射状の宝冠をいただき、眉間上には銀製鍍金の化仏阿弥陀仏立像をのせ、使用する真珠・琥珀・水晶・翡翠などの珠玉二万個を超えるという。天平文化の華麗な造形を示したものといえよう。本尊の背後に鎌倉時代の春日厨子に塑造の執金剛神像が安置されている。景戒の日本霊異記にも同像に関する説話がみえる。古くより秘仏として伝えられてきた。

羂索院には付属の双倉があった。「納物尤多」といわれ、阿弥陀堂・薬師堂などの雑物は延喜二十年十二月にこの双倉に移納されて、僧綱の許可を得て開閉される綱封《こうふう》倉《そう》としたという（東大寺要録）。納物の重要性を示すものであろう。天暦四年六月に至り、双倉の汚損により収納物を「正蔵三小蔵南端蔵」の綱封倉に移したことが東大寺要録にみえる。この正蔵三小蔵が今日の正倉院に当たるかどうかはつまびらかでないが、現に正倉院には阿弥陀堂・吉祥堂旧蔵の仏器類が伝わっている。なお本堂（正堂）には「金鼓一口・鏡四十七面」などがあり、三十六面の鏡は天井に、八面は柱に付けてあったという（東大寺要録）。天井の鏡は本尊の天蓋《てんがい》、梵天・帝釈天の天井にある宝相華文の天蓋に、いまなおその遺影をとどめている。

法華堂は中門堂《ちゅうもんどう》とともに、平安時代中期に至り堂方とか禅衆とよばれ、時には僧兵の基盤となった法華堂衆の拠点となり、重きをなした。法華堂を本堂とする堂方の僧は、千日不断の香華を捧げるために回峯の行を行い修練を重ねた。現在東大寺収蔵庫に安置されている平安時代中期を下らぬ不動明王坐像や、いま堂内に安置の応安五年（一三七二）在修理銘の同像は、この回峯行の本尊である。この香華を捧げるために、礼堂の東南には他堂ではみられない連子窓《れんじまど》をしつらえた大型の閼加棚《あかだな》が設けられているのはそのためで、鎌倉時代の様式をとどめている。正治元年に大仏様《だいぶつよう》を加味して新造された礼堂は、現存のもので、以後、幾度か修理を重ねた。昭和四十三年（一九六八）十月から四十五年五月にかけて、法華堂の東方にある手水屋《ちょうずや》（国重文）の解体修理に当たって、本堂の葺瓦の一部を葺替えたが、平瓦の一部に恭仁京・山城国分寺（京都府相楽郡加茂町）出土と同笵の瓦が発見され、注目をひくに至った。

なお本堂南手向山神社《たむけやまじんじゃ》の手前に法華堂経庫（国重文）がある。

9　二月堂

大仏殿の東北の山腹にある。東大寺要録には「実忠和尚の創草也、（中略）天平勝宝四年壬辰、和尚始行十一面悔過、至于大同四年、合七十年」とあり、十一面悔過法会《じゅういちめんけかほうえ》のための堂である。法会が二月に行われるため、二月堂とよばれるようになった。しかし天平勝宝八歳（七五六）の東大寺山堺四至図（正倉院蔵）には二月堂と認められる堂宇は見当らず、二月堂をこれ以前の創建とは考えがたい。しかし宝亀四年（七七三）には実忠が十一面悔過を行ったと考えられるので（「倉代西端雑物下用帳」正倉院文書）、この時までに建てられたといえよう。以来、幾度かの改修を経、治承四年（一一八〇）の南都焼討、また永禄十年（一五六七）の戦火からも免れたが、寛文七年（一六六七）修二会中に焼失した。現在の建物は同九年再建のものである。

堂は東西十間、南北七間で、寄棟造・本瓦葺である。西方は急斜面にかかる懸崖造となっている。内陣は三間に三間で横長、周囲に石畳をめぐらす。五間に三間の外陣があり、さらにその周囲に参籠所の小部屋が造られ、西正面は吹放しの礼拝所が設けられている。

二月堂の西崖下に二月堂参籠所（国重文）・二月堂仏餉屋（国重文）・二月堂湯屋があり、参籠所の南にはお水取りで知られる二月堂閼伽井屋（若狭井の覆屋。国重文）がある。

二月堂のお水取りは二月堂の修二会の行事で、三月十二日の夜本尊に供える霊水を汲み上げる行事のあるところからの名で、同じ日に練行衆が大松明を先導として上堂することから、お松明ともよばれる。この行事は二月二十日の「別火《べっか》」に始まり、三月十五日の「だったん帽」の行事に至るまで、さまざまな厳粛な作法が行われ、南都の寺院行事のなかで最も盛大な行事である。

十一面悔過の行法は「二月堂縁起」によれば、天平勝宝四年、実忠によって始められたとあり、十一面神呪心経に基づいて、本尊十一面観音の前ですべての人間の犯した罪や過ちを懺悔し、罪過や汚れを払うとともに、それらの人々の除病・延命を祈るためのものである。東大寺要録に「毎年始自二月朔日、二七《にしち》日夜、修毎日六時行法（中略）二月修中、初夜之終、読神名帳」とあり、また保延六年（一一四〇）の七大寺巡礼私記には「堂衆十五六人自二月朔日籠堂中、二七箇日之間、白地不出住房所勤行也、至十四日夜堂衆等皆執金剛鈴、又以炬火逆挟腋、火災出後、相烈唱南無観之宝号、疾是（足カ）廻仏壇奔置（走カ）也（後略）」と述べ、韃靼《だったん》の行法がすでにこの時期に行われ、今日の修二会の諸行法が構成されていることを知る。

水取りや氷の僧の沓の音　芭蕉（「野ざらし紀行」）

水取りや井をうち廻る僧の息　一茶

10　転害門

奈良市雑司町にある当寺の大門の遺構をとどめる唯一の八脚門で、国宝に指定されている。もと平城左京一条大路に西面して建立され、佐保路門ともよばれた（東大寺山堺四至図）。左京二条大路に面して創建された国分門（西大門）、一条と二条の中間に建立された中御門（中門）は中世に倒壊したのに対して、この門のみは当寺鎮守八幡宮（手向山八幡神社）の祭礼が行われて遷座の場所となり重視された。天喜四年（一〇五六）には手掻御門の名でよばれ（東南院文書）、碾磑門・転害門・手貝門とも書かれる。旧暦九月の八幡宮祭礼に神輿遷座の門となるため、当門中央には神輿安置

■国宝・転害門（奈良時代）

の石が据えられ、天井も格天井に改められ、現今も川上町の有志により大注連《おおしめ》が中央の二柱に懸けられている。京街道に面していたために、平安時代末期から民家が建並び、中世以降には東大寺郷の一つである転害郷（手貝郷）が生れ、江戸時代には旅宿郷として発展した。

11　南大門

大仏殿の正面、東大寺の南境を画する大門で、天平勝宝八歳（七五六）の東大寺山堺四至図

■国宝・南大門（鎌倉時代）

には、なんらの注記がないところからみて、平城左京の東京極大路に面した国分門・中門・佐保路門（転害門）よりは後年に創建されたらしい。天平宝字六年（七六二）には南面の西門や南大垣が造られているから（正倉院文書）、この頃にはすでに建立されていたものとみられる。

応和二年（九六二）・永祚元年（九八九）の二回の大風で倒壊したが（東大寺要録）、山槐記応保元年（一一六一）七月二十八日の記事には永祚元年八月の大風による倒壊については一言も触れていないので、誤記かとも疑われる。応保二年五月頃から再建計画が始められ（東南院文書）、当時南大門の再建は「寺家第一の大事」（東大寺文書）といわれた。仁安二年（一一六七）三月には造南大門料として銅造の懸魚《げぎょ》や宝鐸《ほうたく》などが用意され（正倉院御物出納文書）、再建が進行したようである。治承四年（一一八〇）十二月の平重衡の兵火で大仏殿など諸堂は炎上したが、南大門の焼失の記録は定かでない。

現存する南大門（国宝）は、俊乗坊重源の当寺再興の一環として、正治元年（一一九九）六月に上棟し、建仁三年（一二〇三）十一月の東大寺総供養には、門内に安置した運慶・快慶等作の木造金剛力士立像二体とともに竣工している（東大寺続要録）。宝徳三年（一四五一）七月に落雷、西方の力士像に破損が生じた。天保六年（一八三五）に大仏講などに勧進して修理、昭和二年から同五年にかけて解体修理が行われた。現今のこの門は、奈良時代の基壇の上に建てられ、その大きさはまったく創建時と等しいが、構造的にいわゆる大仏様とか天竺様とよばれる様式により建てられたところに大きな相違がみられる。門は五門三戸、入母屋造、高さ二五・四六一メートルで、東大寺にふさわしい大門といえる。金剛力士像の背面には宋人陳和卿《ちんわけい》作と伝える石造獅子（国重文）が置かれている。

12　その他の堂塔

嘉承元年（一一〇六）から長承三年（一一三四）の間に編まれた東大寺要録諸院章には、以下の堂塔が記されている。「羂索院・二月堂・北阿弥陀堂・南薬師堂・南阿弥陀堂・吉祥堂・鐘堂・三昧堂・羂索院・千手堂・戒壇院・講堂（在三面僧房）・東塔院・西塔院・東西小塔院・東南院・念仏院・正法院・南院（真言院）・西南院・天地院・唐禅院・辛国堂・阿弥陀院・蓮台院・上如法院・下如法院・食堂・僧正堂・紫磨金院・上院・大炊殿・羹所・間備所・碓殿・北厨・南厨・細殿・北酒殿・油殿・大庁・印蔵・正蔵院・薗殿・温室院・東洞院・厩院・悲田院・安楽院・慈恩院・西院・造司（寺家修理所）・尊勝院・知足院・般若院・諸神社（八幡宮ほか）」。

このなかに幾つかの子院が現れている。僧侶は本来、三面僧坊に居住したが、教学の志向・出自階層などにより僧坊を離れ、院家・塔頭に住むようになった。とくに東南院・尊勝院の二院家が寺内の勢力を二分した。東南院は貞観十七年（八七五）聖宝によって創設されたといい、延喜四年（九〇四）道義が香積寺を移建して院家を建て、のち聖宝が招かれて院主となり、三論宗学問の中心となった。尊勝院は天暦九年（九五五）光智によって建立され、華厳宗専攻の子院となった。このほかに弘仁十二年（八二一）空海が勅許を得て創設した灌頂道場《かんじょうどうじょう》が南院（真言院）となった。これら堂宇の大半が治承の焼討で焼失したことは東大寺続要録にみえる。すなわち「大仏殿・四面回廊・講堂・三面僧坊・食堂・八幡宮・東塔・戒壇院・大湯屋・上院閼伽井屋・白銀堂・東南院・尊勝院其外僧坊民屋悉以焼失（中略）所残法花堂・二月堂・同食堂・三昧堂・僧正堂・鐘堂・唐禅院堂・上司倉・下司倉・正倉院・国分門・中御門・砧礚門・南院門等也」と記される。

養和元年（一一八一）俊乗坊重源が大勧進職に任じられ、源頼朝の協力を得て復興に当たった。重源は三度宋に渡って学んでおり、大仏鋳造・建築には宋人陳和卿の協力を得て文治元年（一一八五）八月二十七日にまず大仏開眼供養が営まれた。この開眼会には、東大寺別当定遍《じょうへん》が開眼師になり、南都七大寺の僧一千人が参加、後白河法皇を迎え、権大納言藤原定家も行事官として加わっている。大仏殿は建久元年（一一九〇）上棟式を行い、同六年三月十二日に落慶供養が営まれたが、これには後鳥羽天皇の行幸とともに将軍頼朝が鎌倉から上洛、参加した。さらに同六年から建仁三年

（一二〇三）にかけて堂塔の建築、仏像の造立が営まれ、建仁三年十一月三十日に東大寺総供養が営まれた。これにより大仏殿のほか、南大門・鐘楼・法華堂礼堂・二月堂閼伽井屋・同食堂・同参籠所・念仏堂・仏餉屋などの現存の伽藍をはじめ、尊勝院・唐禅院・知足院・新禅院・西南院なども復興した。また大仏師運慶・康慶・快慶ら奈良仏師により、南大門仁王像・八幡神像など多くの造像が行われた。

しかし永禄十年（一五六七）十月十日、松永久秀と三好三人衆の合戦の際、久秀軍の手により大仏殿に火がかけられ、再び大仏も焼落ちてしまった。この時残ったのはわずかに南大門・鐘楼・二月堂・法華堂・念仏堂・正倉院・転害門・閼伽井屋などにすぎない。この復興は容易に進まず、江戸時代になり公慶の努力によりようやく実現をみた。元禄三年（一六九〇）大仏仏頭の鋳造を終え、同五年三月三日に開眼供養が営まれ、大仏殿は宝永六年（一七〇九）三月二十一日から四月八日まで盛大な供養が行われた。現存の大仏殿である。二十五年の歳月と十八万両の経費を要したが、天平時創建の間口十一間を七間に切詰めている。桁行二十八間六尺三寸、梁間二十五間四尺一寸、枡形は大小四千三百二十、柱は六十本、用材二万六千八百十三本、瓦十三万三千六百六十枚、釘・金輪類二十八万七千四百本、工事に携わった者は、鳶人足十一

万二千百三十四人、雑用人足八万二千九十一人、大工二十一万一千五百七十九人、木挽四万八千七百七十三人、杣工一万一千二十三人の多きを数える。

明治以後は、明治十二年（一八七九）から大仏殿修理に取り掛り、大正四年（一九一五）に落慶供養を行い、昭和二十七年（一九五二）大仏開眼千二百年法要を営み、同四十八年四月から五十五年三月にかけて大仏殿昭和大修理が行われた。

雪悲しいつ大仏の瓦ぶき　芭蕉
虫干や甥の僧訪ふ東大寺　蕪村

13　寺宝・その他※

前述のほか指定文化財には、建造物に、本坊経庫（国宝）、勧進所経庫（国重文）、石造五輪塔（市内川上町に所在、国重文）がある。総じて、国宝七件、国重文十四件、県指定三件となる。

また絵画では、国宝に絹本著色倶舎曼荼羅図《くしゃまんだらず》・紙本著色華厳五十五所絵巻の二件があり、国重要文化財には絹本著色香象大師《こうぞうだいし》像・絹本著色四聖御影《ししょうのみえ》・絹本著色華厳五十

※　平成25年12月現在、建造物　国宝８件　国重文14件、絵画　国宝２件　国重文７件、彫刻　国宝13件　国重文41件、工芸　国宝４件　国重文27件、書跡・古文書　国宝２件　国重文38件、歴史資料　国重文１件、考古　国宝１件

五所絵など六件、県指定品三件がある。
彫刻では、国宝に木造良弁僧正坐像・木造俊乗上人坐像・銅造誕生釈迦仏立像など前記と合わせ計十三件、国重要文化財に木造公慶上人坐像・木造訶利帝母《かりていも》坐像・木造獅子頭など総計三十七件、県指定一件がある。

■重文・石造五輪塔（重源墓、鎌倉時代）

工芸では、国宝に葡萄唐草文《ぶどうからくさもん》染韋・花鳥彩絵油色箱など総計四件、国重要文化財に五獅子如意《ごししにょい》（伝聖宝所持）・黒漆鼓胴・鉄釣灯龍など二十六件、県指定一件がある。

書跡では、国宝に賢愚経巻第十五、東大寺文書（一千二十六通）の二件、国重要文化財に大毘婆沙論《だいびばしゃろん》巻二

十三、瑜伽師地論《ゆがしぢろん》巻十二・巻十三・巻十四・巻十七、紙本墨書東大寺要録・同続要録、宗性筆聖教并抄録本など三十六件、歴史資料では東大寺戒壇院指図が重文に、また考古では東大寺金堂鎮壇具が国宝になっている。また境内鏡池のワタカ（馬魚）は県天然記念物である。

年中行事には聖武天皇の忌日（五月二日）に行われる聖武祭、四月八日の仏生会、十二月十六日の方広会ほかがある。

14 寺領

奈良時代には寺社中最大の封戸《ふこ》と墾田《こんでん》を有した。封戸については天平十九年（七四七）九月二十六日、十六ヵ国一千戸が勅施入された（東大寺要録）。天平勝宝元年（七四九）には従来の一千戸を含めて改めて造東大寺料として五千戸が勅施入され、造寺完了後は、一千戸を修理料、四千戸を十方三宝供養料にあてるように定められている（同書）。平安初期、そのうちから新薬師寺・東寺・西寺に二千三百戸が割き与えられたものの、二十余ヵ国二千七百戸を保持していた（同書）。

墾田については、天平宝字元年（七五七）四千町まで領することが認められる（続日本紀）。これを契機に諸国の野地を占定し、開墾を開始している。この時期の開田図が正倉院に現存する。一方施入や買得も行われ、奈良時代にはおおよそ以下の荘園を獲得している。

大和国梨原庄・東市庄（現奈良市）、西市庄（現大和郡山市）、酒登庄（現未詳）、春日庄（現奈良市）、櫟庄（現天理市）、清澄庄（現大和郡山市）、長屋庄（現天理市）、村屋庄（現磯城郡田原本町）、十市庄・飛騨庄（現橿原市）、平群庄（現平群郡）、山城国泉庄・瓶原庄・玉井庄、摂津国水成瀬庄・猪名庄・安曇江庄・新羅江庄、伊賀国玉滝庄・予野庄・黒田杣・板蝿杣、伊勢国三重庄、尾張国海部庄・中島庄・春日部庄・山田庄・愛知庄・葉栗庄・丹羽庄、近江国因幡庄・周恵庄・平流庄・水沼庄・坂田庄・息長庄・勢多庄、美濃国大井庄・勅旨庄、越前国椿原庄・高串庄・水成庄・糞置庄・粟川庄・鴫野庄・道守庄・国富庄・鯖田庄・子見庄・溝江庄・桑原庄・田宮庄、加賀国幡生庄、越中国狩城庄・石粟庄・井山庄・杵名蛭庄・須賀庄・楔田庄・鳴戸庄・鹿田庄・丈部庄・大荊庄、越後国石井庄・吉田庄、丹波国後河庄、因幡国高庭庄、播磨国垂水庄・石塩生庄、備前国氷田村・韓形村、周防国椹野庄、阿波国新嶋庄、伊与国

新居庄などが知られる。さらに平安時代の初めには、大和国佐保院、近江国大国庄・必佐庄、美濃国厚見庄、加賀国横江庄、越後国土井庄などを得た。

また諸国寺院への影響力は大きく、長承三年（一一三四）成立の東大寺要録は末寺として以下の諸寺を書き上げている。大和国新薬師寺・笠置寺（現京都府相楽郡笠置町）・普光寺・長谷寺（現桜井市）・崇敬寺（安倍文殊院。現桜井市）・永隆寺（伴寺）、虚空蔵寺・河原寺（現高市郡明日香村）・柿本寺（現天理市）・願興寺（跡地は現天理市）、山城国東寺・海印寺・禅定寺・光明山寺、伊賀国財良寺、近江国石山寺、下野国薬師寺、筑前国観世音寺、筑後国宝浄寺、肥前国弥勒知識寺。さらに「多為他妨、其残非幾而已」としながらも「古日記」によって以下の諸寺も本来末寺であるとして書きとどめている。大和国安福寺、山城国仁和寺・醍醐寺・勧修寺・頭陀寺・東流寺・法広寺、紀伊国金剛峯寺、河内国日輪寺・月輪寺、尾張国法生寺、伊勢国薬師寺・観音寺・安楽寺。

平安時代に入るとこれらの実態が徐々に失われていく。当寺が官寺の第一として国家的な保護に強く依存していたため、膨大な経済的基盤も、造東大寺司をはじめとする国家機構に依存して初めて成立しうるものであったからである。衰退の仕方は極端で、天暦四年(九五〇)十一月二十日の東大寺封戸荘園并寺用帳(東南院文書)によれば、寺領田三千七百八町余のうち実際に経営できていたのは二百十二町余という有様であった。長徳四年(九九八)のものと思われる東大寺領諸国荘家田地目録案(同文書)にあげる四十四ヵ荘のうち「悉荒廃」十五ヵ荘、残る諸荘園もみるべきものがなく、とくに越前国九ヵ荘は全廃の有様であった。他方、封戸からの収入も延暦年間(七八二～八〇六)を期に未進が始まり、漸減の一途をたどって平安時代末期には実質的に廃絶する。

平安時代に入ってからのこのような事態は、南都諸寺の多くに共通のものであった。寺領経営に全面的に依存していた国家機構の変質にもかかわらず、寺家側が独自に寺領を経営すべき機構・人員を欠いていたのである。

天喜元年(一〇五三)七月日の寺領茜部庄住人等解(東大寺文書)が述べるように、延喜式の規定どおり、別当・三綱《さんごう》が四ヵ年ごとに交代するため一貫した寺領経営は困難であった。しかし天喜年間に天平年間創建の諸伽藍の修造が行われた時期と前後して、寺家政所《じけまんどころ》が組織的にも強化され始め、同時に寺領の再興が企てられている。南都諸寺が多く衰退したのに対して、中世寺院として転生しえた理由の一つは、寺領再興にある程度成功したことがあげられよう。努力は多面的に進められた。第一に既得権をもつ荘園の再興、第二に封戸に見合う寺領の獲得、第三に大和国が負担すべき寺料に相当する免田の獲得、第四に末寺の荘園化などが図られている。その結果は、大治三年（一一二八）七月日の東大寺荘園目録（同文書）、建保二年（一二一四）五月日の東大寺領諸荘園田数所当等注進状（東大寺続要録）などからうかがえる。

まず荘園としては以下のものがあげられており、荘官組織もそれぞれ整えていた様子がわかる。大和国清澄庄・薬園庄（現大和郡山市）・長尾庄・飛驒庄・十市庄（現橿原市）・杜屋庄（現磯城郡田原本町）・春日庄（現奈良市）・水上庄・笠間庄（現宇陀郡室生村）、山城国玉井庄・賀茂庄・泉木津、伊賀国黒田庄・玉滝庄、摂津国猪名庄・長洲浜・新羅江・水成瀬庄、丹波国後河庄、越後国石井庄・豊田庄、美濃国大井庄・茜部庄。また封戸制が機能しなくなるにつれ、封戸が置かれた国々に封戸収入に見合う土地を「便補保」として要求。紀伊国山田保、下野国薗部郷・戸矢子郷、讃岐国原保・金倉保のほか美作国でも認められている。とくに伊賀国に対しては封戸百戸分の収入を執拗に要求。寺領黒田庄民の出作地の所当官物を振り向けさせ、のちには二百五十町に及ぶ出作地をも黒田庄内として認めさせて、寺領中最大の荘園としている。

延喜式によれば、伽藍の維持修理・供養・諸法会などの日常経費は大和国国衙《こくが》の正税や交易物から与えられることになっていたことがわかる。これらに見合う免田を次々に獲得していったものと思われる。建保二年の東大寺領諸荘園田数所当等注進状によれば、大仏仏聖白米免田三十六町が櫟庄（現天理市）・大宅庄（現奈良市）・東羽鳥庄・西羽鳥庄・長尾庄・安田庄（現生駒郡斑鳩町）・小東庄（現北葛城郡河合町）・他田庄（現桜井市）内に、灯油料田六十六町が高殿庄・西喜殿庄・東喜殿庄・城戸庄（現橿原市）、波多庄（現山辺都山添村）内に、華厳会色衆床饗料田二十町が福田庄（現生駒郡斑鳩町）、土田庄（現生駒郡平群町）内などに散在していたほか、大仏前不断香田二十四町などが各地に散在していたことがわかる。

末寺の荘園化の主なものは、筑前国観世音寺に関してであった。東大寺別当次第に保安元年（一一二〇）のこととして「勧世音寺被付本寺」とある。末寺観世音寺の有していた筑前国碓井封・金生封、筑後国大石封、筑前国把岐庄・黒嶋庄・船越庄・山鹿庄なども東大寺に帰することになった。観世音寺から寺納される米三百五十石は「鎮西米」とよばれ、財政上に重きをなした。同様に笠置寺の寺辺田地、崇敬寺領紀伊国木本庄も支配下に収めている（東大寺続要録）。しかしこれらの寺領も鎌倉時代を通じて諸勢力によって蚕食されていった。南北朝時代を迎える頃には、諸国諸荘園は武士勢力に奪われ、請所としてかろうじて確保するしかなかった。とくに黒田庄では「悪党」に悩まされ、多くの荘園・免田のあった大和国では興福寺に圧迫されて、寺領の維持は困難を極めた。また大宰府が機能しなくなるにつれ、その保護下にあった観世音寺も衰退。鎮西米の納入も途絶している。

室町時代に入ると貨幣経済の進展と相まって、新たな財源の確保に迫られることになった。以後財政を支えた二つの柱は、交通税の徴収と知行国《ちぎょうこく》周防国からの収入とであった。延慶元年（一三〇八）十二月二十七日の伏見上皇院宣案（内閣文庫所蔵東大寺文書）によれば、摂津国兵庫関を通る船から交通税を徴収することが認められている。西国から上る船からは積荷米十石につき一升、下る船からは港湾修造のために用いる置石の費用という名目で税を徴収してよいことになったのである。

また周防国が知行国として認められ、同国の国衙領を支配下におさめている。治承四年（一一八〇）平重衡《たいらのしげひら》による東大寺焼討の後、後白河上皇の勅願で再建が図られ、周防国が造営料国として定められた。再建事業が終了したため、承元三年（一二〇九）

東大寺の手を離れたが、寛喜三年（一二三一）再度知行国として認められ（周防国吏務代々過現名帳）、以後中世末に至るまで続いた。その間、大内氏・毛利氏の台頭で徐々に収入は減っていくが、寺家も主要な財源として総力をあげて権利の確保を図っている。この権限の一部は近世に入っても大名毛利氏の認めるところとなり、貴重な寺領として存続した。

江戸時代、寺領惣高《じりょうそうだか》三千二百十石、うち大和国に二千二百十石（寛文朱印留）、周防国に一千石であった。

三

東大寺の年中行事

1　年次の法会

東大寺の年中行事は、奈良時代から平安時代の末頃まで、数多くのものが伝えられて来たし、また平安・鎌倉時代に新しく創設されて、恒例化したものもあった。

春は花厳の大会を開いては、各八十軸の真言を転じ、秋は般若の法筵《ほうえん》を展《の》べて、悉く六百巻の妙文を読む。夏は一万の蓮花を捧げて、千葉台の舎那に供え、冬は十千の灯明を挑げて、大遍照の母駄《もだ》に献ず。

と大仏殿で行われた大会の一部を伝えているが、大仏殿以外の諸堂・諸院でも、その御堂特有の仏事があり、あるいは華厳《けごん》や三論《さんろん》・律宗《りつしゅう》の行事もあった。僧侶も多かったせいもあるが、なかなか盛んなものであった。当寺の主要な年中行事の源は、一、二のものをのぞいて、殆《ほとん》ど天平勝宝四年（七五二）四月の大仏開眼供養を機縁とし、さらに伽藍の整備に並行して開設されたし、平安時代に至って、道義律師によって始められた解除会《けじょえ》の如く、東大寺衆僧のみでなく、広く奈良の諸大寺の僧の参集を得て行われる大会も始まった。平安時代末頃には鎮守八幡宮の春秋の神祭、三月・五月・九月の節供といったものも行われている。時代の流れにそって、新しい仏神事が行われた。これらの年中行事には、施設や僧への布施などの費用が必要で、その財源は、その法会についていていた田地の年貢米などで確保されたのである。例えば今日でも行われている五月二日の聖武天皇祭は、もともと御斎会《みさいえ》といわれて、梵網経《ぼんもうきょう》を講じて天皇の菩提を追修し、その財源は天皇とも関係の深かった春日離宮、万葉集にも散見する高円離宮の故地、春日荘がそれであった。年中行事も時の流れと共に固定化し、鎌倉時代になると十二大会と呼ばれる会式が大仏殿で行われるようになるが、これも応仁・文明の乱以後の寺領荘園の退転で行われなくなり、法会も規模が小さくなって、形式だけがのこって行くといったものもあったようである。大会には舞楽《ぶがく》や伎楽《ぎがく》などの古典芸能が演ぜられた。今日東大寺に伝わる多くのこれらの面には、大仏開眼供養に使用されたものや、平安・鎌倉時代に作られたものがある。室町時代になると舞楽や伎楽にかわって、平安時代末期頃よりぼつぼつ盛んになっていた延年風流といった芸能が後宴として演ぜられ、後世のわが国の芸能の発達に少なからず影響をあたえたものもあったようである。旧暦四月ともなると、初夏の風が若葉の香りをはこんで来る。まず何といっても八日の仏生会があげられよう。

仏生会（四月八日）

奈良の寺々では古くから釈尊の誕生を祝って、灌仏会《かんぶつえ》とか仏生会《ぶっしょうえ》とよばれる法会が行われていたことは、流記資財帳《るきしざいちょう》や誕生釈迦像が伝わっていることで確認される。摩耶夫人の右腋の袖より、釈尊が頭をのぞかせている像などもある。東大寺の仏生会は、もと伎楽会ともいわれて、大仏殿で行われた。法華堂では浴像経が講ぜられたというから、やはり灌仏の行事が別に行われたとみてよい。大仏殿での仏生会は伎楽会といわれた点よりみると、伎楽が舞台上で演ぜられたことが知られるが、シッダルタの誕生を祝福しての催しであった。

■仏生会の誕生釋迦仏

現今東大寺の仏生会は、大仏殿正面の廂《ひさし》の基壇上に、時節の花である桜や馬酔木《あしび》で荘厳した花御堂を建て、中央に灌仏盤《かんぶつばん》をすえて、日本一大きな鍍金の誕生仏（現在は模造）を安置し、式僧はまず礼仏して、甘茶を灌ぎ、自身も甘茶を

戴いて、大仏蓮華座に登壇、導師の先導で法会が始まる。表白には

降誕化益の恩徳を仰ぎ、香燈梵唄の供養を飾り、五部大乗の花緒を解いて、数輩同心の転読を致す。

とあるように、華厳・大品・大集・法華・涅槃経の要旨を述べ、四弘誓願《しぐしょうがん》をとなえるが、表白には「此間ニ伎楽・経終テ金一丁」とあるから、昔は五部大乗経を数人の僧で転読したものである。五部大乗経を表に出しているのは、釈尊一代の教示をこれで代表させて、その恩徳をしのぶという配慮がもとになっているらしい。

四月八日の東大寺境内は吹く風も春めき、天上天下を指さす誕生釈迦像の微笑にも、未来に躍動する自然界の姿が示唆されているようで、お釈迦様のような人にと願をこめた子供連れの参詣者で大仏殿は一日中にぎわしい。

真言院御影供（四月二十一日）

讃岐国佐伯氏出身の空海は、延暦二十三年（八〇四）に入唐求法し、唐・長安京左街の青竜寺で恵果和尚より真言密教を伝授され、大同元年（八〇八）八月に帰国された。詩文や書法に造詣の深かった空海は、以後嵯峨天皇の信任を得て、真言宗の布教

につとめ、洛西神護寺で灌頂《かんじょう》を行うなど活躍し、奈良の諸大寺の学僧なども多く馳せ参じて、空海の学んで来た真言密教の伝授をうけた。空海の入唐求法の前後には、同族の子弟が大安・元興・東大寺などに僧侶として入寺していたし、奈良の諸大寺の高僧とも親交を重ね、弘仁十三年（八二二）に大仏殿の南方に公的な施設として灌頂道場が建立され、真言宗流布の拠点になった。いわゆる真言院が開創された。弘法大師空海は承和二年（八三五）三月二十一日に六十三歳で入寂されたが、翌三年五月には真言院に二十一人の僧が常住することになり、東寺に欠員ができた場合には、東大寺真言院の僧より補充されたのが、当初のならわしであった。治承四年の兵火などで以後再三にわたって焼けたが、旧暦三月二十一日の大師の御命日には、御影《みえく》供と称して東大寺一山の僧侶が参集して、木造の大師の御影をまつり、法要を厳修している。太陽暦が施行された明治六年以降、一ヵ月遅れの四月二十一日に改められた。

当日の法要は管長が導師となり理趣経法要《りしゅきょうほうよう》が厳修される。

華　厳　知　識　供（四月二十四日）

四月二十四日、開山良弁僧正像を安置する開山堂（良弁堂）で一山の衆僧が出仕《しゅつし》して行われる。鎌倉時代から華厳の本所《ほんじょ》であった尊勝院が中心となり、華厳専攻の学僧により営まれた法要で、華厳経入法界品《けごんきょうにゅうほっかいぼん》に典拠をもとめ善財童子《ぜんざいどうじ》の五十五人の善知識歴参求道の姿を奉賛したものである。京都栂尾の高山寺の明恵上人によって始められたのが最初といわれる。明恵上人は若かりし頃、尊勝院で弟子の喜海とともに華厳教について修学され、後年には尊勝院の学頭にもなられたという。うら若い善財童子が文殊・普賢菩薩のみちびきで五十三人のいろんな階層の方に教えを乞いながら、最後にまた両菩薩に会い、覚りを開顕するという修学者の階梯を示した入法界品の説話は、中国の宋でも善財童子の善知識歴参図が経典の見返しに印刷された程であった。

知識供《ちしきく》の当日は開山堂の良弁僧正の御厨子の前に華厳海会善知識曼荼羅を懸けて法要をいとなむ。この曼荼羅図は中央に五光を放つ毘盧舎那仏を配し、四辺に善財童子が五十五人の善知識を訪ねて道を求める図が描かれている。まず本尊と文殊・普賢二菩薩の勧請と善財童子の降臨をたのみ、祭文・華厳経の講問を行い、五十五聖の善知識と善財童子の宝号を唱和三礼して終る。

この知識供に関連したものとして、当寺には額装の五十五聖絵十面と絵巻一巻が伝わっている。

知足院地蔵会（七月二十四日）

七月二十四日は知足院《ちそくいん》の地蔵会である。大仏殿の北方の幽邃《ゆうすい》な山腹に建っている当院は、寛平二年（八九〇）に創建されたと伝えられている。鎌倉時代に至って、興福寺の学僧で、後年笠置寺に隠遁し弥勒信仰を提唱された解脱上人貞慶が、春日大社に参籠して、感得した檀像の地蔵菩薩像を、孫弟子に当たるこれまた「生駒の良遍」といわれた学僧が、当院に安置し、この地蔵は奈良ではきわだって有名になった。

良遍は法相教学を究めた方であったが戒律にも深い造詣をもち、建長四年（一二五二）に六十九歳でなくなったが、地蔵堂を中心に、常住僧のための僧坊などが造られた。藤原兼良や内大臣三条西実隆といった中世の貴族もわざわざ京都から来寧した砌りに参詣している。黒塗の御厨子の扉には地獄変相が描かれていて、これまためずらしい。早朝より東大寺一山の衆僧が参詣し、九條錫杖《しゃくじょう》と理趣三昧《りしゅざんまい》を行って、地蔵会が終るが、近在の人々の参詣も少なくない。

解除会（七月二十八日）

「けじょえ」と読んでいる。何をとり除くのかこれだけでは会式の目的もわからな

■解除会

いが、延喜元年（九〇一）三月に東大寺別当律師道義が秋の始めに毎年流行する疫病を防ぐために、奈良の諸大寺に呼びかけて、同年六月二十八日より始めた法会で、七大寺の僧二百四、五十人、楽人六十余人を講堂に集めて行われた。最初は観音経に明示するように、観音の誓願にたより、観音の画像を新写して、除疫を祈願し、請観音経とか十一面経などを読み、解除と大書した御幣を二本作って、講堂の前庭に立てたらしい。今日の表白にも

方《まさ》に今《いま》、南瞻部州《なんせんぶしゅう》大日本国東大寺大講堂に而《て》、千手千眼（観音）の宝前を粧《よそ》おい、諸徳大衆一心清浄の志を抽《ぬき》んで、

とあるのは、古来からの伝統を伝えている。延喜の最初の講師は恵軫、読師は華厳の学僧で有名な大安寺の寿霊であった。延喜十七年に講堂が焼けてから、一時食堂で、

また大仏殿内の如意輪観音を本尊として行われ、今日では毎年七月二十八日、大仏殿で行われ、観音経に代って仁王般若経が用いられている。

わが国で古来より行われていた六月の晦の夏越《なごし》の祓《はらい》とか水無月祓《みなづきはらい》と深い関係がある仏会で、疫病の流行を未然に防ぐために、道義律師が南都の諸大寺に呼びかけて行い、以後恒例化したものである。応仁・文明の乱以後、一時中絶をしたようであるが江戸時代に再興された。直径二メートル余の大きな茅の輪をくぐり、大仏の壇上に登り、解除会法則により開始される。導師のみは鈍色《にびいろ》法服を身にまとい、上は天皇の宝祚延長・天長地久から聴聞来集の道俗男女の各願成就を祈り、終りごろには仁王般若経の経釈がある。「七難を千里の外に払い、七福を一念の内に生ずるを、七難即滅七福即生」と説いている。観音経にかわって、仁王般若経が用いられたのは、仁王経も護国三部経の一つであるからであろう。茅の輪をくぐり、神事の夏越の祓ならぬ解除会が行われたのは、他に例がない行事であろう。

聖　宝　忌（八月六日）

八月六日は東大寺本坊（東南院）・醍醐寺などを創建し、あるいは吉野金峯山寺や大峯を中興された理源大師聖宝《しょうほう》の御命日で、東南院の理源大師の御影を安置した持仏堂で、菩提追修の法要が行われる。聖宝は光仁天皇の後裔で、東大寺に入寺され、華厳・真言二宗は東大寺玄永と東寺の真雅に、三論宗は元興寺の願暁について学ばれ、南都七大寺の検校《けんぎょう》となり、清和天皇より下賜された五獅子の如意は、三会の一つ興福寺維摩会の講師が必ず用いねばならないと定められた有名な如意である。貞観十七年（八七五）に大仏殿の東南に院家を建て、東南院と称し、延暦四年（九〇四）に大安寺の東北にあった佐伯院を移建して、一段と整備され、三論・真言二宗兼学の院家となった。平安時代中期には、元興寺三論宗がことごとくこの東南院に接収され、三論教学の根拠地となり、ややおくれて創建された尊勝院とともに、東大寺の二門跡の一つになる。聖宝はのちに僧正に勅任されたが、東大寺に留住中に、東僧坊の南室に出現した大蛇を退治して、寺僧が住めるようにしたと伝え、大仏殿の南中門に二天像を造立し、役行者以来久しくとざされていた大峯山を開かれた。事績については醍醐寺の有名な醍醐根本僧正略伝で知られるが、牛にまたがり、京都の一条大路を二、三百人の童をしたがえて、わたられたという話しが伝わっている程、豪放なところもあった。寛平九年（八九七）七月六日に七十八歳の高齢で入寂されたが、東南院では御影像をつくり、忌日に法要を営んで来た。この聖宝忌も明治以降一ヵ月ずらして八月に行われているが、当日は奈良市餅飯殿町の人々が参列されている。曾て聖宝が大峯山を開かれたとき、この町の方が餅や飯を携帯して随伴した因縁によるもので、餅飯殿の行者講は大峯山に今もって大きな発言力をもっている。

醍醐寺と東南院との関係も、聖宝僧正を開基とするところから、江戸時代に至るまで、久しく親交がつづいた。醍醐寺座主が東南院主を兼ねたり、東大寺別当を兼ねた場合も多く、鎌倉時代の当寺再興の重源上人も、もと醍醐の僧であった。

二月堂の功徳日（八月九日）

八月九日は二月堂の功徳日《おょく》である。この日参詣すると平素の四万六千日に相当し、その功徳に浴するというので昔から『およく』とよばれている。東京の浅草の観音さんでは六月九日、十日の両日、四万六千日といって法要が行われる。そしてこの日、鬼灯市《ほおづき》が立つ。四万六千日の数の由来は不明で、一説では、米一升が四万六千粒あるというところから、「一升」を「一生」にあてたものだともいわれるが、それはともかく、四万六千日は約百二十六年にあたる。平素参詣できない忙しい人たちの為にという古代人の知恵がしのばれる。

昭和三十年代頃までは二月堂の下の広場で夜遅くまで盆踊りがあり、夜店もたくさん出てにぎわったものであったが、近年盆踊りもなくなり、その代わりに信者さんからの御寄進の景品で、当日の万灯明料を納めて頂いた方々にくじ引きをして頂くことになり、この方は年々盛んになってきている。

九日は早朝から本堂内には万灯明がともされ、午後六時から万灯明をあげて頂いた方々の芳名を読み上げ修法が行われる。又、午後七時前頃からは境内の石燈籠に灯がともされ、二月堂界隈は幽幻の気に包まれる。

盂　蘭　盆　会（八月十一日）

お盆の行事は、宗派により、また地方によりさまざまであるが、東大寺では、戦没《せんぼつ》者慰霊のための法要と、山内各寺院の歴代住職や寺族の霊に対する供養が行われる。

もともと、「お盆」というのは、サンスクリットのウランバナ（ullambana）という言葉を写した「盂蘭盆《うらぼん》」のことで、さかさに吊されるような非常な苦しみを受けている死者を救うために供養をしたのが、のちに中国の習俗が加わって、祖先の霊を供養する法会になったのが盂蘭盆会であるといわれる。仏説盂蘭盆経には、目連尊者《もくれんそんじゃ》が、餓鬼道《がきどう》に堕ちた母の苦しみを除こうとして供養をされた話が記されており、宗派によってはお盆のあと「施餓鬼」の法要が営まれている。

日本では、斉明天皇三年（六五七）に諸大寺で始められ、盂蘭盆講といって、論義法要の行われたこともあるという。

地方によっては、旧暦によって行われるところもあるが、関西一円では、八月十三日から十五日というのが普通で、精霊の送り火を大規模にした京都の「大文字」は八月十六日に行われている。

東大寺では、八月十一日の早朝に、伴寺（大伴氏建立の寺）趾と、五劫院、空海寺の三ヵ所にある墓所に各自お参りをするのがお盆のはじまりで、この日十時には、念仏堂で、英霊盂蘭盆法要が行われる。

念仏堂の納骨堂には、奈良県下の第二次世界大戦の戦没者の遺骨約三万柱をお預かりしているので、毎月五日に一山の僧侶が揃ってご廻向をしているが、この日は遺族会の方々も多数集まられて、県下の戦没者をはじめ、敵味方をとわず世界中の戦没者の霊をなぐさめるとともに、世界の平和を祈願している。

十三日から十五日までの三日間は、大仏殿や天皇殿をはじめ、各塔頭の持仏堂の須弥壇に、歴代住職や寺族、あるいは現住者の祖先の位碑を並べて種々のお供え物を飾り、また、別に「三界万霊」の位碑を置き、盂蘭盆経を書写した経木をお供え物とともに飾った餓鬼棚をもうけて、朝夕の供養をするが、特に十五日の早朝、六時頃からは、各自が素絹を着け、三々五々連れ立って、大仏殿や天皇殿、二月堂、それに各塔頭の持仏堂を巡拝する習慣になっている。

転　害　会（十月五日）

十月五日は鎮守手向山八幡神社の祭礼で手掻会《てがいえ》とも称せられている。平安時代には八幡宮祭と呼ばれ、中世・近世を通して、奈良の秋祭りとしては、最も有名であり規模の大きな神祭であった。東大寺の西北、旧平城左京一条大路に西面して建立された佐保路門は、八世紀の最大の雄大な規模を今に伝える八脚門として有名であるが、この門が御旅所になり、宝輦《ほうれん》と神輿《みこし》三基が門の中央に安置され、門の西面する柱には長い大きな注連がゆわえられている。この八幡宮祭が転害会とか手掻会と呼ばれるようになったのは、異説もあって明らかでないが、七大寺巡礼私記には、この門の東方上司《かみつかさ》に碾磑《てんがい》すなわち大きな白石の石臼があり、それにちなんでこの門の名が生れたと説明している。あるいは大仏殿の西北にあるところから位相が吉祥に当たるとして、転害となったとか、いろいろである。手掻門の呼び名はすでに十一世紀にみえる。御旅所としてこの大門が祭礼と特別な関係をもっていたことが知られ、手掻・転害門の名から、八幡宮祭が手掻・転害会などと呼ばれるようになったのかとも考えられる。堅苦しい話しは別にして、延喜式には雅楽寮から楽人や勅使などが派遣され、祭日には畿内は殺生禁断の官符も下されるなど、なかなか今日では想像もつかぬ厳重を極めた祭礼で、舞楽や競馬・相撲なども演ぜられ、中世には田楽なども盛んに行われ、時には群衆の間に争いがおこったことも再三あったらしい。

■転害門より入寺する八幡神（八幡縁起絵巻）

八幡宮の祭神の八幡大神は、大仏鋳造のむかし、諸神をいざない「わが身を銅の湯として」成功させようという神託を下されて、援助されたという九州最大の大社宇佐八幡の大神のことで、大仏が完成した天平勝宝元年（七四九）十二月に上京され、大仏を拝されて以後、大仏殿の東南に鎮座、当寺の守護神として崇敬されて来た。八幡神と仏教との習合は、東大寺を先例として、奈良・京都の諸大寺でも、その例が多く、平安時代には専《もっぱ》ら護国神として崇敬され、全国的にもその分布は最も多いといわれている。中世の文化人の一人といわれる足利高氏（尊氏）や義満も八幡信仰に心をよせた一人で、東大寺八幡宮に財政的な援助を行ったり、田楽を演じる芸能人を祭礼に派遣したり、

■国宝・僧形八幡神像（鎌倉時代）

京都の公卿がわざわざ祭礼を見物にやって来るなど、京都や近在にも聞えた祭礼であった。ところが明治維新の神仏分離の政策が強行されるに及んで、以後神社と当寺では、別々の祭礼を行うようになった。

治承四年（一一八〇）十二月の平重衡の兵火で、八幡宮も類焼したが、俊乗房重源上人により再建され、神体の新造についていろいろと問題があった。古くから三神殿には三軀の神像があったが、焼失した神像再興には何を手本にするかが問題であったらしい。時恰《あたか》も鳥羽の勝光明院の宝蔵から、弘法大師の真筆と伝える僧形八幡神の御影画像が発見され、重源上人はそれを原本として、仏師快慶に模刻させ、当社に安置したらしい。神仏分離に当たって神社から東大寺に移されたのが、今日勧進所の八幡殿に安置されている有名な国宝の僧形八幡神像である。

毎月一日八幡殿での講師と問者による講問を行う仏事法要のほか、この十月五日には、神像を年に一度開扉して、衆僧により「バラバラ心経」という心経を唱和するのが恒例となっている。年に一度の開扉には、遠近より参詣される有縁の方々が、年ごとに増えている。

大仏さま秋の祭り（十月十五日）

十月十五日は、そのかみ天平十五年（七四三）に大仏造顕の詔が出された記念すべき日に当たる。戦後この日を期して聖武天皇の大業をしのび、天平文化の隆昌を追想し、「動植ことごとに栄えんことを欲す」という詔旨に則り、世界平和を大仏殿で祈願することになり、五月二日の聖武祭とともに聖武講が組織されて、広く大仏造立発願の聖旨を通して、市民や有縁の方々に文運の隆昌と世界平和をうったえることになった。秋の祭礼が始ってから早や三十年（昭和五十六年当時）、奈良や近在の人々の中に定着した感があり、聖武講主催の後宴の演芸会なども催されている。

賢　首　会（十一月十四日）

十一月十四日は華厳宗の第三祖である賢首《げんじゅ》大師法蔵（六四三〜七一二）の忌日で、勧進所の八幡殿の塑造の御影像を前にその菩提を追修し、あわせて報恩謝徳のための法要が行われる。賢首大師は至相大師智厳に師事し、実叉難陀《じっしゃなんだ》と共に八十巻本の華厳経の訳経に従事したことでも有名である。その先祖は唐居国の大臣であったと伝え、祖父の時代に唐に入朝したという。新羅の義湘とともに智厳について華厳教理を学んだが、八十華厳経の翻訳に当たった経験は、より一層華厳教理の究明に走らせ、則天武后に招かれて長安・長生殿においてその教理を説き、金師子の喩《たとえ》をひいて六相十玄の妙旨をのべ、武后や聴衆に深い感銘を与えたという。華厳に関する有名な著作としては華厳経探玄記・五教章金師子章・遊心法界記などがあり、華厳教理の大成者として高く評価されている。賢首大師の称号は武后に教理を説いた時に戴いたとも伝えている。

■重文・賢首大師法蔵像（鎌倉時代）

東大寺は八宗兼学の寺でもあったから、三論・律宗の祖師の忌日には、それぞれの専攻寺院で法要がいとなまれていたらしい。例えば、旧暦の五月十五日には三論大師講として嘉祥大師吉蔵、同じく六月二十五日には法相の世親講、十月十八日には龍樹の法要があった。賢首大師はまた香象大師・華厳和尚ともいわれたが、華厳宗の祖師として、もとは尊勝院を中心に法要が行われていたのであろう。勧進所の御影像は江戸時代に勧修寺の僧が作り、東大寺に寄進したもので、大師の御影としては、有名な絹本彩色の香象大師画像が伝えられている。六相十玄の妙旨を説いたときに、「五光口より出でて宝蓋となり、妙花天より降り大地立動す」という大師講経の英姿を描いたもので、この画像はもと尊勝院に伝えられて来たものであった。十四日の講師の表白には、「遷化の縁日を迎えて、真俗二諦の供養を展べ今この浄場を餝りて、講論両篇の幽旨を尽くす」とみえ、僧俗により法要が行われたものであった。現在では、華厳経世間浄眼品が講ぜられている。

仏 名 会（十二月十四日）

十二月十四日、二月堂で仏名会《ぶつみょうえ》が行われる。三宝絵詞に、

仏名は律師静安が承和のはじめの年、深草の御門を勧め奉つりて、始め行はせ給ふ。後にやうやく天の下に遍く勅を下して行はしむ。

とみえるように、その起源は平安時代の初期より、清涼殿で三千仏名経の所説によって、毎年十二月十五日より、一夜または三夜を限って、過去・現在・未来の三千仏の名を唱え、その年の罪悪を懺悔する法要で、当初は三千仏の仏を画像にかかげて礼拝したもので、懺悔するかたわら、

願くは三途の闇を息《や》め、国ゆたかに、民やすくして、邪見人に善根を発さしめ、

願くは衆生と共に無量寿仏の国に生れむ。

を祈願したものであった。承和二年（八三五）十二月以降、この仏名会は諸寺にも行われるようになり、歳末のしめくくりの仏会として、盛んに行われたらしい。東大寺でも古くは行われていたのであろうが、現行の仏名会は大正年間に、二月堂主任であった故稲垣晋清師により再興された。いずれにしても過去・現在・未来の千仏名経には、よくこれだけの名を集めたものと驚く程の仏名が連記されている。仏名を唱えての礼拝もなかなかの重労働である。仏名会が再興された時は過去・現在・未来と三日間にわたって修せられていたが、昭和十七年（一九四二）頃から、なかなか大変なことであるというので、今年は現在・来年度は未来の仏名を唱えるというように三ヵ年に祈修するということになり、現今もその次第が踏襲されている。

方広会（十二月十六日）

十二月十六日の夜、竪義《りゅうぎ》のある場合は法華堂で、ない時は良弁堂（開山堂）で華厳経による講問が行われ、衣躰《えたい》は鈍色《どんじき》の正装で出仕する。方広会《ほごえ》は現在東大寺のみにその名を伝えているが、中世では興福寺に於いても、旧暦の十二月に行われていた。元来十二月十五日に講堂で行われていたようであるが、再三の焼失で、法華堂が選ばれ、やがて竪義のある場合はこの堂で行われるように固定化してしまったものらしい。方広会は「学衆始役也」と古記にみえるように、学侶の学識を試問する重要な法会で、その形式は興福寺の維摩会《ゆいまえ》のように、探題・講読二師・精義者・竪義者・問者・聴衆などより構成され、教義を開陳する竪者の節まわしに古調が伝えられて興味深い。いろいろと古式があり、夜の六時より出仕の僧の参否を確認して、燭爓の燭台を唯一のあかりに開始され、十一時半頃に終了する。

竪義のない場合は良弁堂で、唄・散華・講問・顕無辺仏土功徳経と如心偈の読誦で方広会は終了するが、この方は略式とでもいうべきものであろうか。

夜の寒気きびしい法華堂内での行事といい、良弁堂内での仏事といい、燭台と御燈明を唯一のあかりに進行する夜の法要は、またそれなりになかなか森厳味があり、心をうつものがある。

当寺の主要な年中行事はこの十六日の方広会で一年の終焉をつげるが、数多いこれらの会式を後代に正しく伝えることも、現住僧の責務の一つといってよいであろう。

修　正　会（一月七日）

お正月の法会は、どことも多い中でも修正会は古くから諸大寺で行われて来た歳《とし》の首《はじめ》の年中行事の一つである。

平安京の法性寺や法勝寺などでも盛んに行われ、初夜・後夜などの間には、有名な咒師猿楽が演ぜられて、貴族庶民の参詣が群をなしたこともあった。

東大寺では平安時代には講堂や中門でも元日から七ヵ日行われ、夜は舞楽が演ぜられた。鎌倉時代に入ってからは、大仏殿の主要な行事の一つとなり、七ヵ日夜お供えする壇供米《だんぐまい》（餅米）は実に五十石、伊賀国鞆田庄《ともだのしょう》より送られて来た。夜は楽人による舞楽が演ぜられたところからみると、主として夜の法会であったらしい。しかし応仁・文明の乱からうち続く戦国時代に、久しくつづいた修正会も中絶し、江戸時代になって再興されたが、七日の一日、それも日中午後一時より、大仏殿で初夜・後夜の法要を行うという簡略化されたものになっている。
毎年正月二日の年賀の日に修正会出仕の請定と、四箇法要の配役名が通達される。大仏さまの仏前には、笠餅や供物が供えられる。
笠餅は修正会特有の積み方で、大きな壇供を笠で小餅を覆うような形からよばれた名である。
導師の脇には有縁の方々の芳名を記した大仏殿牛玉《ごおう》の守護札《おまもり》が、牛玉杖に挿してあり、衆僧により祈願される。初夜はやや簡略であるが、後夜には「教化《きょうけ》」が出てくる。
歳《トシ》ノ首《ハジメ》ノ御法《ミノリ》ヲバ　ツトメ給ヘル験《シルシ》ニハ牛玉宝印ヲ額ニ賜ハリテ　千歳《チトセ》ノ栄ト
ゾナスベキモノナリケリ
といった旋頭歌風の歌謡が、古拙な節をつけて、後夜導師によってうたわれる。歳首の修正会は、千載の栄えを祈るという法要の主旨がこめられている。

2　東大寺二月堂とお水取り

「水取りや氷の僧の沓の音」（芭蕉）とか、「水取りや瀬々のぬるみもこの日より」（蕪村）の名句で知られる二月堂の修二会は、「お水取り」あるいは「お松明」といわれ、江戸時代には広く知られるようになった。この両句は、春寒と、一つは春近しを示唆した季感を、うまく表わしている。昨今では、マスコミの影響で関東方面などにも知られるようになり、二月堂といえば「お水取り」、「お水取り」といえば二月堂の名が想起されるほど有名な年中行事ともなった。

明治六年（一八七三）の太陽暦の採用で、諸仏事など一月《ひとつき》遅れにして行う諸寺が多くなったが、この修二会も旧暦二月を改めて、三月一日から十五日の早朝まで、いわゆる二七日《にしちにち》にわたって行われることになった。

この期間は、降雪があったと思うと、ぽかぽかと陽気の日もあったり、春寒い夜が多い。戦後、奈良測候所で、二月二十日頃から三月二十日頃の気温を測定してもらった。確かに三月に入ると気温は上昇しているが、寒暖の差が激しいので、一入《ひとしお》、膚寒

■欄干を照す「おたいまつ」

を感じるということであった。昭和二十五（一九五〇）、六年の三月は、修二会が終ってから極寒がぶり返った。名古屋だったたか静岡の方からだったたか、「どんなお水取りをやったのか、もう一度やり直せ」といった、きつい葉書が届いたこともあった。

修二会と二月堂とは一体不離の関係にある。現今では東大寺の年中行事のうち、最も主要な仏会の一つになっている。二月堂の本尊は十一面観音といわれ、衆僧が懺悔して、観音に国家安寧・利益衆生を一日六時（日中・日没・初夜・半夜・後夜・晨朝）にわたって祈願する法会で、正倉院文書・日本霊異記などに散見するように、奈良時代末期頃に諸寺でも営まれた悔過の一つで

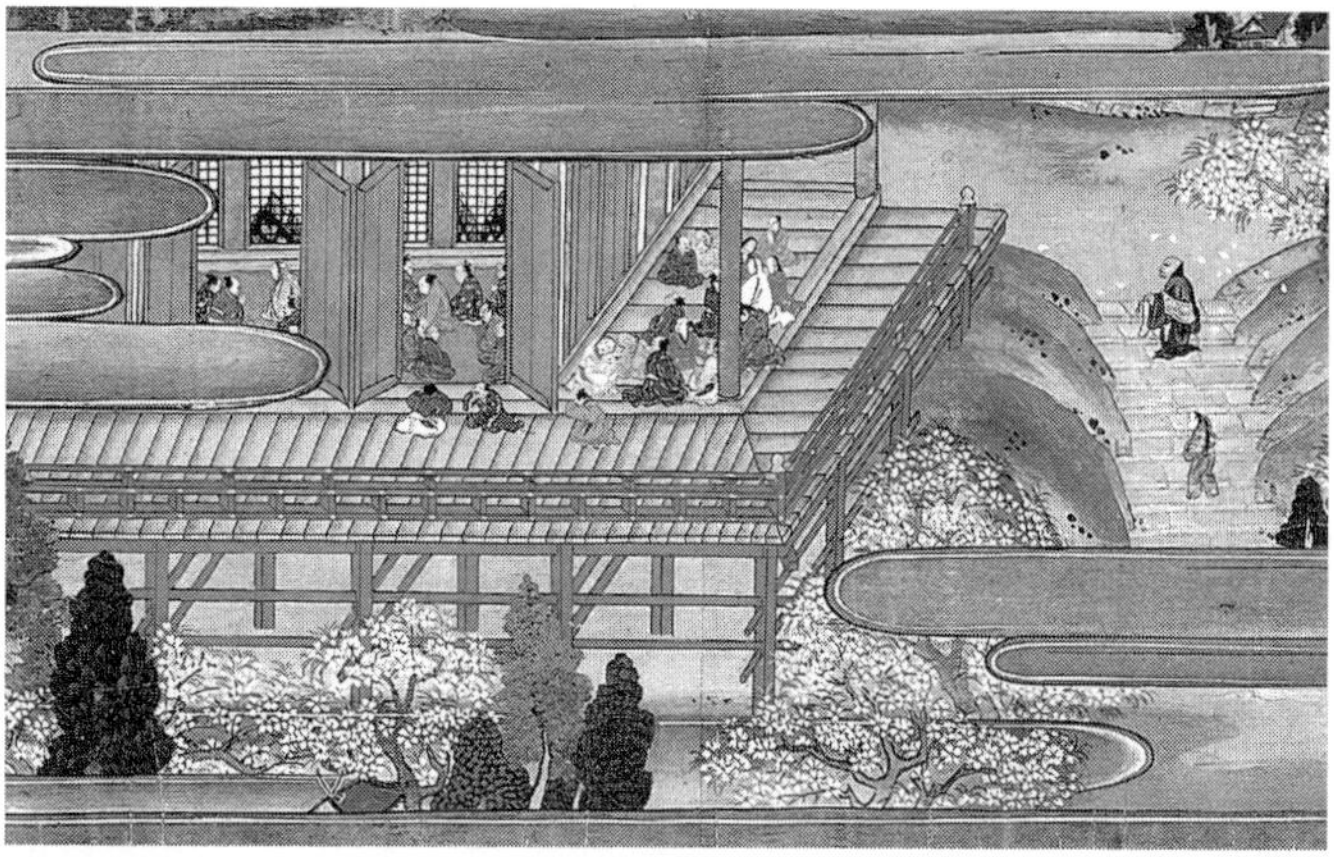

■聴聞に集う人々（二月堂縁起、室町時代）

ある。当堂の場合は十一面悔過会《けかえ》で、恒例化するに及んで、九世紀後半には御堂も二月堂、二月に行われたので、修二会とも呼ばれた。

二月堂は大仏殿よりも高地にあり、付近には法華堂（三月堂）・法華三昧堂のほか、かつては千手堂などがあり、上院と呼ばれている。その創建について東大寺要録などは、天平勝宝四年（七五二）、すなわち大仏開眼供養が行われた歳に、良弁の高弟実忠によって、修二会と共に創建され始められたとする。この伝承は、「実忠二十九箇条」の一つ「十一面悔過に奉仕する事」にみえる実忠が勝宝四年に同悔過に奉仕した記載を根拠に、二月堂の創建もこの歳と考えたらしい。かつて福山敏男博士は、二月堂の前身は正倉院文書にみえる紫微中台《しびちゅうだい》の十一面悔過所で、光明皇太后の没後に東大寺に移されたのではないかと推測された。さて、三月一日から行われる十一面悔過であるが、その基調は「六時行道《ろくじのぎょうどう》」といってよい。六時行道という用語は、行道という語から察せられるように、本尊須弥壇のまわりを、仏・菩薩の名号などをとなえながら散華して廻ることで、古くは中国の梁代に翻訳された菩薩蔵経にみえ、天平六年（七三四）正月の光明皇后発願の興福寺西金堂供養にも、請僧四百人で六時行道が行われたし、六時行道一巻も存在していた。

二月堂内陣での六時にわたってとなえられる声明《しょうみょう》は、六時とも音節がそれぞれ異なり、夜がふけるほど音階も高く明るい。「南無観、南無観」（南無観世音の略）の声明が参詣者の耳底にのこるのは、半夜・後夜の音階である。保延六年（一一四〇）の大江親通の七大寺巡礼私記に、「世俗之を呼んで南無観寺という」と記しているのは、これから来た称号と思われる。二月堂での修二会はいつ行われだしたのか、明確にし得ないが、宝亀四年（七七三）には確かに行われていた正倉院文書が残存するので、下限は宝亀四年ということになる。

三月一日から二七日間、二月堂で悔過が行われるが、その前、二月二十日より晦日まで別火《べっか》の前行がある。大祭などを行う神社でも、関係神官が別火を行うのと主旨は同じであろう。心精進《こころしょうじん》や本行をひかえての諸準備を行う。別火の起源は二月堂修中日記などをみても明らかでないが、文安元年（一四四四）には寺外で別火をして参籠することを非難、厳禁しているから、十五世紀以前からのことであろう。

別火はもと二ヵ所で行われていたが、今日では戒壇院の庫裡を別火坊と称してあてている。紙衣《かみこ》の作製、椿・南天の造花や燈芯ぞろえ、一日から七日までの壇供《だんぐ》千面を調えたり、声明などの稽古にあてられている。紙衣は戦時中、軍部が風船爆弾を作ったという楮の多い仙花紙《せんかし》をもんで細かく皺をよせて、紙の表面に寒天をひき、糊でつなぎ合せ、奈良晒《ならざらし》をうらにあてて一着分ができあがる。防寒用であるが、戦時中と敗戦後数年間は仙花紙がなかなか入手できず、笠紙などで代用したことも再三あった。

東大寺も奈良時代に創建をみて以来、不慮の失火や兵火で、大仏殿を始めとして諸堂舎が再三炎上している。二月堂もその例にもれず、修二会中の燈明の火で寛文七年（一六六七）二月十三日に炎上したが、失火によるぼやは、日記をみると何度かかぞえることができる。

治承四年（一一八〇）十二月の当寺諸伽藍の炎上には、上院の辺りは幸運にも類焼

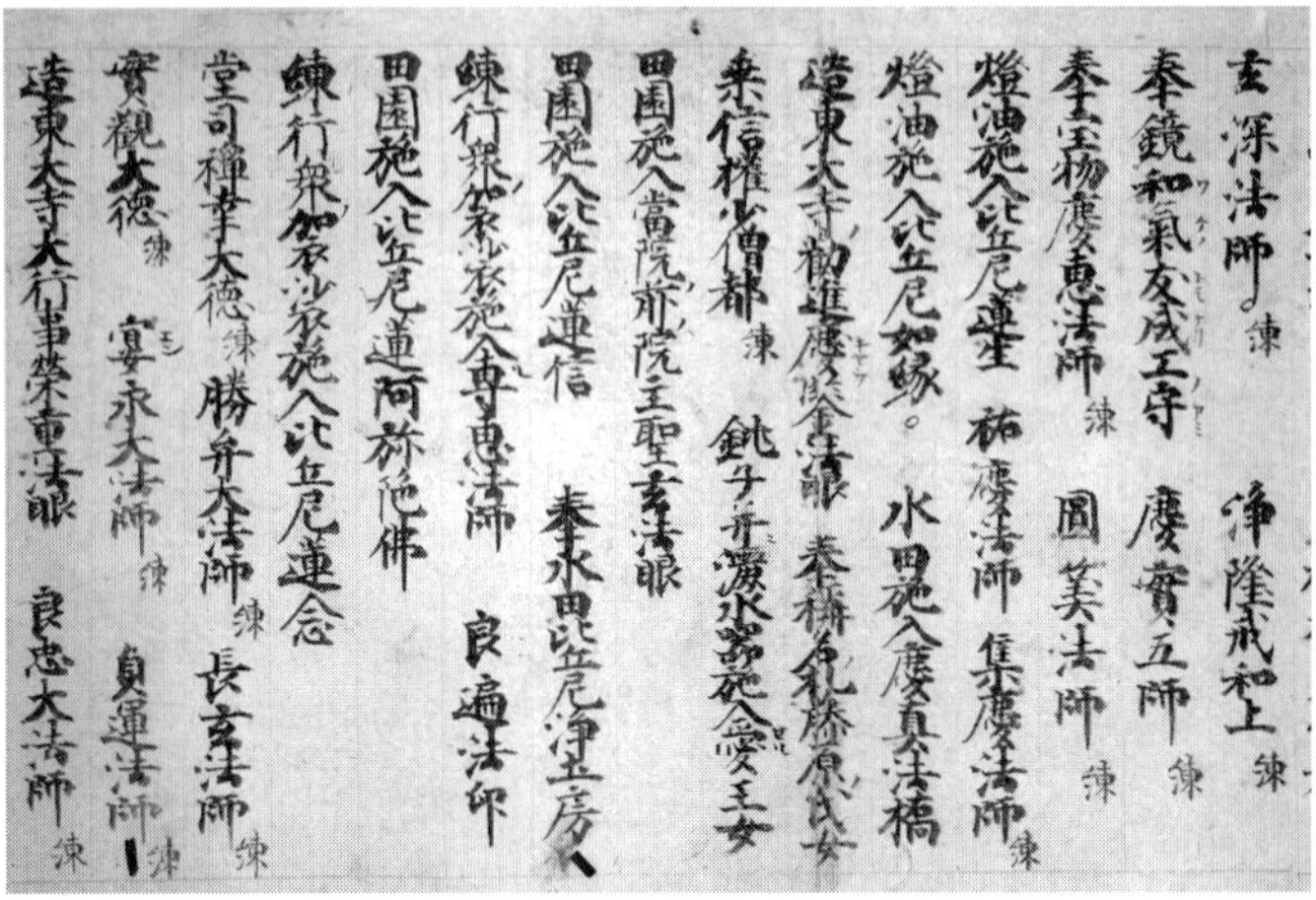

■松明田を寄進した聖玄の名は、修二会で読み上げられる
（二月堂修中過去帳・室町時代）

をまぬがれたが、寺領荘園の没官に相遇した。修二会の執行には一部寺僧の反対もあったが、法燈を伝えようとする結衆の努力で継続された。建長元年（一二四九）には、僧聖玄《しょうげん》が松明料田として伊賀国黒田新荘の一ノ井の地を寄進するなど、鎌倉時代の南都復興の気運にのって、修二会の必需品などの寄進が増加していることが過去帳によって窺うことができる。一ノ井の松明木の寄進は、今日でも三月十二日の日に村民によってとどけられている。

東大寺では、創建後、諸堂でそれぞれの仏事法会が営まれたが、中でも十二大会といわれる法会が、大仏殿を中心に行われて来た。これらの大会にはそれぞれ荘園があてられ、地子などで賄われていたらしい。応仁・文明の乱を機縁に、次第に十二大会は年中行事より姿を消し、その後、修正会や解除会の如く、再興されたものもあるが、当初の姿を伝えるものは少なくなった。十二大会の中にかぞえられなかった二月堂の修二会は、時代の危機にあっても、それを克服して今日に至っている。これは、単に本会を創始したと伝える実忠和尚への信仰だけとか、寺僧のひたむきな観音信仰だけではない。

すでに、このことについては精述《せいじゅつ》したことがあったが、中世から寺内に修二会をもって、「不退の行法」「不退の勤行」といった宗教的信念が生まれ、時代の危機に直面して、これを継承していく強い意志がみられる。日記にはそういったことが再三みえ、費用や資財などの勧進に京都・河内に出向し、継続して行われた。近くは明治初年の廃仏毀釈で、中絶かと危ぶまれた修二会も、主として農民層で組織されていた一講社の援助により、無事行われたという。

千二百余年、中絶することなく相承されて来た修二会は、時代の流れに添って、宗教的、民俗的な要素が加味されていることも事実で、より一層の学際的な研究が必要と思われる。

3　華厳知識供

二月堂修二会が終了し、樹々の若芽が目にみえてふくらみをもち、やがて生駒、葛城の山脈に夕陽が酸漿の色のようにしずんでゆく頃ともなると、天地のあらゆる生物が躍動し始めて来る。若草山の下萌えが、薄青く恰《あたか》もそりたての頭の様に色どられて、やがて四月八日ともなると、桜や馬酔木に荘厳された屋形の中に、灌仏盤が据えられ、うるわしい花御堂ができ、天平時代のおおらかな誕生仏が安置され、甘茶の香りが鼻をつく。仏生会が大和一円の寺々で執行される時分には、新緑の楓が、あたたかい陽の光りをあびて生息き出し、特に雨上りの折などは、目にしみて美しく、濃やかな風情を感ぜしめる。花咲き、花散りうせるわずかの間ではあるが、この間の自然界の変化に富んだ美しさは、秋をたたえた貫之の「錦をはれる秋の木葉」の候にまさる活気ある静けさがみうけられる。

陶器や漆器の火鉢もかたずけられて、座敷や居間には、煙草盆が置かれ、新茶の香り高い風味をあじわえるのもこの候である。庭の新緑を観賞しながら、戦時下多忙なる一日を、とかくゆとりをもって過したいと願う誰もが欲する暫時のいこいは、家や庭のたたずまいよりも、一日の生活に大きな活力を与えるものである。人間の生活も、冬籠りより豁然と開かれた大道に生活のきりかえが行われる。その生活のきりかえは精神的にも必要である事は申すまでもなく、この若葉や花散らんとする候に古社寺の重要なる行事が全国的に行われるのも意義が深い。

京都の嵯峨念仏や十三詣、山王祭、花供養、御影供、壬生念仏等は殊に有名である。東大寺の華厳知識供もこの若葉の候をかざる会式であると共に、宗教人としての再生を暗示するものとしてうるわしくも、なつかしい行事の一つであろう。

三月堂の西畔、東大寺開基の四聖の一人良弁僧正をまつる開山堂には、華厳経入法界品に説かれている善財童子が、南方諸国に遊行して、五十五人の善知識を歴訪し、志願を満足して法界に証入するという求道の古譚によった華厳知識供という会式がたな心にも入ると思われる良弁堂（開山堂）に於て四月二十四日例年行われて来ている。庭には糊こぼしと異名をとる椿が、二、三輪残花をとどめている。茶室の風情をそえた事も幾度かくりかえされ、或《あるい》は観音浄土にさくうるわしく尊い花として、例年諸仏の前に献ぜられたこともあったであろう。この善財童子が五十五人の善知識を歴参する姿は、後世の四国八十八箇寺の霊場を巡拝する遍路となって、四国の田舎の春を飾るに至ったのも、その源遠しと言わねばならない。
四月中旬頃になると寺務当局より左の如き請定が出される。

請定

華厳知識供出仕交名之事

問題 無辺仏土 華厳教主

大僧正　公俊
大僧正　隆慶
僧正　公海
僧正　明海
僧正　英俊
僧正　永晋
僧正　明俊
権僧正　英祐

権大僧都　聖準
権大僧都　澄園
権大僧都　海雲
権大僧都　尭海
少僧都　公照
権少僧都　公典
権律師　宗玄
権律師　寛秀
権律師　隆晋
権律師　定海
隆英房
英慶房
晋海房

右来ル廿四日午前八時於開山堂辺、応参勤有之、牒依而如件、

昭和十九年四月十八日　当山執事

猶別に当日の配役の事を示した文書が添付される。即ち、

華厳知識供配役之事

唄匿　公俊
式　　英祐
勧請　聖準
伽陀　海雲
散花　尭海
奉送　公典
講師　明海
問者　隆英
宝号　公照
祭文　寛秀

右、悉知、

昭和十九年四月十八日

二十四日の当日開山堂に参集した一山の僧は、正面に飾られた「華厳海会善知識図」の一幅の曼陀羅に、敬虔なる会式を執行する。

善財童子は、華厳経第四十五入法界品に、「此の童子は已に曾て過去の諸仏を供養し、深く善根を種え、常に清浄を楽み、善知識に近づき、身口意浄にして菩薩道を修し、一切智を求め、諸仏の法を修し、心浄きこと空の如くにして菩薩の行を具す」という性格をもった少年であり、華厳によって証入する真摯な姿が示されている。このうら若い童子の求道の姿を、現実に現わし、宗教的に表現されたのが、この華厳知識供であり、善財童子の故事に立脚して、求道の再認識と、新人には欣求の道を明示したものであろうか。勿論《もちろん》五十余人の善知識と、善財童子を奉讃するのではあるが、会式に参ずる者に求道の大路を進むべき第一歩を暗示しつつ、老師に五十余人の善知識の如く、求道の若人に対する教諭の哲理を教えている。

善財童子は文殊師利菩薩に教を受けて南方に遊行し、愈々《いよいよ》五十余人の善知識を受ける様になる。先《ま》ず可楽国に至って功徳雲比丘にあい、念仏三昧門を受得し、海雲比丘、善住比丘と教をこいつつ、南遊して菩薩・比丘・比丘尼・優婆塞・優婆夷・童子・童女・夜天・天女・婆羅門・長者・医師・船師・国王・仙人・王妃・地神・樹神等を歴

訪して、種々の法門を聴受して最後に普賢菩薩に遭い、

善男子よ、如来の功徳は仮令十方一切の諸仏、不可説微塵数の劫を経て、相続演説するも、窮盡す可らず、若し此の功徳を成就せんと欲せば、当に十種の広大行願を修すべし。

とて普賢菩薩より十大願の相を説示され、入法界の法門に証入するという善財童子の聴問の苦行が描かれている。華厳経に入る入門の過程を示しているのであって、恰《あたか》も絵巻物をくりひろげるが如き感を与える。藤原末期と推定される華厳五十五箇所絵巻は、この善財童子の歴遊を描いたものである。

五十五善知識講式によれば

善財所求ノ五十五善知識者一切衆生之慈父也、三世諸仏之悲母也。善財帰之遂現身成仏、我等仰之期出世大益。

と記されていて、五十五善知識を奉讃するかたわら、宗教家たるべく善財童子の修業の跡を自己の手本としたものがこの会式の根本精神ではなかろうか。

奈良朝の仏教は、飛鳥朝の氏族仏教的なものより、所謂《いわゆる》国家鎮護の法《のり》として大いなる哲学的、創造的方向に発展し、華厳経のあの雄大、荘重なる統合的な教理は、東大

寺盧舎那仏を中心とする蓮華蔵世界観にまで発展成長せしめた。法隆寺の宮殿様の玉虫厨子須弥座にえがかれた金光明経捨身飼虎及び涅槃経聖行品所説の施身聞偈の所説を表現した漆絵の、飛鳥朝の童子の姿は、やがて華厳一乗の法界に悟入せんとする善財童子の清浄行となって奈良朝時代の青年僧にその登竜門を指示したのである。華厳経の講説せられるところ、「日出でて先ず高山を照す」が如く、或《あるい》は

身遍於塵刹、心等平大虚、談吐不失軌儀、思心無越規矩、無越之範其極誰矣、所謂大方広仏華厳経是也。

と空海が端的に説破した雄大にして精緻を極める華厳哲学の具体的な説法手段として、入法界品の善財童子の知識歴訪が、現実に応用せられた事であろうし、奈良朝の青年僧は、善財の姿となって、真理の究明に研学したと思われる。

華厳知識供の会式が遠く奈良朝にその源を発する華厳会に求むる事ができるか否やは明らかにわからない。華厳会は東大寺十二大会の一つで、その起源に就いては

一、天平十二年庚辰十月八日　金鐘寺に於て審祥大徳を請じて華厳経を講ぜしめ、天平十六年十月百寮に降勅して肇《はじめ》て「知識花厳別供」を建つ（要録巻五、華厳別供縁起）

二、天平勝宝四年四月九日大仏開眼供養の日を以て、嚆矢とす（東大寺雑集録、今昔物語第十二）

等の説があり、華厳会の事を「華厳別供」「知識花厳会」等の異称があったらしい事は、東大寺要録等に見えている。然もこの華厳会たるや東大寺十二大会の一と称せられただけあって、要録巻五諸会章によれば色衆百八十人、朝廷からは当日三月十四日には楽人を賜った事を知る事ができる。延喜式第二十一雅楽寮に

凡東大寺三月十四日華厳会及九月十五日大般若会並官人史生各一人率楽人等供奉

とあり、勅楽人禄として十石三升四合の禄料が計上されていたらしく、会式は荘厳を極めたものであった。大仏殿内、会庭を荘厳する造花も造られ、舞台装束木工食が八石四斗等として記されている処をみても、五石五斗菩薩天人饗料として明記されている音楽、歌舞が会庭に展開された事がわかるのであって、良弁僧正の高足実忠和尚は華厳供の大学頭を奉仕すること二度とその二十九箇条事に述べている。安元二年（一一七六）七月建春門院薨去にさいしても、同年の法会は最略式を以て行われ、その後諒闇の儀ある度に建久式に依って乱声、歌舞等を略して行われたらしい。

華厳会の本尊に就いては南都七大寺巡礼私記の著者は

　菩薩立像二鋪　高各五丈四尺、広各二丈八尺四寸、一鋪者不空羂索観音卅臂像、
　一鋪者観音像、件両鋪之曼陀羅者皆一幡也、納㆓宝蔵㆒、于㆑今在㆑之

と述べている。この華厳会の鏽曼陀羅二鋪は、要録巻七、巻八に明記する大仏殿東西曼陀羅左右縁銘文によって

　東曼陀羅　観音像　天平勝宝六年三月十五日着手　聖武天皇御発願
　西曼陀羅　不空羂索観音像　不明　孝謙天皇御発願

に該当するものであって、更に之より古く天平十六年、或は天平勝宝四年四月九日という華厳会初例の本尊は何であったかはわからない。

　毎年四月二十四日開山堂に行われる花厳知識供の表白によると、快恵法印が「永く世財を投じて法莚を契り、唯存生の紹隆のみに非ず。又永代の議義を残す」とあって、快恵法印なる学僧により再興せられたか、始められたかが判明する。快恵なる僧は、仁治、元応に及ぶ人と、大永年間に居る人の二人が存在するのであるが、鎌倉時代の初め、明恵上人が栂尾高山寺に華厳哲学の再興をくわだて、奈良朝への教学復興を新しい意欲を以て提唱して以来、東大寺の再建とまって、華厳教学に大いなる足跡を残

しているため、快恵法印も前者の人ではないかと思考せられる。高山寺経蔵目録、「栂尾目録中」に

東第十五　善財知識念誦次第　一帖

東第廿　善知識講式　一巻

同じく「栂尾目録下」には

第十九甲　善知識図　一巻

第廿四甲　善知識図　二巻

第八十乙　知識図　一巻　新本入之

第八十一乙　善財知識章　十巻

の如く善知識講に関係あると思われる講式や、図が発見せられる。かつまた、東大寺所蔵にかかる華厳海会善知識図は「願主法橋道賢が、二親十三回追善の為、高山寺に於いて備中法橋頼円をして図絵せしめて、性海寺に施入したのである。永仁二年の年で、その銘は菩提院大僧正了遍が書いている。了遍の事蹟を眼前にすることは珍しいが、筆者頼円法橋が高山寺に於いて奉写したということは更に好資料をなすものであって、高山寺の五十五善知識図を手本として移写した事は推察に難くなく、之によって

高山寺の善知識図の構成と図様とを知ることができる」と亀田孜氏の所説によって、知識供の本尊たる華厳海会善知識図が高山寺の移写であるとするなれば、花厳知識供表白に明記する快恵法印は、仁治二年維摩会竪義者として活躍した方で

酬テ二普法聞熏之宿因一ニ　雖レ交ル二高山頓大之宗一　兼二秘密瑜伽之教法一　終ニ極ム二真言嫡流之旨一ヲ　自レ爾以来　三密修練行徳積レ年　五智成身観解無レ怠ルコト　加之僧智殊恣ニシテ仏法紹隆ノ志尤モ深シ　世諦尚ヲ快クシテ永ク投二世財一ヲ契二法莚一ヲ　唯非二存生之紹隆一ノミニ　又残ス二永代之講義一ヲ　無双之僧侶無二之禅位也（表白）

と、いわれる人を指すに相違なく、華厳知識供は快恵法印によって栂尾高山寺より移入され、三月十四日の華厳会とは別個のものとして四月二十四日に行われるに至ったものと推定せられる。

華厳知識供祭文を誦す僧が、安永二年（一七七三）には十三歳の童子であったし、例年若い人によって行われるのも、善財童子の歴参を彷彿とせしめる。開山堂の法莚《ほうえん》には、連子窓《れんじまど》を透して新緑の風が出仕している僧侶の法服をさわやかにさやりつつ通ってゆく。

四

東大寺境内の神社

東大寺の境内には、創建以来より祭祀された神社や、時代の推移と共に、時の趨勢にこたえて祭祀された神社や、時には廃絶し、祭神も忘れ去られて、神格が代ってしまって信仰されているものが散在し祭祀されている。明治維新によって惹起された社寺分離の政策は、当寺に限らず全国的に大混乱をおこしたことは周知のところで、盧舎那大仏造立と密接な関係のある東大寺八幡宮は、別の法人として分離独立、手向山《たむけやま》神社となり、社地も東大寺旧境内にはあるが、分離独立している。明治七年（一八七四）八月に手向山神社上司延紘氏により太政官に届けられた東大寺境内に散在する諸社は、手向山神社付属社としてみえ、祭祀されていたと伝えている。

東大寺が造営された金鐘寺の寺地には、もともと地主神がなかったようである。比叡山や高野山などには延暦寺・金剛峯寺が最澄や空海によって創建される以前から祭祀信仰されていた神々が鎮座され、寺の建立とともに鎮守として一層崇敬された。

ところで現今、手向山神社は祭祀などの点で交渉はなくなっているが、旧い慣習がなお生きつづいているところもある。八幡神を御神体とする当社は、歴史的にも宗教的にも深い関係があったし、中世にはこの八幡宮の神輿をかついで、強訴して東大寺の要求貫徹に用いられたことも再三あった。とりわけ八幡神の盧舎那大仏への習合は、宗教史上、最も顕著な先例としても有名である。また八幡神の神格というか性格を示す上でも、宇佐八幡神が大仏造顕に関係をもち、東大寺の鎮守として祭祀されたことは、東大寺創建にも関係する重要な史的事実で、まず手向山神社より紹介することにしたい。

1 手向山神社

明治五年（一八七二）頃に奈良県の県社となり、石立《いしだて》神社など七社は村社となった。祭神は普通の八幡神社と同様に応神天皇・姫大神・神功皇后を祭祀すると伝えている。宇佐八幡神が大仏鋳造に当たって、遥か九州の地より「銅の湯を水と成し、我身を草木に交へて、障ること無く」とか「天神、地祇を率いいざなひて」古代国家の大事業である盧舎那仏鋳造に神助の託宣《たくせん》を下されたことが、天平勝宝元年（七四九）十二月の宣命《せんみょう》に示されている。この託宣が何時頃のものか、にわかに断定できないが、大仏鋳造が開始される以前のものであることは疑う余地がない。宇佐八幡神と大和朝廷との接触は、あの有名な天平十二年（七四〇）九月の藤原広嗣《ひろつぐ》・継手の兄弟が、大宰府

■手向山八幡宮

で反乱をおこした時に、征討将軍大野東人が、乱の鎮圧を祈った時に始まり、翌年には紫紙金字の最勝王経・法華経と神冠などが奉賽として奉納された。これが正史にみえる最初の接触である。東大寺の寺名がまだつけられぬ前の天平十七・八年の正倉院文書の断簡に、八幡大神より奉納米の運賃を記入したものがある。

金光明寺造物所関係文書で、大仏鋳造がそろそろ開始される直前頃のものといえる。どのくらいの米が遠く九州より運漕されて来たのか判明しないが、宇佐八幡宮と、のちの東大寺との関係を示す最初の史料といえる。

宇佐八幡神については土田杏村・柳田

国男先生の論考をはじめ、戦後は横田健一・中野幡能氏などの研究があり、東大寺創建をめぐって触れられたものが多い。宇佐には中世初期頃まで、鍛冶神としての信仰があったところから、前記の宣命などをふまえて鋳造の神と考える説と、藤原広嗣の乱や、後の弓削道鏡《ゆげのどうきょう》の事件などから推して護国神とする二説が有力のようである。奈良時代における宇佐八幡宮の神威は、伊勢神宮をしのぐものがあったことは、当宮に寄進された神封の数が伊勢を凌駕し、平安時代に入ると、国家の大事には和気使が派遣されて神託を乞い神意を窺うことになる。道鏡の皇位覬覦《きゆ》事件と称する策士藤原百川《ももかわ》など藤原氏によってしくまれた不可解な事件があってのち、護国神の神格が一段と加わり、大安寺行教による石清水八幡宮の勧請で八幡神は完全に護国の大神として崇敬されるようになる。しかし大仏鋳造の時点では寧ろ鋳造の神としての信仰が聖武天皇の心をとらえたのではなかったかと思われる。

大仏の鋳造は幾度か危機に直面したことがあった。後年孝謙女帝の父聖武天皇の言葉として「若し朕が時に造りおわることえざれば、願くば来世においても、身を改めて猶作らむ」と述懐されていたと伝えている（続日本紀）。天平二十一年二月、陸奥国より飛駅—早馬で産金の報が平城宮に通告された。四月一日には天皇以下完成近い大仏の前で長文の宣命が読まれ、わが国最初の産金の瑞祥《ずいしょう》に感謝の意を述べられた。産金の地は宮城県遠田郡涌谷町、黄金山神社として、今日その遺跡を伝えている。大仏に鍍金する黄金は遣唐使を派遣して、中国・唐にもとめる計画であったという。この大瑞により、宇佐八幡宮へは特に黄金の延板を奉納され、八幡大神の神助にむくいられた。十一世紀の末には、香炉函に入れられていたこの黄金の延板が盗まれ、神宝か御神体かで平安の宮廷を驚かす事件が起った。産金の瑞祥で年号は天平感宝元年と改まり、聖武天皇の退位と孝謙女帝の即位で、さらに天平勝宝元年に改元、その年の十二月宇佐八幡神は大神杜女・同田麻呂に護られ、平城宮に入京された。朝廷では石川年足などを迎神使としてこれを迎え、宮南の梨原宮に神殿を造り神宮とし、十二月七日に聖武上皇・光明皇太后・孝謙女帝の行幸とまって、大仏殿に五千の僧を集め、読経の中、八幡大神は盧舎那大仏に詣でられたという。この梨原宮は平城左京二条二坊にあった宮で、いま奈良市水道局の新庁舎建設地もその一部であるらしい。緑釉の塼などが出土している。

八幡大神は以後東大寺の鎮守八幡として、東塔の西方に鎮座された。本坊（東南院）の北側のやや高い地がその旧蹟である。

東大寺八幡宮は治承四年（一一八〇）十二月の平氏の兵火で類焼した。八幡宮にはもと三宮（所）があり、中央の一宮には阿弥陀仏立像、南側の二宮には菩薩形の立像、北の三宮には唐女形の神像が祭祀されていた。いわゆる八幡三神の本地仏《ほんちぶつ》が安置されていたが、兵火で焼失してしまった。文治四年（一一八八）七月に至って、八幡宮の再建のことについて、後白河院庁で議論がたたかわされた。その一つは政府の記録では、御神体は無いことになっているが、東大寺よりの注進状では三宮に各一躰の御神体がある。「如何がすべきや」という事で、時の左右大臣などは御神体不造論を主張し、一同これに賛成したという。東大寺側では旧来の如く、本地仏である御神像を安置したい意向であったが、院庁の意向には抗すべきもなかったらしい。ところが恰《あたか》もこの頃、鳥羽離宮の勝光明院から、空海感得と伝えるもと神護寺の僧形八幡神像の画像が発見された。勝光明院は鳥羽上皇が宮廷伝来の秘宝や、御自身蒐集された珍宝類を収蔵した秘庫で、藤原氏の宇治・平等院の宝蔵にならって創建されたと伝えている。この古画像の出現は、諸社・諸寺に大きな反響をよんだが、中でも平安京鎮護・王城守護をもって広く崇敬されていた石清水八幡宮、神護寺と東寺の再興に当たって幕府との関係の深かった文覚上人、そして東大寺再興に八十歳の老躯を顧みず奮迅の活動をしていた俊乗房重源上人の三者の競望するところとなり、それぞれ理由をあげて下賜されるよう働きかけた。この画像は以後どこに譲られたのか、あるいはそのまま勝光明院に留めおかれたのか判然としないが、重源上人は秘かに要路を求めて、この神像を模写、仏師快慶に依嘱して木造で造像させ、新建なった東大寺八幡宮の神殿に奉安した。いわゆる僧形八幡神像として著名なものであるが、明治初年の社寺分離で一時当寺の新造屋に移され、のち勧進所内の八幡殿に祭祀移座することになった。建仁三年（一二〇三）十一月の東大寺総供養を目前にひかえて、宮廷では、石清水・東大寺八幡宮に、東大寺再興の神助を感謝し、あわせて総供養の奉告のため、十月二十五日に勅使が派遣された。東大寺には歌人として有名な左近衛中将藤原定家が「八幡別宮使」としてつかわされた。

八幡太郎義家以来、八幡神を氏神として崇敬していた源氏は、頼朝の開幕とともに、鎌倉・鶴岡に八幡宮を創立し、家子郎党《いえのころうとう》に到るまで、氏神として崇敬したが、その崇敬の念は、建久の当寺八幡宮の再興に、頼朝が深い配慮を加えたことによって窺われる。貞応三年（一二二四）五月になると、幕府はもと平家の所領で、故頼朝が伝領していた大和国の大仏供の上庄を東大寺八幡宮に寄進し、神前での大般若転読の費用に三十石の年貢が用いられるよう取計らっている。これを機縁に行われたのが、尼成阿弥陀仏という一女性が中心となって行った大般若経の書写勧進である。神前で大般若経を転読あるいは真読する大般若会は、平安時代から各所で行われていた著名な年中行事で、奈良では興福寺僧による春日大社における、薬師寺僧による薬師寺八幡宮における社頭の大般若会は特に有名であった。

数年をようして書写された大般若経六百巻は、寛喜四年（一二三二）三月二十三日に立派な厨子（本棚）に納められ、白檀の釈迦如来坐像を中に安置し、紺紙金字法華経などをそえて供養され奉納された。黄紙に墨書され撥型塗金の経軸に調巻されたこの経には、紙背に東大寺八幡宮の墨印が捺印され、巻末には東大寺僧や有縁《うえん》の人が書写した奥書のあるものがあり、世に「東大寺八幡経」と称せられている。嘉禎三年（一二三七）に至って、時の造東大寺大勧進行勇は、奈良時代より久しく鎮座されていた東塔の西辺の神殿を東北の千手院の岡に遷し、僧形八幡神像を九条袈裟でつつんで、新建の社に移し奉った。その後、廻廊や若宮など一連の建物が新建され、寛元二年（一二四四）頃には完成したらしい。千手院の岡というのは、曾《かつ》て奈良時代に創建された千手院（千手堂）の西方の台地、今日の手向山神社の社地を指している。いわゆる丹塗の柱、緑に色どられた廻廊の連子などの神殿・社殿は両方の楼門と共に、背後の緑樹の山に映えて、一段と神々しく、輪奐《りんかん》の美をたたえることになった。行勇上人は重源の後を継いだ二代目の大勧進上人栄西の高弟で、特に尼将軍の異名をとった頼朝の妻政子（北条）の信任の厚かった高僧で、高野山金剛峯寺にも金剛三昧院を建立している。

室町時代になると、足利氏は源氏の流れということも関係し、足利尊氏の如きは、当宮に深い関心と崇敬を示し、周防国大前村、越中国高瀬などの地頭職を当宮に寄進し、経済的基盤の確立をはかっているし、尊氏は田楽に異常なまで興味をもった人として有名であるが、当宮祭礼の行事に田楽を演ずる田楽法師の不足を歎いて、わざわざ京都から田楽法師を加勢している。尊氏・義詮・義満・義持など足利歴代の将軍は、当宮の遷宮や修理に多大の寄与をしていることが注目される。永和二年（一三七六）六月には楠木正儀《まさのり》が摂津国（大阪府）堺港の船舶の入港税、文安四年（一四四七）十二月には兵庫港に出入する船の入港税や修理料の権利一切を八幡宮の管理支配にまかせるなど、入港や停泊料を徴収して、その収入によって社の修理など経営維持にあてたらしい。今日の有料道路とさして変らぬといってよい。天文三年（一五三四）、戦国の兵火なお余燼に明け暮れる時、当社の屋根葺が行われることになり、三条西実隆や子息公条《きんえだ》や勧進上人祐全が尽力した。公条は八幡宮修理の勧進帳を作り、広く勧財を求めたし、後奈良天皇の日記にもこの間の記載が再三にわたって記載されている。「八まんの事とて、かんしまいる〈勧進〉。おりふしきとく〈奇特〉なる事なり」とみえ、祐全上人の勧進、西室光順の奔走で同八年に至って漸く完成した。この間、同四年八月五日には東大寺八幡縁起絵巻二巻が完成した。内大臣実隆・右大臣公条や光順をはじめ、祐全の奔走によったもので、現に東大寺に伝えられている。

2 八大菩薩社

広大な東大寺の寺域には、時代の変遷とともに多くの神祠が祭祀されていたようである。東大寺要録には八幡宮（現、手向山八幡宮）に次いで八大菩薩《はちだいぼさつ》の八柱の神々を祀った神社のあったことが確認される。八大菩薩については薬師経とか理趣経にみえるが、両者の菩薩名は一致しない。仏法擁護の仏であることにはちがいないが、仏典の信仰流布によって八大菩薩の信仰もその内容はちがいがあったらしい。八大菩薩の信仰で有名なのは、天平勝宝四年（七五二）の大仏開眼供養会の開眼導師を勤められた婆羅門菩提僊那《ばらもんぼだいせんな》（七〇四〜七六〇）で、没前に像造を企てられ、没後弟子達が荘厳供養されたと伝えている。ボジセンナの信仰された八大菩薩は、薬師経にみえるものと推測されるが、正確にはどんな仏様であったのか明らかでない。

当寺の八大菩薩の名は、二月堂の修二会の神名帳の巻頭にもみえていてよく知られている。その初見は古く延喜四年（一〇五六）にさかのぼり、八大明神として信仰されていたようである。嘉承元年（一一〇六）の東大寺要録には祭文の一節が収められているが、それによるとこの八柱の神々は、梵天の分身で天の使者である南升史佐仙人という神で、八州を守護するために八方に鎮座されると説明されている。さらに八の字からの発想からであろうか、八百万神の上足で、八相成道（八相示現）をあらわさんが為に八大神仙となって示現されたものという。南升史佐仙人という神仙の名はどうも道教的な神のようである。東大寺の八大菩薩（明神）は仏典の八大菩薩とはちがって道教の臭がする。要録には、

第一仙興文　第二仙興成　第三仙興松　第四仙興明　第五仙興兒　第六仙興剣
第七仙興進　第八仙興高

の八柱を称している。共に興の字が頭に付いているのが注目される。

これらの八社は治承四年（一一八〇）・永禄十年（一五六七）の当寺炎上の際に被害をうけたと思われるがさだかでない。ただ鎌倉時代の弘安～正応年間に鳥居・玉垣・本殿などが改築・修理され、江戸時代初期には社がなお残っていた。諸楽八幡宮記など近世になった社要記には、八大菩薩社の名はみえないが、二月堂西方の興成社、興明社は白山神社として崇敬されている。恐らく明治維新の社寺分離の砌《みぎ》りにとりた

仙	八大菩薩名	鎮座場処			効験
		12世紀	17世紀	現在	
1	興文	紫摩金院北方	廃	廃	災害を除き、怨敵を滅ぼす
2	興成	二月堂西方	同	現存	長命を保たせる
3	興松	法華堂東方	法華堂手水屋東方	廃	讒言をしりぞけ福をもたらし官位を授く
4	興明	上如法院北西	八幡宮参道ノ鎰取社ノ北方	鐘楼の東南白山神社	荷薬を用いずとも福寿をもたらす
5	興兒	鐘楼西方	鐘楼西、天狗社ノ南	廃	飢餓にあわず、禍を転じて福となす
6	興剣	東塔南方	禅南院東方	廃	総敏で財宝を得、預じめ生死を予知せしめる
7	興進	国分門内南方	国分門ノ北方	廃	遠方の子女にも財宝を与える
8	興高	鼓坂（正倉院内）	転害門東方正倉院内鼓坂	廃	盗難、禽獣の災難を免れる

■八大菩薩の変遷

■興成神社

まれたり、社名なども変ったのではなかろうか。

ただ八社のうち、二月堂西方、若狭井屋の東方に鎮座する興成神社のみは、位置的にも二月堂に近接しているところから、修二会と深い関連社として考えられ、二月堂の鎮守飯道・遠敷神社とともに三社の一つにかぞえられて来た。若狭井屋に近いところに鎮座されているところから、遠敷神が若狭国より送水された砌り、黒白二羽の鵜が岩磐を打破って飛び出で、そのあとより甘泉涌出したのが若狭井で、鵜を祀ったのがこの興成神社で、一名鵜宮ともいわれるようになった。平安時代にはこの興成菩薩は「能く不死薬を取りて人に与え食せしめ、長生の齢を保たしむ」という誓願をもつ菩薩として信仰されていたようで、第一仙の興文菩薩とともに、寅・卯・辰の日に天界より天降られるという。この三日間が祭日であったということであろうか、正応二年（一二八九）の造東大寺修理新造等注文という古文書によると、弘安六年（一二八三）頃に興高・興兒・興進菩薩社などとともに修理されているから、なお八大菩薩社の一つとしての信仰があったらしい。二月堂三社の内にかぞえられて行くのは恐らく室町時代中期頃からで、二月堂修二会の盛行とともに、行事の中に組みこまれて行った。今日修二会の始まる三月一日の日没勤行のあとの社参、三月十二日の深夜の水取り式の前、三月十五日の晨朝の社参（神所）がそれである。三月一日の開白《かいはく》に当たって、行法中の練行衆の身体健全を祈り、十五日の夜明けには行法満願の神助を感謝する社参で、興成菩薩の誓願にも相通じるものがある。当社を遺して他の七大菩薩社は廃絶して行ったが、地理的な関係から二月堂観音信仰とともに当社のみが今日八大菩薩社の面影を伝えている。

■辛国神社

3　天狗社（辛国神社）

大仏殿の東、猫段《ねこだん》とよばれる石段を登り、俊乗堂に至るまでに、北側に南面した春日造りの小社がそれで、天狗社《てんぐしゃ》とよばれ、一部の在家の人々の間では辛国神社《からくにじんじゃ》として崇敬されている。天狗社がいつ頃から辛国社にかわったのか、その辺はっきりとしないが、幸に石造の手水鉢や石灯籠の刻銘で、ほぼその変遷が知られる。手水鉢即《すなわ》ち御手洗石には、明治三十六年（一九〇三）五月に奈良市阿字万字町《あざまめ》の有志の人々が奉納した刻銘があり、石灯籠の竿には、安政四年（一八五七）九月に天狗社に奉納した刻銘の外に、明治三十七年九月に「辛国社」・「陸海軍安全祈」・「阿字万字町」などと追刻し、天狗社の石灯籠がこの時点で辛国社にとってかわられている。

これによって天狗社が辛国社と一部の人々から信仰されだしたのは、どうもこの明治三十六年前後ということになるが、辛国社の辛国神という神さまがどんな神さまか、もう一つ明らかでない。昭和八年（一九三三）七月の手向山神社宮司樋口寿丸氏の式内五百立神社外七神社要記という調書には、祭神として「韓国翁の霊」をあげ、一説には「大地主神と云ふ」として、大仏殿建立の時に天狗がさまたげをするので、天狗を祭ったという大仏縁起絵巻の出典が示されている。とすると韓国神と天狗は同一躰ということになる。

さて「辛国」という詞で想起されるのは、東大寺創建期に当たって、金鐘行者と辛国行者の法験争いの説話である。鎌倉時代の初期に源顕兼編輯の古事談にみえ、大仏殿西方の土地は辛国行者の管理するところであったという。法験争いに破れた辛国行者を埋葬した剣塚とよばれる古墳が勧進所（穀屋）に現存し、時にたたりをなしたという伝えもある。正倉院文書には辛国堂とか韓国寺という一堂が、天平十八年（七四六）頃に現存していたことが知られ、この御堂は大仏殿の西方と西塔の東北の交差する地点にあった。東大寺要録には辛国堂を「在気比明神巽角」としている。この気比明神社《けひみょうじんじゃ》は今日の公慶堂に当たるから、辛国堂は一応この辺りに比定することができる。しかしこの堂はすでに十二世紀の初頭には礎石をのこすのみであった。辛国堂という名称から察して帰化系の僧が山寺を建てて修行していたと思われるが、七百年もあとになって、天狗社を辛国社と改称して信仰された辛国神との間には、辛国の字は同一であったとしても、別個のものであるとせねばならない。

辛国社は東大寺内では今以《もっ》て天狗社として信仰されている。その創立については漠として明らかでないが、すでに嘉吉三年（一四四三）に天狗社の社名がみられるから、鎌倉時代頃にまでさかのぼるのではないかと思われる。この社の東方には社地に接して、曾て鎌倉時代の当寺再興に功労のあった将軍源頼朝公と俊乗房重源上人の墓石があった。

天狗社の由来については、江戸時代の諸伽藍略録には当寺創建の奈良時代に、良弁僧正が障害をなす多くの天狗を改心させて、仏法護持を誓約させて、当社を造り「大法会の執行の時には、必ず此社に向って正法護持を祈る」と明記している。すなわち大法会などを行う場合は、障害なく無事終了することを当社に祈願する慣習になっていたようで、現今も大会執行の前夜、まず裏頭に身を改めて大湯屋に僉議《せんぎ》と称して集会し、当社の前で蜂起の儀があり、旧《ふる》くは年預五師の一人が僉議の表を読上げ、境内を巡察する。すでに嘉吉・天文年間にもその例がみられ、境内巡察は手向山八幡宮参道より南方と北方の二手に分って行われたらしい。警察制度の無かった時代には、僧兵の姿に身をかためて、境内に侵入した不逞分子の検挙に当たったわけである。中世には強訴のための八幡神輿の動座や遷宮、或《あるい》は犯人検挙などの場合は必ず蜂起の儀が行われ、当社の占める比重も高かったわけである。

蜂起の社である当社が何故に天狗社と呼ばれるようになったのか、天狗とは何を指すのか、この解明はなかなかむつかしい。天狗の名が国史に初見するのは、今より千三百五十年も以前の欽明天皇九年（六三七）のことで、雷のような音響をともなった彗星を指して天狗とよんだらしく、中国の史記天官書にもとづいた解釈らしい。天狗はわが国で大きく変化した。平安時代後期になると近江国比叡山・比良山や京都東山、奈良香山などにも天狗が棲み、屎鵄（中形の鷹・ノスリ）など飛行自在の鵄を指すようになった。伎楽面の治道面《ちどうめん》や迦楼羅面《かるらめん》から発想した鼻高・鳥形の人物像が生れて来る。天竺《てんじく》や震旦《しんたん》（中国）の天狗もわが国に渡来して来る。変化自在の天狗は社会を混乱におとし入れ、仏法に障害を及ぼすものとして受けとられた。「今は昔」で有名な今昔物語には天狗の話しが多く収録され、原因不明のでき事は天狗の行為として考えられた。源義経と鞍馬寺の鞍馬天狗は殊に有名であるし、朝令暮改の後白河法皇も、源頼朝から「日本国第一の大天狗」と批判されたこともある。鎌倉時代に入っても天狗の横行は前代に劣らず話題が豊富で、その一斑は古今著聞集や沙石集、あるいは三長記・平戸記といった公卿の日記をはじめ吾妻鏡にも散見する。永仁四年（一二九六）には有名な天狗草紙が選述されて、興福・東大・延暦・三井の諸大寺や東寺・仁和寺・醍醐寺の真言宗の寺々の我執驕慢さを風刺した。高慢な人を天狗、自慢する者を天狗と評するのも、この辺りから出た言葉であるらしい。延慶元年（一三〇八）に成立した是害房絵はその題材を今昔物語にとった絵巻であるが、中国の天狗が渡来して、日本の天狗と共同謀議して仏教界を混乱させようとする。説話や絵巻ができるくらいに社会不安や不祥事件をひき起すのは天狗の所為としてうけとられたらしい。

二月堂修二会の行法が行われる二月晦日の夕方、まず咒師《しゅし》によって大中臣祓《おおなかとみのはらえ》が食堂と参籠所の間の馬道で行われる。二七日《にしちにち》間の行法を開始するに当たって、二月堂周辺を浄域として結界をするためである。当日はよく強風が吹いたり寒風がやって来る。今日の季節風であるが、これを天狗風と呼び、天狗がよって来て行法のじゃまをすると信ぜられた。よって来た天狗を祓によって退散させる意味もあって「天狗寄せ」ともいわれている。この場合の天狗は仏法に障害を与えるという意味の天狗である。回国聖や修験道の行者などにより、理解できない事件や流言飛語さえも天狗の行為とみなされたのが、中世の天狗横行の姿であった。

当寺の天狗社は天狗の妨害を未然に防ぐために祭った社というよりは、天狗によって起こされた不祥事件や、起こされるかもしれない事件を防止するために、衆僧が裹《か》頭《とう》に身をかため、曾ては兵杖をおびて蜂起した蜂起の社としての性格が今に伝えられているのが、注目される。

4　五百余所社（五百立神社）

大仏殿南中門の西南、真言院灌頂堂の北のやや小高い丘の北側の崖に、南面した小社が鎮坐する。この社が五百余所社《ごひゃくよしょしゃ》とか五百立神社《いおだてじんじゃ》と称せられる。五百余所社の社名

■五百立神社（右の石畳を登れば五百立山）

は天喜四年（一〇五六）五月の東大寺文書に二十五所社・気比気多社などとともにその名がみえる。鎌倉時代末期頃にできたと思われる東大寺縁起絵詞や、室町時代の大仏縁起絵巻には、大仏殿創建に従事した五百余人の工匠が、工事が完成すると羅漢さんになって天空高く飛び立ち姿を消したという説話をあげ、ここに記念して小社を創建したという。知足院山（玄武山）にあった二十五所社は、大仏さまの鋳像にたずさわった鋳物師二十五人が、鋳像完成のあと、大仏の裏山の玄武の山に入り、天空にのぼり、西方を指して飛翔して行った。この二十五人の鋳物師は菩薩の化身で、聖武天皇の大仏造営を援助されたとして、社を建て二十五所の大明神と名付けたという縁起絵詞書と同工異曲の話しで、社名より考え出された説話と考えられる。五百余所社は五百羅漢に、二十五所社は二十五菩薩にあてて考え出したらしく、本来の祭神は詳かでない。

ところで有名な延喜式の神名帳の大和国の添上郡には、五百立神社が存在する。いわゆる式内社である。五百立神社は、九条家や金剛寺（河内長野市）の延喜式神明帳には「イホタチ」の訓みが施されているし、五百を「イホ」とよむ例は、日本書紀・万葉集など数多く見出せる。さらに五百立の立は奈良市柳生町の「天乃石立神社」の例でも知られるように「タチ」と古くはよんだらしい。この五百立神社は、旧添上郡（奈良市山添）に伝える社がないので、東大寺手向山の末社であるこの五百余所社を式内社の五百立神社とする説が有力である。

さてこの五百余所社が一時注目をあびる事件が鎌倉時代の寛喜二年（一二三〇）に突発した。同年七月に正倉院の勅封《ちょくふう》・綱封《ごうふう》の三倉が開検され、建物の破損箇所が修理された。建久四年の開封以来実に三十八年目のことである。修理も終り、宝物類もとの如く収納され閉扉され終った十月の末に、中倉の勅封倉に盗賊が侵入したことが判明し大騒ぎとなった。隣山の興福寺は当時大和国の国守を以て自ら任じていたので、興福寺も盗人逮捕に対して、極めて積極的で、十一月末に至って共犯者がつかまり、いもづる式に主犯も捕えられた。盗難にあった宝物は鏡八面で、自白によると京都で売却せんとして、値があわず、露顕を恐れて宝鏡をこなごなに打破り、帷《かたびら》につっこんでこの五百余所社の神殿中に隠匿していた。犯人は勿論《もちろん》斬首され、奈良坂で晒首になったし、打破られた八角・円形の宝鏡はもとの如く正倉院に納められた。今日一面の鏡をのこして七面とも修理が施され旧態にもどされている。当社はその後弘安九年（一二八五）に東大寺大勧進上人聖守により拝殿などが新造されたり、修理が施されて来たが、永禄十年十月の兵火で焼けて再造され、江戸時代に至った。公慶・公盛両上人の大仏殿再建の進捗とともに、五百余所社は建築に当たる大工・小工の崇敬をあつめたようで、番匠社ともよばれ、宝永六年（一七〇九）三月の大仏殿落慶供養を目前にした正月六日に、大工棟梁堺内筑前守（若狭）が新建寄進した。明治初年の社寺分離政策によって、手向山八幡宮の末社となり、明治七年八月には式内社「五百立神社」として報告されている。昭和五年十月に日本国有鉄道関西支社の殉職者の追善供養のために、この地に石造十三重の大塔が、般若寺十三重塔を範として建立されたが、この時社殿・鳥居などが北方に移されて今日に至っている。

5　子安宮

大仏殿の西方、指図堂《さしずどう》の東南に接して、白壁の土塀にかこまれた子安宮《こやすみや》・子安明神とよばれている小社がある。指図堂は、永禄十年（一五六七）十月の兵火で大仏殿とともに類焼した中門堂のあとに、江戸時代に再興された一堂であり、したがって子安宮は中門堂衆と深い関係のある社である。中門堂は法華堂よりはずっと時代は新しいが、平安時代末には建立された一堂である。治承四年（一一八〇）の兵火で焼け、その後再興されたが、永禄十年にまた焼失したことになる。

東大寺の古図には、この子安宮の位置に神社が描かれて「富貴社」と注記され、もとは「フキのやしろ」と呼ばれていたらしい。恐らく永禄十年以降、江戸時代初期に建立された小社であった。平成元年七月、当社の解体修理が行なわれたみぎり、社殿内より寛文十一年（一六七一）九月二十四日と文久二年（一八六二）十二月朔日の日付の遷宮の棟札二枚が発見された。これに「奉正遷宮子安宮一宇」とみえ、中門堂衆の文殊院によってすでに改築されていたことが明らかになり、子安宮の称号が十七世紀にさかのぼることも判明した。

上院二月堂修中神名帳には「子安大名神・穴師大明神」と子安明神の名がみえるが、この子安神は他国の明神である。享保年間（一七一六～三五）の東大寺諸伽藍略録によると、良弁僧正の母を祭祀したといい「相模国からこられた母がこの処に住し、良弁は孝養を尽くした」旨の説明がなされ、「孝養社」といったとも記されている。寛文の頃はちょうど二月堂の焼亡と再建が江戸幕府の尽力で行われ、二月堂観音信仰を通して良弁・実忠二方の祖徳が顕揚された時である。安産と子孫繁盛を願う社として、富貴社より改称されたものら

■子安宮

しい。

子安宮は今日でも早朝より近在の方々の参詣が多く、二月堂食堂の訶梨帝母《かりていも》（鬼子母神）とともに子供の成長・子孫繁栄を祈る社として著名である。

五

東大寺秘話

1　執金剛神と金鐘寺

東大寺法華堂（羂索堂・三月堂）の後堂《うしろどう》には、北面して塑造の有名な執金剛神像が、鎌倉時代の大きな春日厨子《かすがずし》に安置されている。大きな木造加彩の金剛杵《こんごうしょ》を右手にふりかざし持っているところからかく呼ばれたのであろう。金剛神像は普通、山門の左右に二体の力士像として安置され、伽藍の守護神として信仰されるのが一般的であるが、この像は武装の独尊像で、二躰に分化する以前の像の古い形を伝えている。アフガニスタンの要路に面したバーミヤンの大石仏群の中にはヘレニズムの影響をうけて、ギリシャ神話の中の英雄ヘラクレスより転化した執金剛神像が遺っている。仏法の守護神として受容されたものであろう。バーミヤンよりカイバル峠の難所を越え、シルクロードを経て、中国からわが国にその相好が時に変化しつつ伝わったものと考えられる。

甲冑に身をかため、黒耀石をはめた両眼を瞋《いか》らせ、右足をやや後ろにひき、天衣を身辺にひるがえし、血管を隆起させて、右手に大きな金剛杵を肩の上にふりかざし、大喝一声、怨敵を破砕せんとする憤怒の形相を表現して、まさにあますところがない。久しく秘仏として室町時代には「御代に一代の開帳」として崇敬されてきたために、随所に残る加彩の文様などと相まって、見る人を圧倒する感さえある。天平彫刻の中にあっても、武神像としてこの執金剛神像は気魄充実し、憤怒の一瞬をとらえている点、他に例をみないものといってよい。

ところでこの神像は、八世紀の聖武天皇の御代、東大寺が建立される前に、平城京の東山にあった金鐘寺伝来の霊像、金鐘行者の念持仏で、弘仁年代にはすでに法華堂の北戸すなわち後堂に移され、この寺は東大寺になった、といった神像と金鐘行者にまつわる説話が、弘仁年間にできた薬師寺景戒の日本国善悪霊異記に記され、以後今昔物語・扶桑略記・宝物集などにも取り入れられてきて、室町時代の後期には絵巻も造られるに至った。神像が特異な武神像であるとともに、東大寺の前身である金鐘寺の古像であるという歴史的評価を受けていたことが知られる。

金鐘寺とはどんな寺であったのか、いかなる目的で建てられたのか、なぜ平城京の東山に造られたのか、その辺の問題についての明確な解答を与えてくれる文献は史料の制約もあって今日伝わっていない。ただ正倉院文書や続日本紀などのわずかな史料で、聖武天皇と光明夫人の間に誕生した基親王《もといしんのう》の夭死《ようし》と深い関係があった山寺であったらしい。当時の政治情勢を一瞥してみよう。

神亀四年（七二七）閏九月に夫人光明子に基親王が誕生、十一月二日には異例の早さで親王を皇太子とされた。宮廷の喜びは異常なものであった。夫人の護衛に当たっていた舎人や、お産の家に充てられていた故藤原不比等の邸宅の使用人は勿論《もちろん》、八省の官吏に至るまで、品々が下賜され、光明夫人には食封一千戸を贈られ、皇太子誕生を喜ばれた。光明夫人の兄藤原武智麻呂・房前・宇合等は、妹に当たる光明子の皇太子誕生によって藤原氏の栄光が約束されたものとして大きな期待をもったことは勿論である。皇太子は皇位継承の筆頭者であり、基皇太子が即位されると藤原氏は外戚となり、政界に不動の地位を占めることになるからである。しかし「神祇の祐と宗廟の霊」に祝福されて誕生された皇太子は、翌五年九月に看病の甲斐なく崩ぜられた。最愛の皇子を亡くされた天皇の悲歎は「廃朝すること三日」と伝えていることによっても察せられる。四十九日の十一月三日には、皇太子の菩提を祈るために山房（寺）が造建され、九人の智行具足《ちぎょうぐそく》の僧が選ばれた。政情は皇太子の夭死で動揺のきざしをみたようで、新しく金光明最勝王経を書写して国々に配布して転読し、国家の平安を祈願させられた。翌六年二月、はしなくも左大臣長屋王（六八四〜七二九）の変が起こった。当時政界の首班であった長屋王は「私かに左道を学むで、国家を傾けむ」としているという密告によって、光明夫人の兄藤原宇合などが六衛府の兵士を率いて佐保殿を囲み、王とその室吉備内親王や一族の諸王を自尽においやったのである。皇太子の夭死によって外戚となる野望を失った藤原氏は、光明夫人を皇后に擁立せんとして、律令堅持の長屋王に左道《さどう》を学ぶという汚名を着せて自尽においやった。皇后は皇族から冊立されるのが令制のたて前であり、藤原氏出身の光明夫人には資格がなかったのである。しかし邪魔者は除かれた。甲《こう》に「天王貴平知百年」と読める霊亀が、兄の藤原麻呂より献ぜられ、神亀六年八月は天平元年と改まった。やがて光明夫人は皇后に冊立され、藤原氏待望の目的が達せられた。長屋王の左道とは具体的に何を指すのか明らかでない。どうも宮廷呪咀の匂いが鼻をつく。恣意をもってするとどうも皇太子夭死に関して、長屋王は呪咀の疑いを懸《か》けられたのではなかろうか。

僅《わず》か二才たらずで夭死された皇太子の冥福を祈るために山房（寺）が建立されたのも異例である。聖武・光明二方の皇太子への惜別の心情は智行の僧を選んで、その冥福を祈願することになった。山房は藤原氏の氏寺である興福寺の東園に隣接する北方の山中に設けられた。この地の選定には光明夫人の意向が強くはたらいたものとみてよい。智行僧九人の中には、のち東大寺開山となった良弁や興福寺別当慈訓などが含まれていた。彼等は皇太子の冥福を祈願する山房より、皇后宮職をバックに活発な宗教活動や教学研究を開始したのである。金光明最勝王経（最勝王経）や華厳経の研究などで仏教界のヘゲモニーをとった。金光明経は仁王経とならんで護国の聖典で、天武朝から持統朝を経て、広く諸国の国衙（府・県庁に当たる）で読誦されたが、天平元年を機縁に初春を飾る宗教行事として、新訳の最勝王経がもちいられ、国土安穏・国王平安を祈願する重要な仏典となった。この経の中には金勝ダラニ品があり、その中の福寿をもたらすといわれた金勝咒・金勝陀羅尼（金鐘）は優婆塞《うばそく》（得度を受けた在俗の仏教徒）にも広くひろまり、誦経ができたほどで、最勝王経に示された多くのダラニの中にあって、最も重視されたものであった。良弁など山房の僧達は聖武天皇の最勝王経の宣揚の方針に順じて、経を読み金鐘ダラニを誦し、国家の安寧や隆昌を祈願し、山房の寺名も天平十一年には金鐘寺と呼ばれ、やがて大和国の国分寺となり、天平十七年八月には盧舎那大仏の巨像が、この金鐘寺の寺地で鋳造されるようになった。山房が漸次発展して寺号を金鐘寺と称するに至ったのは、多分この金鐘ダラニを誦し、最勝王経を読誦研究していた寺に由来すると思われる。執金剛神像は呪咀を封じ福寿をもたらし、仏法流通を祈る智行僧たちの本尊であったと思われる。しかし何時頃に造像されたのかは、確たる年紀は明らかでない。戒壇院四天王像などよりは、加彩の文様の簡潔なところに古様がしのばれる。いずれにせよ東大寺の前身ともいえる金鐘寺の旧仏であった。

執金剛神像は瞋目決眉《しんもくけつび》の憤怒像であるだけに、怨敵調伏《おんてきちょうぶく》などの祈願には再三にわたり、七大寺僧や東大寺僧で祈請せられた。殊に平安時代には真言密教が流布すると、憤怒の形相の天部像を本尊に、祈願が行われたのと同様である。その最たるものは天慶二年（九三九）十一月に関東で勃発した平将門の乱においてであった。醍醐・朱雀二帝の御世は、一時その治世をうたわれたが、藤原時平による菅原道真の失脚後は藤原氏の進出をまねいた。延長八年（九三〇）の清涼殿への落雷は道真の怨霊の仕業と信じられ、御霊信仰が広く流布した。承平六年（九三六）六月には瀬戸内海の海賊と結んだ藤原純友が反乱を起こし、東国では将門の乱が勃発した。高望王を祖父とする将門は、父より受け継いだ遺領のことで、叔父国香を殺害し、内輪もめはやがて内乱にまで発展した。常陸国府を焼き関八州を併合しようとし、自ら新王と称し、平安京

■執金剛神絵巻（室町時代）

の朝廷に対抗した。将門は最後に国香の子貞盛や藤原秀郷の連合軍のために敗死するが、騎馬戦を得意とし、農民の援助を得た将門は到る処で国府の兵を打ち破り、その敗戦の報は宮廷貴族を恐怖のどん底におとし入れた。

諸大寺ではこぞって乱の鎮圧を祈願したようであるが、南都では朝廷の公請により、七大寺の衆僧が執金剛神像の前で将門調伏の祈願を行った。扶桑略記や七大寺巡礼私記などには、髻《もとどり》が吹き折れて数万の大蜂が東方を指して飛行して調伏したとか、祈願中に神像が雲隠れしたが、宝冠や天衣の一部が欠落し、全身汗を流すが如き姿で壇上に屹立している姿を発見し、将門と戦闘をまじえたことを寺僧等は窺知したという。これらの説話は、この神像の髻や天衣の破損と将門の乱とを関連づけたことは容易に察せられるが、祈請が行われたのは史実と思われる。平安時代末期にはこの武神像の神異を取り入れて、祭壇左右の板戸に画僧でも有名な禅那院珍海が描いた縁起絵があったと伝えている。

執金剛神像の前で、調伏の祈願をした先例として、天慶の乱があげられるが、元寇の役においても、東大寺衆僧が蒙古撃退のための祈願を行い、建武二年（一三三五）十一月にも後醍醐天皇の綸旨によって、朝敵降伏の祈請が行われた。朝敵は足利尊氏などを指している。室町時代に入ると、将軍足利義満の明徳二年（一三九一）九月の南都巡礼、寛正六年（一四六五）九月の義政の巡礼には、その都度開扉され、執金剛神像は東大寺の霊像として著名なものとなった。

2　辛国行者と剣塚

話は東大寺創建の昔にかえる。

奈良・東山の山中に法力新たな金鐘《こんしゅ》・辛国《からくに》行者と呼ばれる二人の修行僧が久住していた。金鐘行者の土地は東方、辛国行者は西方に隣接していたという。東大寺大仏・大仏殿がいよいよこの山中の地を拓いて造建されるに当たり、朝廷ではどちらの土地を選ぶべきかで決定しかねていた。二人の行者はここに至って法力の勝れた方の土地に東大寺を建立されるがよいというので、法力争いをすることになった。

辛国行者は練行の験この時とばかり、金鐘行者を倒すべく抜剣念誦すると、忽《たちま》ち数万の蜂が出現して、金鐘行者に向かっておそいかかって行った。金鐘行者はすこしもさわがず、合掌祈願すると空中に鉢があらわれ、襲いかかって来た蜂をことごとくおさえ、金鐘行者の勝利となった。ここに辛国行者はそれをうらみ、時には蜂となって寺僧を困らせたという。この説話は東大寺要録や古事談にみえる話で、弘法大師が東大寺で修行中、南大門に蜂巣ができ、辛国行者の化身となって寺僧を刺して大騒ぎとなり、大師は真言密教の秘法を修して、この蜂巣をとりのぞいたという説話もある。

今日、大仏殿の西方、勧進所の庭上に「剣塚」と呼ばれる小さな円墳がのこっており、辛国行者の秘剣を埋めた塚という伝えがある。辛国行者が曾《かっ》て住んでいた辛国堂は、正倉院文書にもその名がみえ、平安時代中頃には「気比明神の巽の辺」に堂址がのこっていたという。気比明神は、今日廃絶しているが、勧進所の公慶堂のところがその社址で、辛国堂の旧址もほぼ推定することができる。辛国行者の本名などはさだかでない。辛国という俗称から朝鮮半島より帰化した修行僧の開基にかかる小堂であったのだろう。この説話の信憑性はうたがわれるところもあるが、東大寺創建以前に東山の山中で小堂を建て精進苦行していた練行僧のあったことや、大仏鋳造・大仏殿の創建に当って、土地の所有権の争いがあったことも、むげに否定することはできないと思われる。

いま大仏殿の東、鐘楼に至る猫段とよばれる石段を上った左側に、辛国神社と呼ばれる小社がある。もと天狗社と称せられた社で、江戸時代中頃に改称されたものらしい。辛国行者や辛国堂とは直接関係がないようである。

3　黄金花さく　―大仏鋳造と産金―

天皇の御代栄えむと東なる　みちのく山に金花咲く　（萬葉集四〇九七）

天平感宝元年（七四九）五月、越中守として国守館にあった大伴家持が、陸奥国小田郡よりの産金を賀う詔書をみて、長歌と反歌を作ったうちの一首である。家持は天平十八年（七四六）六月に越中守に任ぜられた。天平二十一年四月、聖武天皇・光明皇后などが東大寺に幸し、代々大伴・佐伯二氏の忠誠に触れた長文の産金の瑞祥に感謝する宣命を、一月余りたって一見し感動をもって詠いあげたのが、これらの連作である。

天平十七年五月、甲賀宮を放棄して平城還都が行われ、八月から盧舎那大仏の造顕が、平城京東山の金鐘寺の寺地で再開された。金鐘寺は天平十三年二月の国分寺の創建の詔が出て間もなく、大和国の国分寺に認定されたが、良弁《ろうべん》の発起によって新羅留学で華厳経に造詣の深かった大安寺審祥を講師として、同十二年より十五年にわたって華厳経の教理的研究が行われた。十五年十月の大仏造顕発願と深い関係があったことが窺われる。さらに甲賀の地で始められた大仏造立の工事が、還都と共に金鐘寺の地で再開されたのも、地形が鋳造に適していたことと、華厳経との因縁があったということも無視できない。

国家の巨費と国民の協力を期待して行われた大仏の鋳造は、大仏師国公麻呂（のち国中公麻呂）、大鋳師高市大国・柿本男玉などの技師が工人を指揮監督して遂行されて行った。延暦僧録の聖武天皇伝によると、蓮華座・仏体・螺髪などに使用した銅・錫の量を記載しているが、それによると仏体は約二五〇トン、蓮華座は約一三〇トンであった。鋳造のために集積され、用意された銅などは、これを遥かに上回る分量であったと思われる。大仏の鋳造は天平十九年九月から同二十一年十月にかけて、八ヵ度の鋳継ぎを経て完成したが、その間には幾度かの危機にみまわれたようである。聖武天皇が「若し朕が時に造りおわるを得ざることあらば、願くば来世において、身を改めても猶作らむ」と述懐されたという。鋳造が終わり大仏が全容をあらわした時の工事関係者の感激はいかばかりであったろうか。

鋳造が進展する頃から、大仏に塗金する黄金の入手について関係者、とくに聖武天皇は心痛していたようである。正倉院文書の写経所関係文書の端に「天平十八年正月七日に大唐使を召す」という書き入れがあり、続日本紀には同年十月九日に安芸国で舶二隻を造らせたことがみえる。舶は舟・船よりも大きな船をさし、古くは「ツム」と読んでいた。安芸国の造船の歴史は古く、推古朝・孝徳朝にも大船を造っており、天平宝字五年（七六一）にも遣唐船を建造している。塗金の黄金の入手については七大寺巡礼私記にも、砂金を交易によって得ようとし、遣唐使派遣が計画されていたが、宇佐八幡神の託宣により中止されたと伝えている。後日譚になるが陸奥国小田郡に黄金が発見されて、国守百済王敬福より貢金されたが、百二十両が八幡神に奉納されたことを想うと、遣唐使派遣の計画があったことは、疑い得ないし、専《もっぱ》ら唐との黄金交易を目的とする派遣で、しかも二隻よりなる遣唐船であったこと、天平十八年正月までには遣唐使の任命も終わっていたことが判明する。この中止の理由については続日本紀などには全く触れていないし、詳細は不明である。ただ平城遷都後、聖武天皇は難波宮にあって生死の境をさまよう程の大病にかかられ、宇佐八幡宮に勅使を派遣、薬師如来像を諸国に造像して、その快癒を祈願されたが、この宿病はその後もつづき、翌十八年の元旦の行事も行われず、廃朝という有り様であったうえ、この年は大和・河内国など十五ヵ国にわたっての飢饉であった。一方大仏造立の工事は再開されていたが、遣唐使派遣に要する国費・人材の消耗などを考慮して中止されたのであろう。安芸国での造船二隻は天平十八年十月のことであり、派遣中止は同十九年の後半期か二十年の初めにかけてではなかろうか。とすれば大仏完成後に行われんとした当初計画の塗金は、一応放棄されたものとみてよい。

天平二十年四月には元正上皇が崩御され、六月には藤原武智麻呂《むちまろ》（光明皇后の異母兄）の女で聖武天皇の夫人藤原氏が亡くなり、河内・出雲・播磨など四ヵ国はまた飢饉におそわれた。一方大仏の鋳造は同十九年九月の末から開始されていたが、当初より大仏の造立に弟子達を率いて勧進に従事していた行基が同二十一年二月に八十二歳で平城右京の菅原寺（喜光寺）で多彩な生涯をとじたのである。大仏造立をとりまく周辺の世相は、極めて暗いものであったし、宮廷では上皇・夫人などの逝去で悲愁に包まれていた。「衆人は成らじ」と疑った大仏鋳造に対して、国費の無駄使いを誹謗する匿名の投書が、しばしば朝廷の路頭に投じられたのもこの頃であったが、二月二十二日に陸奥国守百済王敬福より産金の吉報が届いた。恐らく何がしかの砂金が産出したとの報が早馬で平城宮に知らされたものと思われる。憂愁にうちひしがれていた宮廷はこの瑞祥に歓喜したにちがいない。直ちに畿内七道（山陽・山陰・東海・南海道など）の諸社に幣を奉って産金の報告を行ったという。全国の神々にこの瑞祥を報告したことからみて、遣唐使派遣中止のあとは、国内より、神助などによって産金を祈願していたものと考えられるし、僧尼なども諸仏に黄金発見を祈修していたとみてよい。「苦しい時の神頼み」である。唐僧思託の延暦僧録の聖武天皇伝には地蔵菩薩に祈請したと伝えている。地蔵菩薩は平安時代後期には浄土教の流布とともに六道輪廻の衆生の救済者として信仰されるが、元来は地下の財宝を司る仏である。だから「地蔵菩薩が陸奥国の金山神に変化して、金を施した」と記載している。思託は鑑真和上と共に産金後六年目にわが国に渡航した人であったから、仏教的に地蔵と産金を結びつけて解釈をしたのであろう。また時代は下るが源為憲の三宝絵詞には、良弁が吉野の金峯山の蔵王権現に祈請し、蔵王の指示によって、のちの石山寺の巌上に如意輪観音像を安置して祈願したところ「みちの国より、はじめて金できよしを申したてまつれり」と伝えている。黄金産出の祈請を金峯山の蔵王に結びつけたのは、金峯山は八世紀頃には「金嶽《きんのみたり》」といわれていた金の字よりの発想であろう。しかし産金を仏神に祈り、黄金を掘り当てようとする人々が諸国に散在し努力を重ねていたと推測して誤りがない。

一体わが国の産金の先例と伝えるものは、文武天皇五年（七〇一）の対馬よりの貢金である。大和国の三田五瀬が金を貢上し、一躍正六位に任ぜられ、食封五十戸・田十町等を、また発見者家部宮道も正八位に任ぜられるなど、関係者に恩賞が与えられた。年号も産金の瑞祥を祝って大宝と改められたが、後日になってこの産金は五瀬のしくんだ詐欺事件であったことが露見した。以後わが国では産金のことは史上に現れない。

陸奥国小田郡の産金は、従来わが国では黄金は産出せぬものと考えられていただけに、未曾有の瑞祥としてうけとめられた。四月一日には天皇・皇后・阿倍内親王（皇太子・後の孝謙）をはじめ左大臣橘諸兄《たちばなのもろえ》など群臣が東大寺に詣で、有名な「三宝の奴」に始まる宣命が諸兄によって読まれ、続いて石上乙麻呂《いそのかみのおとまろ》によって前後に例をみない長文の宣命が代読された。前者は黄金の瑞祥を大仏に報告し、感謝の意をあらわしたものであり、後者は仏神の加護と先帝の被護によってもたらされた大瑞に感謝し、国民と共にこの瑞祥を喜び、年号を改め、多くの官人や造寺関係者、産金関係者などに位階を進めるというものであった。この産金は天皇・皇后など当時の廟堂関係者にいい知れぬ感激を与えたことは、のちの国家珍宝帳にも「地珍を惜まず」として触れられているところからみても深い感銘をうけたことが窺われる。陸奥国守百済王敬福（六九八〜七六六）は最も功労あるものとして、正五位上より五階特進して従三位、国介である佐伯金成・大野横刀は一階昇進して従五位上に補せられた。敬福と関係の深い陸奥国大掾の余足人、黄金を得た丈部大麻呂はともに従五位下などに叙せられた。黄金関係者としては朱牟須売や冶金を現地で行った戸浄山など帰化系と思われる人があ

■黄金山神社

り、金を産出した山の神主も、叙位された。

敬福は百済国王の義慈王より出た人物で、その子禅広王が持統天皇より百済王姓を賜わり、昌成・郎虞と伝えてきた。敬福は郎虞の三男で、放縦なところがあったが、清貧の士が援助を求めると、望外の贈り物をし、家には貯えもなかったし、政治については度量があり、聖武天皇より愛されたという。余足人は後年百済朝臣足人と改称されたように、百済の亡命貴族の後裔で、のちに陸奥介(次官)兼鎮守副将軍となり、陸奥国と再び関係を結ぶようになる。戸浄山も百済系の人で冶金の技術をもっていたことが注目される。四月二十三日に至り九百両の黄金が献上されたが、それよりさき、十四日には天平感宝元年というこれまた最初の複号年号に改まった。産金の山は早く神社が建っていたらしいが、黄金山神社として式内社となり、現に宮城県遠田郡涌谷町に鎮座する。戦後東北大学を中心に発掘調査され、社殿の裏より「天平」のへら書きをもつ瓦の断片や、瓦製の擬宝珠が発見された。社地のもとには清流が流れ、山土と砂金をよりわけるのに利用されたものと思われる。翌年三月に駿河国多胡浦浜からも黄金が発見されたが、これは小量で一時的のものであった。陸奥の涌谷の黄金はその後続々と貢上されたようで、天平勝宝四年（七五二）二月には、多賀城以北の諸郡の調庸の税に黄金をもってしたという。陸奥国はゴールドラッシュにわいたことが想像され、その献上された黄金を急ぎ用いて盧舎那大仏の頭部などを塗金し、天平勝宝四年四月九日、大仏開眼供養会が行われた。大仏と蓮華座に塗金された黄金は一万四百四十六両、水銀が五万八千六百二十両であったと「大仏殿碑文」は伝えている。黄金と水銀の比は約一対五・六の割になる。これで滅金として塗金が施された。正倉院には同九年正月に造東大寺司に砂金を二千十六両渡した文書が伝えられ、孝謙女帝の許可を示す「宜」の勅書がみられ、この二千余両の砂金は銅鉢に入れてあった。東大寺をはじめ石山寺、さては西大寺・西隆寺・法華寺阿弥陀浄土院などに用いられた塗金の黄金は、涌谷の山に涌き出でた砂金が用いられたとみて誤りがなかろう。

4 婆羅門菩提僊那の墓所

霊山寺《りょうせんじ》の三重塔の西方の山の中腹に婆羅門僧正の墓所と伝える宝篋印塔《ほうきょういんとう》一基がある。霊山寺が養老二年（七一八）四月に起工した行基菩薩草創にかかる隆福寺即《すなわ》ち登美寺であったことはほぼ正鵠を得ていると云ってよかろう。隆福寺が登美寺と呼ばれたのはこの地が曾《かつ》ては大和国添下郡登美村にあったからで、後年鳥見庄として荘園化するが、宝亀四年（七七三）十一月に行基の四十余ヶ院建立寺院のうち、菩提・登美・生馬の大和国に散在する寺が夫々《それぞれ》所在の郡田三町を施入して、その法灯を維持せしめられた。

さてこの登美寺が霊山寺と称せられるに至ったのは正嘉二年（一二五八）二月以前のことであり、和州旧跡幽考には当寺の西方に「行基菩薩の室の跡」があったと伝えている。

菩提僊那は天平八年（七三六）五月に唐僧道叡や林邑僧仏哲（徹）等と共に遣唐使多治比真人広成の船に乗船して大宰府に到着し、八月に摂津国に入り、平城京に至った印度僧であった。即ち史上有名な吉備朝臣真備や玄昉等と殆《ほとん》ど同時に我国に来たのであって、当時三十四才の青年僧であった。彼の行状は幸にも修栄の「南天竺婆羅門僧正碑并序」と称する碑文の写しが伝えられているので、ほぼ明らかにすることができるし、正倉院文書や続日本紀・東大寺要録等にも散見するから、彼が奈良時代、殊《こと》に仏教隆昌の聖武天皇治下にあって、仏教の聖地であるインドのバラモン種の僧として厚いもてなしを受けた事は、其後天平勝宝四年（七五二）三月の東大寺大仏開眼供養会に当り、聖武の代行として開眼導師という最も重要な職に補せられている事によっても窺えるし、更に橘奈良麻呂の乱後、光明皇太后を背景として政権の壟断をはかった藤原仲麻呂と共に、僧綱を代表して孝謙女帝に「宝字称徳孝謙皇帝」光明皇太后には「天平応真仁正皇太后」の称号を奉っている。

彼は天平八年に来朝してから当時道慈律師によって造営が進められていた大安寺に止住していたようで、平安時代末期の伝承によると大安寺の東室南端坊が僊那の住坊であったという。大安寺にあった彼は専ら華厳経を誦し、又「尤も呪術を善くし」たといい、多くの弟子が彼に教育されたらしく、後年真言宗を立てた空海の輩出した事も、大安寺には梵文学の伝統が継承されていたからであろう。

彼は天平宝字四年（七七三）二月に大安寺で没し、三月二日に「登美山右僕射林」に葬ったのである。蓋《けだ》し行基の場合と同様に火葬をし登美山に埋葬したのであろう。ただ修栄の碑文には登美山右僕射林とみえ、右僕射は右大臣の唐名であるから．登美山には当時右大臣の所領があったことが窺われる。蓋しこの右僕射は仲麻呂の兄であった藤原豊成を指すものとみてよかろう。

僊那の墓地がこの登美山に設けられたのは豊成と彼との間に特殊な関係のあった事が認められるし、又彼と行基との密接な関係を物語っているようだ。天平八年に摂津に到着した彼は、行基と旧知の如く応待したという伝承は三宝絵詞や今昔物語にもみえて甚《はなは》だ人口に膾炙《かいしゃ》しているが、既に修栄の碑文にも明記されているし、又想像をたくましくすれば両者の関係は東大寺大仏造顕によって一段と深められたものと思われる。行基建立の登美寺の近傍の山に彼が葬られたのも、弟子修栄等の生前の両師の交友を追想しての結果ではなかったのではなかろうか。

今霊山寺の墓所には徳川時代も末に近い宝篋印塔がそれと伝え、その上方には山林を切開いて在郷の墓地が営まれている。一見するところ室町時代の板碑から徳川を経て現代に及ぶものであり、この山の西南には徳川氏の廟所が設けられている。この山が果してインドの菩提僊那僧正の墓所であるかどうか、今後の調査研究に俟《ま》たねばならないが、霊山寺に八世紀、遙かパミールの高原を越えて、更に東支那海の蒼波を渡って伝法のために渡来した鼻高・緑眼の高僧の姿を想像するのも奈良という古い文化に生きた環境による為であろう。

ただ時代は勿論、平安時代以降の高僧・貴人の墓所も案外詳かでないものが多い今日、僊那の墓地として伝えられているだけでも巡礼の歩を緑樹に映る登美山にすすめたいと思う。

5　大仏仏後の山

大仏の開眼供養が無事終わって五年目、大仏殿の再興が着々と進行していた建久元年（一一九〇）五月十七日に、後白河法皇は、「東大寺の後山崩しのことで、俊乗房重源が人夫不足で歎いているから、加勢してやってもらいたい」という院宣《いんぜん》を興福寺に下された。この年の六月十八日には後鳥羽天皇はさらに石清水八幡宮に宣命《せんみょう》を奉って祈請されたが、それによると、大仏の開眼は終わったが、「仏後の山」に埋もれて相好が知り難いので、勧進上人重源はこの築山を掘り、仏身の破損個所を直ちに修理した。天平草創の昔にはこの山はなかったが、仏身の傾くのを恐れて、天長の時代に山を築いたもので、大仏の座光もなかばしかみえないといった趣旨のことがみえる。東大寺関係の古文献などにも、重源が仏後の山を、賛否両論の中にあって、取り除いたことが記されている。今日では大仏の背後にこのような築山のあった痕跡は全くないから、不審に考える方々も多いが、確かに古文書・文献には仏後《ぶつご》の山が築かれたことは史実であった。

大仏の亀裂は延暦五年（七八六）より徐々に進行したらしい。大仏の鋳造が完成してから三十七年目、大仏開眼供養から三十四年目ということになる。天平十九年（七四七）九月から三年を要して鋳造された大仏には、鋳造技術に不備なところがあったからであろうか、それとも天平宝字七年（七六三）から、宝亀二年（七七一）の九年間にわたって造られた高さ十一丈に達する大仏の光背の重量が重圧となって生じたのであろうか。延暦十七年（七九八）頃には、大仏の背部に諸所にわたって破損、右手も落ちたという。勅使が派遣されて、僧綱《そうごう》や諸大寺の主だった僧達が鳩首擬議したが、集会協議を重ねるだけで空しく三ヵ年が過ぎた。良弁の高足であった実忠が伊賀の杣山《そまやま》に自ら入り用材を切り、同二十二年に木材で破損個所を固定するのに成功したという。正倉院宝物の臈蜜《ろうみつ》二十斤が、大仏山形彩色料として同二十四年十一月に出蔵されているのは、この実忠の修理と関係があるらしく、背部の亀裂個所を用材で固定し、その上を山形に上塗りして臈蜜で固めて、表面を仏身にあうよう彩色をしたのではあるまいか。しかし、この修理は完全なものではなかっただけに、亀裂は進行して行ったようである。

天長三年（八二六）四月に至って勅使伴国道などが木工寮長上三嶋嶋継などの建議により修理方針を確めたが、その時の嶋継などの実検によると、大仏の尻部で一尺三寸余の折れ窪みがあることを筆頭にして、五丈三尺五寸あった大仏の像高が八寸減じていること（その二）、延暦五年以来の破裂個所が一段と大きく進行している（その三）。更に新しい破裂個所が四ヵ所も生じ（その四）、仏面が西方に傾斜すること六寸（その五）という五件をあげ、大仏の仏身は疑いなく傾いていることを特記した。この報告によって如何様《いかよう》に修理を加えて、大仏の傾斜することを防止すべきかが大問題となったわけである。今日でいうところの政界・技術者・仏教界が意見を具申し、議論沸騰したらしい。翌四年二月には左大弁直世王等が仏教界の重鎮勤操・護命・泰演や三嶋公嶋継など二十七人の意見により、大仏殿の柱八本を切り大仏の背後に基底広さ二丈、高さ四丈余の山を築いて固めよという前年の勅使伴国道の裁定に同調したのであるが、これに対して木工頭（木工寮長官）栄井王と次官の益田満足は、小山を築き、その上八柱も切る必要はない。基底の広さ二丈、高さ四丈余の築山では、「以レ小枝レ大」のたとえで、高さ四丈余の築山の重量を支えることは困難であるが、山を築くならば柱を切る必要はない。切るとしても四本にすべきであると主張し、皇后宮大夫藤原吉野は柱四本切截説に賛成したが、更に延暦年間に固定された尻部修理の用木を取り除いても、大仏は傾くことはないから、尻部の下を打ち破って、ここを固めることが肝要であると具申したが、これに対して東大寺僧平智などは、柱の切截は認めず、仏後の山を築いて石を畳んで固めることを主張して互いにゆずらなかったようである。三月の末には栄井王・益田満足など木工寮の一派は、仏後の八柱を切り、山を築くという天長三年四月の伴国道の裁定に反対して上奏するところがあった。

それによると、今日大仏の銅造蓮華座に陰刻されている百億小釈迦の如き数百の小仏が柱に描かれ、蓮華座の小仏とともにこれらの創建当時の遺構が失われること、大仏背後の四柱だけを切り、大仏の腰部辺りまでの高さにとどめる小山を築いて傾動を支えることで充分であるとした。木工寮を中心とする主張は、人力のみでなく、天神《てんしん》地祇《ちぎ》が助勢して完成された大仏殿を、なるべく損なわずに保存し、行道など仏事法要に支障なきことを配慮した上奏であった。柱八本（前行四本、後行四本）を切り、小山を設けると、山土で後戸を圧し、勅願などの行道が行われなくなることも必定であった。

かかる異見が陳述されたが、天長四年四月十七日に至って、大仏の修固は検使左大弁直世王派の八柱切截、仏後に築山を設けて大仏の傾動を防止する主張に軍配が上がり、中納言清原夏野は淳和天皇の勅を奉じて太政官牒《だじょうかんちょう》としてその旨僧綱に命を伝え、後日さらに僧綱所より東大寺にも伝達された。大仏仏後の山はその後に築かれたものと思われる。保延六年（一一四〇）三月に南都七大寺などを巡拝した大江親通は、一日大仏殿に詣でたが、西庇《にしびさし》内に多数の仏像を彩色した柱一本のあったことを記し、この柱は仏後の山を築くに当たって、絵像の埋没するのを恐れて抜き取ったものであろうと書き留めている。十二世紀にはわずか一柱ではあったが、大仏殿内に保存されていたらしい。

この天長三、四年頃の仏後の山を築き八柱を切截する論争は、大別して、左大弁直世王と、木工寮長上三嶋嶋継の一派と、木工頭栄井王と木工権助益田満足一派の争いといってよい。三嶋嶋継を支持した直世王は、後年に南都三会の一つ薬師寺の最勝会を創始した源氏の公卿として有名で、浄原王の子として中納言従三位に昇進したし、三嶋嶋継は大和国佐保村の人で当初東大寺に仕え、工匠の道に明るく、東大寺造寺所の技師となり、弘仁十四年(八二三)三月に五位に進み、承和元年(八三四)五月には造舶次官として遣唐船の造船に関係している。当時としては新進気鋭の大工であった。一方栄井王は一品舎人親王の四世で、従五位上で没したらしいが、益田連満足は木工寮の木工権助でこの人は三嶋嶋継と同じく技術者であったらしい。益田連で想起されるのは、何といっても、東大寺造建に名をとどめている大工益田連縄手であろう。大仏殿の造建を始め、晩年には西大寺の創建にもタッチした技師であった。木工頭栄井王と共に直世王一派に反対したのは、木工寮内での派閥争いとみられるが、満足などが、反対の一理由としてあげた彩色の小仏像を描いた大仏殿柱や、大仏殿の保存に留意した上奏文から推して、縄手とは深い関係のある人物で、恐らく子か孫に当たる人であろう。木工寮内での新旧意見の齟齬が大仏の亀裂の修固に当たって、はしなくも突発したのであるが、いってみれば旧習伝統を省みない進歩的な一派と、なるべく墨守しようとする保守派との争いといえる。

ところで治承四年（一一八〇）十二月の兵火で大仏は甚大な損傷をこうむり、大仏殿も炎上した。炎上するまでの姿を描写したのが、有名な「信貴山縁起絵巻」の尼公の巻にみえる大仏の相好である。さだかではないが、蓮華座上に仏後の山らしい描写がある。勧進上人重源は宋人陳和卿の指導のもとに寿永二年（一一八三）四月から大仏の修理にかかった。仏後の山を利用して溶解炉を据え、灼熱の銅の湯をそそぎ修理を行ったと、東大寺続要録などの文献は伝えている。天長四年の築山には前年よりいろいろと物議をよんだが、大仏修造に当たって「若し此の山なければ、その構殆ど成り難しか」とさえいわれた。しかし大仏の修理が完了すると、無用のものでもあり、天平の草創にかえそうとする復興の精神にも反し、且《か》つ大仏の相好を損なうために、重源は独断でこの小山の撤去を行うことにした。だが矢張り天長四年の築造以来三百七十年余もたった小山だけに、その撤去については、一部に批判の声もあがったために、造寺長官藤原行隆に実検するよう使者が派遣されたが、勅使の下向を待たずに小山をくずしていたのである。摂政の九条兼実も終始重源には好意的で、興福寺再建の計を進めながら、東大寺再建に協力をおしまなかったが、重源の「やり方はどうも自専の科があるが」ともらしている。後白河法皇と源頼朝という強力な背景はあったというものの、齢すでに七十歳の高齢でもあり、大仏殿再建を一日も早く完成しようとしていたから、小山を穿ち始めた建久元年六月二十日に法皇の臨幸を乞い、二人で「もっこ」をかつぎ、小山の土を捨て、供奉の諸臣などに範を示し、六月には仏後の山は姿を消してしまったという。一方大仏殿の造建は着々と斧鉞《ふえつ》の工を進め、十月十九日には上棟式を迎えるまでに至った。前述の後鳥羽天皇の宣命は、仏後の山の撤去で仏神の祟りがないよう、その加護を石清水の八幡大神に祈請されたものであることも窺われる。

6　維摩会と五獅子如意

奈良や京都の寺々では、仏会に講師や導師が用いる如意《にょい》という仏具がある。如意は字の通り「意の如し」で背中のかゆいところなど心のままにかくという意味から生じたといわれる。孫の手は先が指状に作られているが、仏具の如意は、先端が蕨状《わらび》にひろがっているのが通例である。正倉院の南倉（旧、綱封蔵）には「東大寺」の刻銘を柄にもつ斑犀竹形如意・斑犀鈿荘如意や犀角黄金鈿荘など、工芸の美を尽くした天平の遺品が伝わっている。斑犀の柄は竹根形で、如意の箱には「福安立奉如意」の墨書がある。「福寿と安寧をもたらすことは意のままである」といった意味であろうか。この落書きも如意を伝えているようである。形状はちがうが、道教でも如意を用いたようで、一寸法師の「打ち出の小槌」のごとく、思いのままに物が出現するという説話が漢書京房伝にみえる。如意珠や如意輪などの語となり、さては自分の欲望をかなえてもらう如意輪観音や如意輪法といった密教の秘法も創作された。仏会に講師や導師が如意を持つようになったのは、法会を修する願意が成就することを願って使用され、やがては権威を象徴する仏具となったらしい。

東大寺には平安時代の古い如意が二柄伝わっている。一つは戒壇院伝来の玳瑁如意《たいまいのにょい》で鑑真和上所持と伝えるもの、一つはこの五獅子の如意と称する東南院伝来のものである。

この五獅子如意は長さ七一センチ、頭部の蕨状の幅は二七センチもあるという並はずれた大形のもので、蕨状の周辺には銀製の覆輪をつけ、銀板の五疋の疾駆する獅子の截文を鋲留《びょうど》めにし、鋲の留め金は銀製の千鳥、玳瑁の柄の上半部の表裏には、同じく銀製透かし彫りの三鈷杵《さんこしょ》文を鋲金でつけ、鍍金の宝相華唐草文《ほうそうげからくさもん》を毛彫りにした鐺《こじり》をほどこすなど、その大きさといい、装飾といい他に類をみぬものである。五疋の獅子を配するところから、五獅子如意の名で知られているが、獅子は三論・法相・華厳などの顕教を、三鈷杵文は真言密教を象徴するという言い伝えや古記があり、顕密兼学の意味を示したものと解されている。

この如意は元来、東大寺の東南院を創建した理源大師聖宝（八三二〜九〇九）が所持したもので、右大臣宗忠の中右記には、宇多上皇が聖宝に下賜したものと伝えている。聖宝は若くして東大寺に入寺し、当寺南京諸大寺の学僧から、法相・三論・華厳などの外に、空海の族弟である真雅から、真言密教をおそわった。光仁天皇の後裔でもあり、若かりし時に曾《かつ》て役小角が開いた吉野金峰山や大峯山を開拓し、京都・醍醐寺（上醍醐）の開山として著名な人で、いわゆる智行具足《ちぎょうぐそく》の僧であった。当時官僧として仏教界に雄飛するのには、興福寺の維摩会《ゆいまえ》・宮中の御斎会《ごさいえ》と薬師寺の最勝会《さいしょうえ》のいわゆる三会の講師を勤めることによって、はじめて約束された。ことに維摩会は藤原鎌足が斉明天皇四年（六五八）に創始し、一時中絶したこともあったが、天平宝字元年（七五七）に光明皇太后や藤原仲麻呂によって復興され、六宗（三論・法相・華厳・倶舎・成実・律宗）の学僧を招いて講論がたたかわされた。延暦二十一年（八〇二）十月には今後この維摩会は必ず興福寺で開催することに決定し、十月十日から十六日に至る七日間をその期日とし、勅使が派遣されるのが恒例であった。官僧の登竜門としての維摩会に召され、その試験に合格した僧は、やがて三会の講師を勤めることによって律師に任ぜられ、僧都・僧正と昇進し、仏教界を統率する重職を担うことになる。この三会の制度は天長七年（八三〇）に薬師寺に最勝会が設けられて以後、制度化するが、京都仏教界においても、三会の制度がのちに創始される。いずれにせよ三会は仏教学の振興に大きな影響を与えた年中行事であった。

聖宝は寛平六年（八九四）に維摩会講師をつとめたが、その時に三論教学の顕正義をはじめてとり入れ、当会の主旨を高めたという。五獅子如意がこの時に用いられたのかどうかは詳かでないが、弟子の延敒（八六二〜九二九）が延喜十一年（九一一）の維摩会の講師を勤めた時にはじめて使用し、以後講師は必ずこの五獅子如意を用いることとなった。延敒は聖宝の後継として東南院主となり、また東大寺別当にも任命された三論真言兼学の学僧である。この如意は以後、後世まで東南院累代の宝物として伝えられたのである。

十世紀後半期になると藤原氏の勢力は他氏を圧し、いわゆる摂関政治が展開され、藤原一族の氏寺である興福寺の寺勢は、東大寺にとって替わるように盛んになる。摂関家など藤原氏の有力な家門の子弟が興福寺に入寺し、藤原氏の権勢を背景に「山階《やましな》（興福寺）道理《どうり》」が通用することになり、大和国は興福寺の寺領荘園で充満し、平安時代末までには、東大寺を除いて大安・西大・法隆・元興・薬師・唐招提寺など曾て七大寺の一つにかぞえられた官大寺はみな興福寺の支配機構の中にくみこまれて行った。例えば興福寺僧によるこれ等の諸大寺の別当職把握であり、彼等の多くは経済的収入を収得し、昇進の手段として利用したが、その寺の寺勢の振興には無関心の僧が多かった。非理を道理とする山階道理の実現に対しては、反対する氏人は時に放氏と称して藤原氏一族より追放されたし、大衆三千とか五千と称せられた僧兵の武力を背景に春日神木の動座を行って、朝議はために麻痺した。

興福寺の東大寺への圧力はすでに天暦八年（九五四）にみられ、安和元年（九六八）六月には田村荘について武力衝突が起こり、正暦元年（九九〇）には末寺長谷寺が興福寺に奪われ、永承五年（一〇五〇）九月の東大寺八幡宮手掻会《てがいえ》にも興福寺僧の妨害により闘争が行われ、以後大和国内に散在した東大寺の荘園や末寺は、漸次興福寺の支配下に置かれるようになり、東大寺の劣勢はもはや決定的となった。康和四年（一一〇二）九月の手掻会にも、興福寺僧との間に闘争が起こり、合戦は夜中にも及び、東大寺西里四町、興福寺は東里二町程がそれぞれ焼失した。西里は中御門から転害門西方の辺り、東里は中世の野田郷辺りを指すものと思われる。東大寺では九月二十八日に八幡宮の神輿をかついで寺僧・神人などが供奉入洛し、東寺八幡宮に動座し、強訴に及ばんとした。神輿入洛の先例である。祭礼妨害に対する欝憤《うっぷん》は、その後も欝積《うっせき》していたようで、十月の維摩会には参加せずとか、五獅子如意は貸与されないという風評が立ち、政府では直ちに宣旨を東大寺に下して、維摩会遂行に支障なきよう下達するところがあった。しかし東南院主覚樹は第二日目に至って五獅子如意の貸し出しに漸く同意し、どうやら無事にこの大会は終わりをつげたのである。以後興福寺の東大寺への暴挙に対しては、この如意を貸与せぬということになり、興福寺では時に清水寺の如意を用いて代行せねばならなかった。大治四年（一一二九）十一月には、大仏師長円が清水寺別当に補任されたことに関連して、摂関家出身の恵暁が主謀者となり、長円に乱暴をはたらき、鳥羽上皇の院宣で興福寺別当玄覚など解任されたうえ、検非違使《けびいし》源光信が下手人恵暁などを僧坊で逮捕した。今日の大学・高校など、警察権の侵入が禁じられているごとく、寺社には検非違使の探索は一応認められていなかったが、上皇の激怒をかって探索検挙の手が及んだわけである。この時、十月の維摩会の講師を勤めた恵暁の手許に五獅子如意が未だ返却されずに僧坊にあったのが、行方不明となった。検非違使など官兵は興福寺西御門より寺中に打ち入り、乱暴のかぎりを尽くし主謀者を捕らえて帰洛したという。藤原宗忠の中右記には、興福寺大衆と官兵との間に闘争が開始され、興福寺の一部が焼亡したし、恵暁は深山に逃亡したと伝える。心ある寺僧からは五獅子如意の所在不明を京都に連絡して来たため、大騒ぎとなったらしい。日記では鎮護国家公物とか累代宝物といった言葉でこの如意をよんでいる。維摩会をはじめ御斎会などの三会講師必携の法具であったし、寛平法皇の下賜の品であったからであろう。しかし幸いにも西御門の辺りで、箱に入れられた如意が検非違使により拾得され、検非違使庁の小屋に保管されていることがわかり、識者は安堵の胸をなでおろした。時に権大納言宗忠は頭中将宗輔に指示して、如意安全の報を上奏するとともに、東大寺へも早く返送されるよう処置した。しかし放棄されたために箱より取り出された五獅子如意は、獅子截文などに欠損が認められたようで、絵仏師頼如という人の手により、獅子截文は元のように打ち付けて、原型にもどし、東大寺に返送された。いまこの如意をみると確かに修理の痕がある。この事件ののちにもかかる如意放棄といった不祥事があったようで、蕨状の頭部には数多くの鋲痕が点在しているが、原型をとどめる装飾金具は遺っていない。

7 東大寺と醍醐寺

京都醍醐にある真言宗醍醐派の総本山醍醐寺は、昭和五十一年五月に開創千百年を迎え、五ヵ日に亙《わた》って盛大な慶讃法要が行われ、東大寺では醍醐寺開山聖宝僧正以来の特別な関係があるため、第四日目の五月二十日に清水管長（当時）以下一山の大衆が当寺金堂に於いて論議法要を行い、聖宝僧正の冥福と法灯の久遠ならんことを祈願した。醍醐寺は今日真言宗醍醐派の総本山で、上醍醐・下醍醐に互って広大な寺地を占める巨刹である。しかし東寺や金剛峯寺とちがって当寺は聖宝僧正以来、三論宗と真言宗を兼学して今日に至った点、東密諸派と趣を異にする。このことは開山の聖宝や真言宗祖師弘法大師空海が、東大寺とは密接な関係があったからで、その関係が幕末まで継承されたからである。

曾て空海は入唐求法を終えて帰国して東大寺内に真言院を創設し、二十一人の定額僧が置かれた。定額僧といえば官費による給費生である。またこの平安時代の初めには空海の一族の方々が奈良の諸大寺にも入寺していたし、実慧・智泉・仲継など諸大寺で真言宗の興隆を計っていた。創建まもない東寺に欠員があれば東大寺真言専攻の学侶が東寺に移ったことも再三あった。空海の真言宗は以後平安時代仏教界の主流をなすようになるが、仏教各派に対する認識や評価において、まず真言宗を最高のものとし、次いで華厳・三論宗と三論を高く評価していたことが、性霊集《しょうりょうしゅう》で明らかにされる。三論宗が高く評価されたのは、法相宗が現象世界の解明を唯識によって解決しようとしたのに対して、現象の奥にかくされたものこそ真実であり実在とする三論の論理が、真言密教と一脈あい通ずるところがあったからであろう。

ところで空海の孫弟子に当る聖宝は、光仁天皇の孫に当たり、若くして東大寺に入り、三論宗を当代の碩学願暁に、真言を真雅・真然について学んだ。青壮年期には葛城山をはじめ名山を登破したが、殊に役行者が開いたという金峯山の道を開き、金剛蔵王の巨像を造って安置し、大峯山中興の祖として仰がれている。空海が若きころに四国・吉野の名山霊寺を抖擻《とそう》し、求聞持法を修して自然智《じねんち》を得たという例にならったのであろうが、時には河川に橋を造り、舟を置き庶民のための社会事業を行っている。

貞観十七年（八七五）に大仏殿の東南に薬師堂を中心とする一院を建て、或《あるい》は上醍醐に山寺を営んで止住していた。延喜四年（九〇四）に至って時の東大寺別当であった道義律師は、かつて奈良時代に東大寺造営に功績のあった佐伯今毛人の氏寺であった佐伯院（香積寺）の衰退を悲しんで、一夜の内に大安寺の東方にあった佐伯院を解体して、聖宝の建てた薬師堂に移建し、東南院と称して聖宝に附属することにした。道義は佐伯氏の一族であったが、一族からもこの暴挙にきびしい批判をうけたが、今毛人と東大寺との関係と、聖宝に附属することによって佐伯氏の伝灯を後世に伝えんとしたのであろう。東南院はここに院家として整備され、清和天皇より聖宝に下賜された五獅子如意が寺宝として安置され、三論・真言二宗を兼学する一院として、以後東大寺筆頭の院家として発展する。聖宝には二人の高弟があった。即ち観賢と延敒である。観賢は般若寺観賢といわれ、嵯峨・般若寺に一時留住したが、東寺長者を経て聖宝の後を継ぎ延喜十九年（九一九）に醍醐寺第一代の座主となった。延敒は東大寺にとどまり延長二年（九二四）に別当に補任されたが、弟子からは著名な英才が輩出した。中でも康保二年（九六五）に東大寺別当になった当代きっての学僧法蔵、安和二年の観理、天禄二年（九七一）の法縁があり、観理の弟子からは天元五年（九八二）の歳の暮に入宋求法し、蜀版一切経や栴檀の釈迦像を請来した奝然《ちょうねん》が出で、共に別当に任ぜられている。

鎌倉時代になると保元・平治の乱で有名であると共に「希代の碩学」といわれた少納言藤原通憲（信西入道）の息勝賢があげられる。勝賢は醍醐三宝院院主でもあり、東南院院主も兼ね、建久三年（一一九二）に東大寺別当に補せられ、俊乗房重源をたすけて、東大寺の復興に尽力した。殊に建久六年三月の大仏殿落慶供養に当って、将軍頼朝が親しく東大寺に参詣するという事で、頼朝の招きでわざわざ鎌倉まで下向した事もあり、さらに文治元年（一一八五）八月の大仏開眼供養にさきだち、後白河法皇の懇請で仏舎利を大仏胎内に納入のため、醍醐に於いて親しく祈念したことがあった。

醍醐寺と東大寺の関係を更に前進させたのは治承四年の平重衡の兵火による伽藍炎上と再興が、もと醍醐寺円光院の僧であった俊乗房重源上人によって行われたことである。醍醐寺雑事記には「当寺の俊乗房がいなかったら東大寺再興はできなかった」と明記されているが、重源はまた醍醐寺への法恩謝徳のためでもあったのか、上醍醐に宋版一切経五千余帖・鉄湯船を寄進し、さらに大仏様式による一切経蔵を建て施入している。建久五年に大仏殿南中門の二王像が造り始められた。曾て聖宝僧正も造像したゆかりの二像であるが、この二像の御衣木加持《みそぎかじ》は、醍醐寺理性院宗厳律師によって行われるなど、彼我の交渉は極めて密接なものがあった。

醍醐寺は鎌倉時代末に著名な満済准后が出でて法灯を輝かしたのに対して、東大寺東南院は室町時代に至って漸次衰退の色を深め、ついに廃絶の状態となり、元禄十一年（一六九八）に公慶上人により東南院再興を江戸幕府に陳状して、翌年二月許容されたが、旧観に復するまでには至らずして幕末に及んだ。しかし東南院祖師堂にまつる聖宝僧正坐像は、親しく上醍醐にある開山堂の尊影を模刻したものである。

連綿と続いた両寺の関係が回顧されたのは昭和二十七年十一月に行われた大仏開眼千二百年記念法要の時であった。時の醍醐寺座主岡田戒玉大僧正は、当寺の法会招請を快然とうけ入れられ、一山大衆を率いて大仏殿前に五輪の大柱を建てて、盛大な柴灯護摩を修せられたことは記憶に新しいところである（平成十四年十月に行われた大仏開眼千二百五十年慶讃大法要の時にも最勝慧印法要、柴灯大護摩供《さいとうだいごまく》が修せられた）。

8　平氏一門と東大寺

其先祖を尋ぬれば、桓武天皇第五の皇子、一品式部卿葛原親王九代の後胤、讃岐守正盛が孫、刑部卿忠盛朝臣の嫡男なり

とは、平家物語の巻頭の祇園精舎にみえる平清盛についての系譜で、旧制中学生は、この一章を暗誦させられた想い出をもつ方々が多いと思う。東国に土着して勢力をはり、平将門の乱・平忠常の乱を経て、子孫は千葉・畠山・三浦・大庭・梶原・北条氏などの諸氏となり、中世には鎌倉幕府の中核を形成したが、一方平将門の乱で戦功のあった平貞盛の子維衡は、伊勢に根拠をおいて、正盛・忠盛を経てやがて位人臣を極めたといわれた清盛が出で、平氏政権が樹立され、桓武平氏の主流となった。清盛は仁安二年（一一六七）二月には、後白河上皇の親任を得て内大臣より太政大臣となり、承安二年（一一七二）には娘徳子（建礼門院）を高倉天皇の中宮（皇后）に入内させ、一門の公卿十六人、殿上人三十余人という平氏の全盛時代を現出した。殊に日本六十

余国のうち、三十余国は平氏一門の知行国となったという。建礼門院の生んだ安徳天皇の即位とともに治承四年（一一八〇）には後白河院政を否定し、清盛は外祖父として権勢をふるうに至った。「平氏一門に非ざれば人に非ず」といわれた平氏一門の急速な公卿化というか貴族化は、地方武士の離反を招くとともに、後白河法皇を中心とする旧勢力との摩擦をうむようになった。治承元年五月の有名な鹿ケ谷事件、同四年五月の源三位頼政と以仁王の挙兵があった。殊に後白河法皇の第二皇子以仁王（一一五一～八〇）の挙兵は源頼朝の伊豆での挙兵となり、三井寺や東大・興福二寺の焼亡と連鎖反応する。平家物語の「奈良炎上」には東大・興福両寺の治承四年十二月の平重衡（清盛の四子）による焼き打ちの理由は、以仁王の三井寺僧兵を背景に挙兵されたのに加担したうえ、さらに以仁王を南都に迎えんとした敵対行為が、朝敵とみなされる一つの理由ともなったことが指摘されている。平氏政権が健在であった当時としてみれば、高倉宮以仁王の挙兵はクーデターであり、東大・興福二寺の同心加担も、三井寺と同じく朝敵とみなされたのは当然であった。しかし興福寺は別として、東大寺の場合は単に院政に加担するとか、以仁王の挙兵に同心するとかという一時的な衝撃によって加担したものではなく、その要因、いいかえれば平氏に対する深い憎悪が存在した。憎悪というよりも怨念があったことは無視できない。その怨念とは一体何であろうか。

話は清盛の祖父、平正盛のときにさかのぼる。大治四年（一一二九）七月に七十七歳で崩ぜられた白河法皇は、久しく続いた摂関政治を廃して、院政の創設者として有名であるが、「天下の政をとり給ふこと五十七年、意に任せて法にとらわれず」に政治を行われ、ためにその威勢は「四海に満ちて天下帰服す」と評せられた専政君主であった。治政の面では理非・賞罰は明快に行われたが、人物に対しての愛憎もまたはっきりと示されたようである。国家のために正道を説く能吏よりも、白河院に媚をうる人物を登用することになる。院政は受領（地方長官・国守）の成功《じょうごう》によって支えられたといわれるのは、それである。受領に任命された者は、金銭・土地・珍物を寄進して院の所願を援け、その代償に官位を取得した。成功はまさに売官といってよい。ただ皇后賢子との間に生まれた媞子《やすこ》すなわち六条女院（郁芳門院）にだけは、非理と思われる事でも、願い事は聴許されたという。女院は堀河天皇の妹で、容姿典雅で進退殊にうるわしく、上皇最愛の姫であり、斎王をつとめられたのち、寛治七年（一〇九三）正月に郁芳門院の院号を賜り、六条殿に止住されたため六条院とも称せられた。

この「太上皇第一最愛之女」といわれて溺愛された女院が、永長元年（一〇九六）八月に二十一歳の若さで死去された。白河上皇は女院の死去に大きな衝撃をうけられたようで、これが原因で出家されることになったが、女院の菩提追善のために六条殿を寺に改造したり、醍醐に無量光院を創建して仏事を修せられた。六条院には諸国の荘園を自ら寄進されたが、また諸臣からのいろんな品々もよせられたらしい。六条院の院司藤原国明が近江国田井郷を六条院に寄進したのもそれであるが、伊勢国に地盤を築き政界に進出せんとしていた平正盛は、伊賀国（三重県）の玉滝杣の鞆田荘を私領と称して田地二十町を寄進した。東大寺古文書の全ては承徳二年（一〇九八）としているから、正盛の寄進は蓋し六条院の三回忌に行われたとみてよい。

正盛は白河法皇の最愛の六条女院の追善を名目に鞆田荘二十町を寄進することによって、法皇に接近し若狭守に任官、尊勝寺曼陀羅堂も造営して重任し、嘉承二年（一一〇七）の源義親の追討で武名をあげて但馬守、やがて検非違使となり、永久二年（一一一四）には白河院の命で白河に阿弥陀堂を造営するなど、法皇の寵臣の一人となり、次第に昇進して従四位上にのぼり、平氏中興の基をつくった。

ところが正盛が私領として寄進した鞆田荘二十町の十四町は元来東大寺のものであ

り、正盛の押領はさらに天仁二年（一一〇九）にも十三町、都介村で四十余町にも達した。正盛の押領は伊勢神宮の神戸についても康和四年（一一〇二）十一月に争論があり、これまた六条院に寄進するためのものであった。「法にとらわれず」「威四海に満」つ白河法皇を背景に横暴が行われたらしく、東大寺は鞆田荘のほか、大和国十市郡・城上郡の東吉助庄が康和頃にやはり正盛によって押領せられていた。鞆田荘は曾《かつ》て天平二十年に勅施入された伊賀国玉滝杣が開拓されて荘園となったもので、東大寺ではしばしば訴訟にもちこんだが、なにせ相手は白河法皇で、荘園は以後鳥羽院・後白河院と伝領された六条院「五カ荘」のうちの一つであっただけに、鞆田荘の返還は遅々として進まなかった。正盛の跡を継いだのは長男平忠盛であった。平家物語で「伊勢平氏はすがめなり」と批判された武将であり、正盛以上に白河・鳥羽上皇に接近した受領でもあった。白河法皇菩提のため鳥羽院供養の丈六阿弥陀三尊像や法華経は忠盛が造像し、鳥羽院発願の得長寿院の三十三間堂の千体の観音像はこれまた忠盛が寄進したものであった。正四位下に任官した大治五年（一一三〇）正月には、この昇進に対して「一に道理なし、縁なき貧者は憑むところなし」と酷評した人もいたし（長秋記）、千体観音像の供養には、内の昇殿が勅許された。公卿の間に殿上闇討ちが計画されたのはこのときのことであった。忠盛はかかる手段を通して昇進をつづけ、院の近臣となり権勢を高めていったのである。忠盛の栄進の途上にあった保安四年(一一二三)に東大寺は鞆田荘返還をせまって、裁決を訴訟にもちこみ、同年九月十二日には平氏の押妨《おうぼう》が認められ、寺領であることの裁決が行われたが、忠盛は秘かに手を廻して、荘民に年貢と課役の勤仕を命じ、譜代の郎党であり、六条院の鞆田荘を管理していた平家貞と謀って、うやむやにしてしまった。久安五年(一一四九)十月には、鳥羽天皇の皇后美福門院の年預として重きをなし、仁平三年(一一五三)正月に没したが、「数国の吏を経て、富巨万を累ね、奴僕国に満つ」といわれた。没する四年前の久安六年に忠盛は長男清盛の弟家盛が生前所持していた剣一腰・紫檀地螺鈿箙などを東大寺に寄付して、亡霊を弔うところがあったのは、鞆田荘を介しての関係を考えての事であったと思われる。

保元・平治の乱を経て清盛の代に至って、平氏は全盛期をむかえることになるが、承徳二年に正盛によって鞆田荘の大半を横領され、しかもこの鞆田荘が六条院に正盛によって寄進され、平氏全盛の機縁を作ったことに対する反感は、長く寺僧の間に怨念として伝えられた。以仁王の挙兵に東大寺が加担せんとしながら果たすことができずに、やがて治承四年十二月には清盛の四男重衡の軍兵によって興福寺とともに炎上、翌年には寺領なども取り上げられるが、清盛の没後に至って東大寺再興が計られ、源平両氏の攻防も、日を追って源頼朝に有利に進展していった。俊乗房重源による大仏の修理は後白河法皇の強力な助援で着々と進行し、東大寺も鞆田荘の寺領返還をまっさきに申し出たらしい。寿永二年（一一八三）閏十月に後白河院庁は鞆田・拓殖など曾て平氏に横領された六十余町を寺領として認め、翌年七月には鎌倉にあった頼朝は、東大寺の申し状に対して「伊賀国鞆田庄の事」の一条を設けて、六条院庁の手より東大寺に返されることに異議のないことを承認した。頼朝は東大寺に返書を送るとともに、伊賀国の家人大内惟義にも、この旨をただちに伝えたようで、現に惟義の伊賀国在庁官人等に宛た下文（案）が伝えられている。実に八十七年間にわたっての寺側の願いが達成されたのであった。

9　俊乗房重源と源頼朝

治承二年（一一七八）十一月、高倉天皇の皇后建礼門院（一一五五～一二一三）は

平氏一門の期待に応えたかの如く、皇子を産まれた。言仁親王すなわち後の安徳天皇である。清盛をはじめ平氏の建礼門院に対する期待がよせられたことは、当時の公卿の日記、山槐記や玉葉などで窺うことができる。殊に女院の父清盛は皇子誕生を願って氏神伊都岐島神社（厳島）をはじめ、諸社諸大寺に祈願を行い、百座仁王講をはじめ、一門きそって仏教界の高僧を請じて諸種の秘法を行い、皇子誕生を祈願した。清盛の弟経盛の如きも「秘蔵殊勝の法」として冥道供などを僧行安に依頼し、「皇子忽ち誕れ、遂に堯門の名を顕さん」ことを女院に期待し、当時入宋貿易で入手したと思われる蝋燭を供えて祈願したし、父君高倉天皇も兄君の仁和寺守覚法親王に皇子誕生の祈願を依頼された。現に仁和寺にはこの時の天皇の礼状が伝わっている。治承四年四月にわずか二十歳で高倉天皇は譲位され、言仁親王は即位された。安徳天皇である。

清盛にとっては御孫、平氏は外戚となり、一門の繁栄と平氏政権の永続化は期してまつべきものがあったといってよい。しかし五月になると、以仁王・源三位頼政の挙兵を機縁として、平氏政権に対する憎悪の念は高まり、社会情勢は急変していった。周知の源頼朝の挙兵、清盛による福原遷都の強行は、人心の離反に拍車をかけ、三井寺の炎上をへて南都焼亡という連鎖反応を引き起こしていった。

追討使平重衡によって焼亡した東大寺は、さすが王法仏法の破滅として看取されたほど、惨憺たる有り様で、翌五年正月には寺領荘園は没収という追い打ちをかけられたために、東大寺再興はあやぶまれた。しかし閏二月に入道大相国といわれた清盛は熱病で六十四歳の生涯をとじ、三月一日には寺領荘園は返還された。

当時「灰塵積りて山の如し」といわれた大仏殿跡や、「御身全しと雖も御首焼け損じ」たとか「首落ちて後に在り、定恵の手折れて前に横たはり」といった現状をみた実検使や鋳物師などは、ただ唖然と傍観するのみで、手のほどこし様もなかったらしい。ここに

■国宝・重源上人坐像（鎌倉時代）

登場したのが、もと上醍醐の僧で高野山新別所にもいた俊乗房重源であった。安元二年（一一七六）二月までに入宋三度の経験を積み、後年「支度第一俊乗房」といわれた人物である。計画性にとみ学僧というより技術者といってよい僧で、青壮年期には諸国を遊行し、名山に入峯練行を積み重ねた遊行廻国の聖であった。当時流行していた阿弥陀信仰に凝り、入宋中には中国明州の阿育王山の舎利殿を、周防国より用材を運漕して再興したという。後年自身を「南無阿弥陀仏」と自称し、仏師快慶などにも「安阿弥」の号をさずけたり、東大寺再興と並行して建立した東大寺・高野山・周防・播磨・渡辺（大阪）・備中などの七別所には丈六の巨大な阿弥陀三尊立像を安置した阿弥陀堂を建立した。現にその姿を今に伝えているのが、兵庫県小野市の浄土寺である。

東大寺再興に当たって造東大寺行事官が任命されたのは、興福寺のそれより遅れ、養和元年（一一八一）六月のことであった。重源をよく知っている人の推薦になるのか、自薦によるのか明らかでないが、後白河院のお目にとまり、造東大寺大勧進職に任命され、上皇にかわって直接都鄙を勧進し大仏の修理、大仏殿の再興などの復興にかかった。当寺は聖武天皇の発願で造立された官大寺の筆頭ではあったが、大仏鋳造の始めから庶民に協力を呼びかけて完成した、いわば知識寺の性格をもっていた。半官半民の寺であったわけで、貞観三年（八六一）の大仏の御首供養にもこの精神がうけつがれた。勧進により造寺造仏をするという経験をもった重源には、東大寺の再興はやりがいのある大事業でもあり、入宋中に修得した経験を活かす絶好の機会でもあった。

重源は宣旨を賜わり、勧進帳を作り、一輪車六輛を造って弟子達を率いて六道諸国を勧進したという。といっても源平二氏の対決による世上不安のさ中、畿内を中心に行ったものであろう。陳和卿などの起用により寿永三年（一一八四）六月には大仏の腕・頭部の新鋳や修理は見事に完了した。しかしこの間、源義仲の平氏追討軍は倶利伽羅峠で平氏の軍勢を撃破し、京都に進駐し、平氏一門は福原へ敗走したが、京都は義仲の軍兵で荒らされ、院の御所法住寺殿は焼亡するといったこともあり、かえって世上の顰蹙《ひんしゅく》をまねき、源義経らのために追討されて、粟津で敗死、平氏も一ノ谷の奇襲に破れ、南都炎上の張本人といわれた平重衡は捕えられ、屋島・壇ノ浦の戦いと推移していった。大仏の修理はこのような兵馬倥偬《へいばこうそう》の中に進捗していったのである。後白河院の急激な政治動向の推移に対処する方針も義仲に平氏追討の院宣を下したかと思うと、東国の頼朝に関東の沙汰権を認め、従五位下をさずけ、やがて義仲の追討を命じるなど、まさに朝令暮改の謗りをまぬがれぬものがあった。三年程以前の頼朝は「関東の山賊」であり「坂東の逆賊」・「流人頼朝」であったが、義仲が敗死すると頼朝の地位は不動のものとなり、平氏追討使となり、頼朝の意向を朝廷側も無視するわけにはいかなくなった。東大寺再興について寺側の懇請に対して、のちの幕府政所別当となった大江広元を介して、北陸道狼藉《ろうぜき》・鞆田荘返還・大仏塗金の寄進の三ヵ条につき、詳しい返書を送ってきたのは寿永三年七月のことで、大仏開眼供養会の切迫した文治元年（元暦二、一一八五）三月七日には米一万石・沙金千両・上絹千疋を寄進し、開眼供養会に資するところがあった。この莫大な寄進は頼朝の信仰心と人心収攬という政治的配慮より出たものであろう。三月七日といえば、壇ノ浦の決戦の十七日前のことで、範頼の追討軍が周防・長門二国で、飢饉と兵粮の欠乏で士気とみに低下して苦戦に落ちこんでいた時である。事実三月十二日には三十二艘の軍船に兵粮を積み伊豆より出港した。権謀術数をうたわれた後白河院の東大寺再興によせる情熱のほどは、当時京都に在った頼朝の妹婿藤原能保よりも通達せられていたから、大仏修理を機縁に院への接近を考えての寄進とも考えられる。三月二十四日には平氏一門は義経のために壇ノ浦で滅び、安徳天皇は三種神器と共に入水された。八月には文治改元を象徴する大仏開眼供養会が行われ、後白河法皇は天平の開眼筆を正倉院より出し、親しく開眼の作法を行われた。平和への門戸が開かれたのである。

大仏の修理は陳和卿などの助力で、五ヵ年を費やして終わったが、大仏殿再建という大事業が残されていた。再興の造国に当てられていた周防国へ、重源は文治二年(一一八六)四月に赴き、用材の採取などに当たったが、源平二氏の戦場となったのと、時代の変革期のことでもあったから、採取運送には地頭などの妨害が頻発したらしい。重源はしばしば院や頼朝に用材の運送に関して、その苦衷を訴えている。頼朝の書状には家人佐々木高綱の用材運送の功をたたえたもの、東国の方は自らが勧進の使として尽力すれば十ヵ年内に大仏殿は完成するといったものや、自身が用材採取に赴いてもよいといったものがある。重源を積極的に激励した姿勢が窺われる。大仏殿再建には重源の創案した「天竺様《てんじくよう》」とか「大仏様《だいぶつよう》」とよばれる新しい建築様式が用いられ、建久元年(一一九〇)十月、後白河法皇の行幸をまって上棟式が行われたが、同三年三月法皇は崩御になった。その再建は以後頼朝の強力な援助により進展していった。巨大な大仏脇侍・四天王像は宇都宮朝綱・中原親能・畠山重忠など有力な御家人六人に寄進を命じ、建久六年三月十二日の大仏殿落慶供養会には御台所政子などを伴い、数万の関東武者を随えて東大寺に臨んだ。時に重源は七十五歳、頼朝は四十九歳で、大仏殿は頼朝の予言の通り十ヵ年の歳月をもって完成した。重源の十五年にわたる畢世の努力に対して、朝廷では東大寺別当に推挙するという案も有力であったが、重源の代行者選任で行きづまった。別当になれば造寺造仏をやる大勧進は兼職できなかったからで、ハタと困った朝廷では唐僧鑑真の大和上の尊号にならって、大和尚の号を下賜し、その功に報いたのである。

ところが落慶供養の翌十三日より重源の行方がわからなくなり、大騒ぎとなった。五年前に起こった室生寺の舎利盗掘事件についで二度目の逐電事件であった。京都・六波羅に滞在中の頼朝にも一早くその報が伝えられた。八方手をつくして探索したところ、五月になって高野山に逃れ隠棲していることがわかった。自身が創建した新別所にいたものと思われる。重源不在の再興は有り得なかったこととて、寺使や頼朝の使者が帰山をうながしに何度も高野山に到ったが、重源は承諾しなかったが、頼朝は信任厚い中原親能を派遣してようやく五月二十九日つれもどすことに成功した。重源の逐電は今後の計画を練り想を立てるためのものであったのか、勧進職放棄を意味するものであったのか明らかでない。重源一人の探索に数万の大軍を三ヵ月も京都に駐留させ、六月二十五日軍兵を率いて頼朝は鎌倉に向かって帰って行った。数万の大軍を三ヵ月の間足留めさせたのは重源上人のほかに史上例をみない。

後白河上皇亡きあとの唯一の外護者であった源頼朝は正治元年（一一九九）一月に五十三歳で急死したが、重源の再興事業は着々と進行していった。運慶・快慶・康慶などの奈良仏師の天分をひき出し、雄渾豪壮な巨像が造られ、諸堂・諸門が再興された。建仁三年（一二〇三）十一月に後鳥羽上皇の臨幸をまって総供養が行われ、建永元年（一二〇六）六月、重源は八十六歳で子弟に見まもられつつ浄土堂で入寂した。

10　知足院地蔵菩薩

知足院《ちそくいん》の地蔵菩薩は、木造着色截金彩色で像高三尺二寸五分を測る。昭和二十四年（一九四九）二月十八日重要文化財に指定された。

南都には地蔵の霊仏あまたおはします。知足院・福智院・十輪院・市の地蔵など、とりどりに霊験あらたなる。

とは、中世の仏教説話沙石集にみられる一文である。知足院の地蔵はすでに中世に極めて著名な仏像であったことが知られ、庶民の信仰のあった霊仏であったらしい。

知足院の地は曾て奈良時代に東大寺の写経所のあった静寂な地であり、寛平二年（八九〇）に洛西、高雄の昇厳が当院を創建したのにはじまると伝えている。寛平といえばあの有名な菅原道真の活躍期に当たる。創建期以降の当院の盛衰については明らかではないが今日の当院は建久六年（一一九五）のころに興福寺の法相宗の碩学で笠置寺中興上人といわれた解脱上人（貞慶）が、春日社に参籠して感得した檀像の地蔵菩薩立像を、孫弟子の良遍が知足院に安置したのにはじまる。春日四社明神のうち一神は地蔵菩薩が本地仏であるという垂迹《すいじゃく》思想より発生したものであるが、四社明神の一を地蔵とする早期の造例といえる。良遍は藤原氏の出身で法印権大僧都にもなった法相の学僧であったが、解脱上人の風をしたい、早く白毫寺、生駒の竹林寺に隠遁し、世に「生駒良遍」ともいわれ、律宗にも傾倒した人で、建長四年（一二五二）に六十九歳で没した。東大寺尊勝院の宗性は良遍の遺著や手択本を再三にわたって書記しているように、法相・律・浄土に関する著作をのこしている。

良遍が在世中には知足院の地は相当に荒廃していたようである。東大寺続要録には建長二年に東大寺別当定親が、浄行僧のために房舎を建立すべく、乱行僧を当院地より追放したとしるしているが、同三年十一月の良遍遺誡によると、良遍の弟子尊円が檀越に依頼して用途や資材をもとめて、この地を買取り、田地なども寄進をもとめて、住僧の衣食に充てるとともに、毎日地蔵堂で勤行を行ったという。しかしこの尊円が病死したために、覚澄に当院の資財、田畑・証券などをゆずり渡し、持戒の僧五人を

■知足院地蔵菩薩立像（鎌倉時代）

選んで律儀を講じることにした。覚澄は法舜房覚澄と称した法相・律宗の学僧で、洛西・高山寺の明恵上人とも親交があり、東大寺円照上人の法相の師匠でもある。覚澄は当院を甥に当たる本行房に譲ったが、本行房はさらに覚澄と円照との関係によって、当院を戒壇院円照上人に譲ることにした。

知足院が江戸時代に至るまで東大寺の内にありながら、興福寺と密接な関係をもち、また律宗兼学の一院として、その法灯を伝えて来たのは、当院の本尊が貞慶・良遍と深い関係があり、尊円によって再興された堂舎がやがて律僧の覚澄・本行・円照と相伝されたからである。

知足院には地蔵堂を中心に持戒の僧の「幽閑を好む輩」の常住の僧坊などが建立された。いわゆる別所として呼ばれるようになる。尊勝院宗性の如きは私有の庵室を知足院別所の内に設け、「寂寞の閑居」にあって修学研鑽している。ところが嘉暦元年（一三二六）六月に至って、この地蔵像が盗難にかかるという事件が発生したが、関係者が犯人割り出しのため落書起請を行い、検挙と発見につとめたところ、知らぬ間にもとの如く本堂に安置されていた。犯人は判明しなかったが、像はもとにもどった。長禄三年（一四五九）七月には地蔵堂の建立が行われている。破損が甚しくなり諸方面に勧進が行われたようで、興福寺では六方衆が三十貫文もの奉加をしたという。寛正三年（一四六二）三月に地蔵菩薩像は、新しい本堂にすえられ、八日にわたる逆修修善の仏事が行われた。この時本像を拝した一僧は、「尊像、殊勝ニマシマス事、涙ヲモヨホスナリ」と日記に記しとどめている。関白藤原兼良の息、興福寺別当であった尋尊も再三当院に詣しているし、内大臣三条西実隆も明応七年（一四九八）二月に参詣している。法相擁護の春日明神の本地仏としての崇敬は興福寺衆僧や春日社はもちろん、また東大寺や律宗の唐招・西大寺からも高揚されていたらしい。「随分と厳重の本尊」といわれたように、もともと秘伝として奉安され信仰されて来たらしいが、天正四年（一五七六）十月には御開帳が久方ぶりで行われた。この開帳、今日でいう一般公開・秘仏開扉は、大変な参詣者でにぎわったようで

遠近以来の外の大参なり。取乱して参拝するあたわず。

と興福寺の学僧英俊はその日記に記しとどめている。

三面僧坊の北屋の北方の幽すいな山地に設けられたこの知足院は、今日でも寂莫静閑な風情をとどめている。江戸初期の地図には、転害門から鼓坂《つざか》を登り、正倉院の北の小道を通り、西門をくぐって石磴をのぼって地蔵堂に参詣したらしいし、庫裡の南

方には有名な八重桜が諸桜に遅れて花をつけるし、上生院阯にかけては、山地を切開いて曾ては坊舎が建立されていたと思われる平端な地が、段を画して散在している。「知足院」それは寺号が示す如く、その風情とまって由緒深い律院であった過去の姿を伝えているといえよう。

11　福住と山田道安

山田氏の名前が初見するのは、室生村染田にある染田天神文書のうち、応永二十二年十月の東山内針別庄氷間料足売券に証人として、「山田殿」の姓がみえるが、名は記されていないので詳かでない。福住の馬場に山城を築いた山田氏の出自については必ずしも明らかでないが、この地方の土豪である福住氏と並ぶ豪族であったことは否定できない。山田氏の名を後世にのこしたのは永禄～天正にかけて活躍した山田道安によるところが多い。大和国中世末期に雄飛したあの筒井順慶はこの道安の妹と筒井順昭の間に生まれた武将であった。

道安は岩掛城に拠って福住氏と争ったが、筒井氏の興隆と共に同族として名をはせた。殊に道安の名を著名にしたのは、永禄十年（一五六七）十月に松永久秀の兵火によって炎上した東大寺大仏の再興に私財を投じて、その頭部を銅板をもって新造し、大仏の体内に多くの用材を入れて傾斜をふせいだことである。東大寺関係の文書に「大勧進山田殿道安法師」と記されているところをみると、一時東大寺再興の大勧進職になって、大仏の修覆だけでなしに、大仏殿再建も計画せられていたようである。道安は蓋し僧名であり山田民部少輔宗重というのが、本名であった。

巷間道安の描いた絵画や彫刻がのこされている。しかし絵画においては特に秀作をのこしている。鐘馗・大黒天や果物等の絵は周文・雪舟以来の墨絵の特色を生かしたものもあり、或は単彩の美しさを遺しているものもある。その画風に少くとも二様があるようであるが、或は別人であるかもしれない。戦国時代の武将の教養窺うにたる一例であるが、書画・彫刻にまでその天分を発揮したのは道安をおいて外にその例をみない。

12　山焼き余話

奈良の人々にとって「山焼き」といえば、若草山の山焼きかと六感が働く程に膾炙しているし、近年は奈良県観光課の宣伝も行きとどいて京阪神方面よりもこの山焼きを一見せんものと多数の人が押寄せ、昼はアトラクション、夜は、山焼きといった行事が最近はくりかえされている。戦前の春を迎える早春の行事としての山焼きのしみじみした風情はみられなくなった。

さてこの若草山焼きの起源は一体いつ頃に求められるのであろうか。山焼きは東大・興福両寺の境界争いから生じ、徳川時代に奈良奉行所の判決によって若草山が公領となり、毎年両寺衆徒と奉行所役人の立会の上で山焼きが行われ、恒常化したという説が有力であり、定説化している。勿論《もちろん》両寺の境界争いは春日大社の北を流れている水谷川を境界とするかどうかについて行われ、現に東大寺や春日大社にもこれに関する訴訟記録が現存しているが、境界争いが、山焼きの焔で円満に解決を与えるといった大岡越前守流の、或は遠山金四郎的の判決によって一決したとは考えられないし、事実この山焼きの歴史は徳川時代以前に遡るものであるらしい。

若草山は九折山《つづらやま》と呼ばれていた。八世紀中葉の東大寺山堺四至図によると東大寺寺域に包含せられていたし、この山焼きと深い関係のあるのは、何といっても三重目の頂上を形成する鶯塚古墳である。前方後円の山上古墳である上に、徳川時代末期頃まではウシ墓と呼ばれ「中墓」と記されているが、「大人《うし》墓」の意味で、天保には郷土史家並川氏が清少納言の枕草子に出てくる「御陵」の鶯陵にこれを該当させてから鶯陵ともいわれるに至った。山上古墳であり、前方後円のこの巨大な陵は四・五世紀の朝廷の勢力圏を象徴する。最近の航空写真等で時代は大和朝廷の成立後より降るようであるが、いずれにしてもウシ墓と呼称せられたように開化天皇の御陵でないとしても、貴族の御墓である事には誤りがない。

この牛墓より徳川時代中頃までには幽霊が出て、杣人やまま通る人々をこわがらすという迷信が長く続いていたらしい。然もこの草山をその年内もしく翌年一月頃までに焼かねば翌年に何か不祥事件が起こるといった事で、まま行ききする人が、冬枯れのこの山草に放火し、或時は東大寺八幡宮の裏山から東北にかけて類焼し、三月堂や八幡宮に危険が迫るという事が再三起こったようである。勿論今日のように山焼きの日限を決めて決行するのでもなく、突然の放火であるから、近隣の東大寺や春日大社、或は、興福寺一乗院領が近くあったために、近くの百姓や火消人夫を急ぎ派遣して防火につとめるという騒動をくりかえしていた。

特に東大寺で元禄以後大仏殿を始め多くの堂宇が再建せられたし、九折山（若草山）の放火で伽藍に引火すれば、治承・永禄の兵火の三舞いを演ずる結果にもなり、享保には一乗院の全焼事件もあるために、元文三年（一七三八）十二月に九折山に放火停止の立札を正月より三月まで、山の枯草が青芝になるまで立て、番人として登大路の伝兵衛と庄屋太兵衛等に依頼して見廻るように奉行所へ交渉を開始し、「当山に火をつけ申事、かたく令停止者也」という禁札大小七枚を、正面と南北の山端等に立て、それでも猶《なお》放火の患いがあるとして東大寺山内は勿論、水門・雑司・櫟本村等の四ヵ村や境内の番人にまで、放火の時は急遽消火に来るように防火の対策をたてたが、同五年一月には夜中に放火事件が勃発し、奉行所は勿論、郡山柳沢藩からも応援の火消しが来るという騒ぎを起こし、奉行所としても若草山放火事件に一段と力を入れ出すと共に、東大寺で放火・防災の責任がとられないならば、「公儀之御支配とも相成る可くも斗り難く候」という若草山公儀支配の可能性を申渡した。東大寺としては奈良時代の寺域を幕府直轄領にされる事もこまるので、この山に植林して伽藍修理の用材に宛てようとし、奉行所の放火禁制の強力な助力を懇請したし山科勧修寺宮よりも九折山は若草山ともいい植林はせぬ方がよいとの指示もあり、騒ぎが大きくなればなるほど、猟奇にかられて放火する者も興に乗じてくる事も考えられ、一応禁制の制札等も取払う事になった。

山焼きの起こりは以上のように放火の犯人は検挙されぬまま、誰が焼くともなく焼き、それは鶯陵より出てくる幽霊を鎮圧するにあったらしい。概して早春に芝を焼払う事は田地の地味を肥やし、農作物の豊かな稔りを得る農家の行事として古くから行われていた事であるが、この若草山の山焼きもかかる農業的なものと、妖怪的な分子が加味されている点に、諸方面でみる芝生焼きと異なった点がある。若草山焼きに徳川時代末頃には、東大・興福二寺と奈良の奉行所が立会って焼くようになったのも、恐らくこの犯人が詳かでない放火犯が芝生の枯草に放火する事件が以後も続き、隣接地をもつ両寺の立会で奉行所が放火犯に替って山焼きを始めたからである。

若草山焼きの源流からいえば、山焼きは山上古墳の鶯陵に葬る貴人霊魂を鎮める杣人の祭礼ともいうべきで、「何十年以来焼来り、年数誠に以って知り難く」といわれたほど、続けられた火の祭典であり、供養であった。このような山焼きの歴史性をみると、山焼きの当日には、先ず鶯陵を祀り、御酒・供物を献じて、早春を告げる野火の炎を点じてほしいと思う。忘れられた大和朝廷の一貴族の霊魂も、名もなき杣人の悲願も、そこに赫々ともえさかり、やがて迎える大和の春を大きく彩るのではないだろうか。「山焼き」それは奈良に生れ、大和にそだった人にとっては、例年迎える行事でありながら、幼き日を想起せしめ、古きを回顧せしめるなつかしい回想の行事であり、やがて全山緑に包まれる姿を望見しては、青春の生息きを感せずにはおれない。温故知新、山焼きは我々に真紅の炎をたてながら一つの哲学をささやいている。

13　水門町の今昔

東大寺戒壇院の南方一帯の地域を水門町《すいもんちょう》と呼んでいる。高畑町などと共に奈良らしい風情を今にのこした町並がみられるが、おしいことに水門《すいもん》の町名の由来を示す吉城《よしき》川の清流が、名園「依水園《いすいえん》」の西方に頭を出し、石橋ものこっていたが、ここ十年程以前に川は暗渠となり、橋は何処かへ消えて、車優先の道路と化してしまった（注、昭和四十八年当時）。私は時々、歴史あり由緒ある奈良の小川や溝が、暗渠となってしまう無謀な当局の道路計画に憤懣を感じる事が再三ある。水門町の小川も蓋《けだ》し車優先の犠牲の一つであろう。

水門町はもと戒壇院《かいだんいん》の南石段から南方に至り、依水園前で西方に折れ、平城東京極の大路即ち旧国道二十四号線に至る道の両側に成立した町で、戒壇院南方の道は、古く朱雀路とも呼ばれ当院のメイン・ストリートであり、南進して東西に走る厩坂《うまやさか》小路にT字型に接続していた。今日の知事公舎の前の道路が興福寺流記《るき》に明示された厩坂小路で、もと東進すると依水園を通りぬけて東大寺南大門の南方へ出て、西進すれば県庁舎北側を経て大豆山《まめやま》町に至る平城都制の小路の遺影で、幸にも先年の県庁舎・文化会館の新築に当たっても、形だけはどうにかのこされた。

奈良・平安の古歌を多く集めた夫木集《ふぼくしゅう》には「吉城川、水関きとめてわぎも子が、野田の早苗を、今や採るらむ」の一首がある。吉城川（吉宜川）の水門とか関の存在をこの一首の和歌に求めようとする牽強付会的な説は別として、中世に水量を調節する関《せき》があり、水門と称せられたものと思われる。現に吉城川の下流の威徳井川の辺りは、東大寺東南院（本坊）の北を西に流れる小川（白蛇川）と大仏殿八幡池（鏡池）より

■水門町付近

流れる小川が戒壇院前で合流し、下流で水害をおこすことが再三あった。川久保町（川窪）の町名の由来もこれに関係があろう。水源地が神聖化されて水分《みくまり》の神を祭祀した古代はさておき、四神相応の勝地であるとされた平城京も佐保川・岩井川などのほかに、とりたてた河川はなく近世に至るまで農業用水として、吉城川もまた下流の農地の灌漑用に重視されたことは勿論である。

水門の地名は十三世紀中葉の東大寺文書に初見する。即ち「東大寺西水門」とか「西水門辻子奥」といった家地の売券があるが、「西水門」を「西方の水門」とするか、東水門に対する西水門かさだかでないが、水門の地名がみられる。徳川時代中頃には水門郷は東・西・南・北の四水門村が一郷を形成していた。東水門は真言院前にあったし北水門は戒壇院前の一帯、西水門は宝永元年（一七〇四）四月の芝辻村の出火で奈良町の北部の大半が類焼したのち、押上町に出る道を開き、以後人家が櫛比した東西の町なみで、もと東方に出口のみがあったので俗称「蛤町」と呼ばれたこともあった。しかし鎌倉時代の西水門はおそらく今日の依水園の前の道、「みとり池」にかけての村落を指していると思われる。南水門村は、東大寺本坊北側を西に流れる白蛇川の異名を持つ小川にそった道が戒壇院北方より来た道とT字型に接した地点に設けられた石橋より南方の家並みを指しているが、この南水門こそ、水門村（町）の名の起源となったところであろう。即ち依水園より北方約五十メートル余、東大寺整肢園に右折する水門橋の間の屋並みを南水門村と称したらしい。

水門郷（町）はもともと東大寺境内地に派生した村落で、東大寺や手向山八幡宮神職、あるいは工匠などが居住し、更に戒壇院東南には祈雨の神社である龍池社、依水園の辺りには楞伽院《りょうがいん》などが存在していた。治承四年・永禄十年の東大寺焼亡以後、商家の進出も行われたし、「ウチワタス人目モ絶ズ行駒ノ踏コソ鳴セ轟ノ橋」で象徴される京街道（旧国道二十四号線）の殷賑をさけて、東に春日・高円・若草の三山や、東大・興福寺の景勝を望見するこの地に、別宅を設けたり、更には吉城川の清流を利用して奈良曝《ならざらし》を製造する業者が徳川時代に至って進出した。依水園の濫觴《らんしょう》である奈良曝の問屋・清須美氏の山荘「三秀亭」が設けられ、更に晒工場も存在したことは、貞享五年（一六八八）の奈良曝という地誌で窺うことができる。今日戒壇院前より押上町に通じる西水門の一角にある弁財天社はおそらくもと龍池社の本尊で、龍池社中島に存在した社を移したものであろう。旱魃による祈雨として龍池社では中世以降しばしば龍池八講が東大寺僧の間で行われた。水門の一隅に龍池社が設けられたのも、水門としての当地に対する深い関心があったからではなかろうか。

14　東大寺の災害史

災害には自然災害と人為的災害の二つに大別される。元来災という字は、巛（川ノ古字）と火の合成字で、水と火によりもたらされる禍を意味する合成字といってよい。水害・火害共に人間生活に被害をあたえる自然現象に災の字を当てたものである。災害の語は早く中国・戦国時代の春秋左氏伝《しゅんじゅうさしでん》（左伝）にみえ、以後地震や日・月食、大風・落雷さらには疫病など自然界の現象による被害は災害として数えられた。わが国も中国の影響をうけたことは勿論で、災害観はあくまで被害を蒙った人間側からの判定であり、発生原因や災害対策などの進歩と共に変化をもたらしたのは当然である。自然災害より発生した災害観念は、社会生活の発展と、その矛盾などから発生する争いや放火や、公害と称せられる大気汚染、河川汚水など人為的行為によって発生する災害をふくむことになる。

東大寺の災害に依る罹災は、別表（災害史略年表）の如きものであるが、古記・史料が割合い多く伝わっている当寺の場合にあっても、罹災や修理の原因を明記するものは、古代になるほど不詳なものが多い。例えば天喜四年（一〇五六）・同五年・康平元年（一〇五八）や、中世の文永七年（一二七〇）・正応二年（一二八九）などの修理注進記や修理新造注文などを見ても、修理・新造を必要とした原因についての明記はない。災害略年表に掲げた七七一年・八〇三年・八三八年・一一一〇年の記事は、共にその原因は明らかではないが、大仏殿の副柱四十材、大仏背面の亀裂、大仏殿内多聞天像（像高四丈）の傾危の事故は、その背後に自然災害か、或は人為的災害の可

東大寺災害史略年表

堀池春峰編

年　号	西暦	関　連　事　項
宝亀2	771	12月　僧実忠、近江国信楽杣にて巨材40枝を採取し、大仏殿副柱を造建する。（要録巻七、29ヶ条）
延暦15	796	8月6日　大和国大雨、東大寺築垣倒潰する。（後紀・紀略）
延暦22	803	延暦5年以来、亀裂進行の大仏の背部等の破損を実忠修理を施す。（要録巻七・29ヶ条）
大同2	807	実忠、降雨毎に崩れる食堂前庭と谷川を改修する。（要録巻七・29ヶ条）
天長4	827	4月17日　大仏背部の破損進行防止のため、太政官仏後山を築くことを僧綱所に命ず。（要録巻七）
承和5	838	8月3日　大仏殿内毘沙門天像傾き、造東大寺所長上神氏勝等修理を行う。（東南院・要録巻七）
斉衡2	855	5月23日　地震により大仏御頭墜落する。参議左大弁藤原氏宗実検、源朝臣多等聖武天皇陵に報告する。（文徳実録・要録巻三・巡礼私記）
延喜17	917	12月1日　夜僧坊西室より出火、三面僧坊・講堂等焼失する。（紀略・要録巻四）
承平4	934	10月19日　夜落雷、西塔并回廊炎上する。（要録・紀略・略記）
天暦8	954	吉祥院焼失する。（要録巻四）
応和2	962	8月30日　大風雨にて鐘楼・南大門・法華堂僧坊倒潰し、大仏殿扉飛ぶ。（要録巻四・別当章・紀略）
永延元	987	6月6日　夕、祈雨読経中、落雷、大仏右方の頭光焼損す。僧道算私願にて修理せんとする。（東南院・要録巻七・別当次第）
永祚元	989	8月13日　大風により、阿弥陀堂・鐘楼・大仏殿後戸倒る。（別当章）
長保2	1000	12月23日　興福寺喜多院より出火、西塔・正法院・念仏院など炎上する。（別当次第・禅定寺文書）
寛弘5	1008	4月4日　尊勝院焼失する。（別当次第）

年　号	西暦	関　連　事　項
長元7	1034	8月9日　台風にて大仏殿繍大曼荼羅破損する。(要録巻八)
天喜元	1053	9月20日　天地院檜皮葺堂・礼堂等焼失する。(要録巻四・別当次第)
天喜5	1057	7月14日　落雷、東塔心柱裂く。(別当次第)
延久2	1070	10月20日　半夜地震、大鐘落下する。(僧綱補任・百錬抄)
永長元	1096	11月24日　大地震、東塔九輪・大鐘落下する。(中右記)
天永元	1110	10月26日　大仏殿毘沙門天像傾き、修理せんとする。(東南院)
大治5	1130	4月28日　東小塔院転倒す。再建を止め東僧坊を修理す。(別当章・別当次第)
治承元	1177	10月27日　地震、大鐘墜落、大仏螺髪少々落下する。(玉葉)
治承4	1180	12月28日　平重衡南都進攻、上院を残し、大仏殿・講堂・三面僧坊・戒壇院等炎上する。(玉葉・続要録・吉記)
建久8	1197	閏6月25日　暴風雨にて大仏殿回廊113間転倒する。(百錬抄)
貞永元	1232	3月2日　落雷、東塔・元興寺塔・春日東塔罹災する。(百錬抄・春日社記録)
延応元	1239	6月6日　大鐘墜落する。10月7日釣上げ終わる。(続要録・嘉元記・釣鈎銘)
正嘉2	1258	2月9日　二月堂修二会行法、内陣より出火、消火する。(修中日記)
正和元	1312	12月7日　落雷、東塔焼くも消火する。(東大寺文書)
貞治元	1362	1月13日　朝落雷、真言院・東塔炎上、翌14日正午頃鎮火する。死者20人。(嘉元記・略年代記・七重宝塔勧進状)
応永33	1426	1月18日　興福寺衆徒、尊勝院等を破却する。(大乗院目録)
嘉吉元	1441	6月29日　8月1日に亘り興福寺衆徒発向し、西室・如意坊・実相妨等を破却する。(別当次第)。
文安3	1446	1月2日　失火にて戒壇院炎上、授戒堂・千手堂・講堂等悉く焼失す。大雪にて鎮火。(執行記・後鑑・再興化縁疏)

年　号	西暦	関　連　事　項
宝徳3	1451	7月19日　南大門仁王像（西方阿形像）に落雷、杵折れ右足踵破損する。（堂方日記・康富記・杵墨書銘）
明応3	1494	5月7日　大地震、東大寺築地倒潰し、大仏胸部破損する。（続史愚抄・寺社雑事記）
明応7	1498	3月5日　落雷にて国分門破損崩れる。（寺社雑事記）
永正5	1508	3月18日　放火にて僧坊東室の門より出火、三面僧坊・講堂焼失する。（実隆公記・修中日記・宣胤御記）
永正7	1510	2月14日　二月堂修二会行法、内陣より出火す。（修中日記）
永禄10	1567	5月18日　三好三人衆と松永久秀の兵火により西方築地・戒壇院焼失する。（多聞院・言継・寺辺記）
永禄10	1567	10月10日　午前零時頃、松永勢、三好勢を攻め、唐禅院・四聖坊・大仏回廊・大仏殿など炎上する。（多聞院・雑集録）
天正11	1583	3月29日　大風雨、国分門崩れ落ちる。（多聞記）
慶長11	1606	1月30日　転害・祇園社前商家より出火、中御門類焼する。（皇年代記・諸伽藍略録）
慶長15	1610	7月21日　大風雨にて大仏仮屋倒れる。（皇年代記・雑集録）
寛永19	1642	11月27日　午後2時頃西坂村より出火、真言・新禅院など類焼する。（薬師院実祐記・雑集録）
寛文7	1667	2月13日　二月堂修二会中、内陣より出火炎上する。本尊・華厳経等罹災する。（修中日記・続史愚抄）
宝永元	1704	4月11日　正午芝辻村から出火、奈良北方の民家1800余軒類焼し、新禅院・大仏殿足代材木等焼失する。（年中行事記、坊目拙解）
宝永4	1707	10月4日　大地震、東南院・真言院の土塀、念仏堂、阿波民部九重石塔等倒れる。（年中行事記、坊目拙解）
宝暦12	1762	2月23日　正午頃、芝辻村より出火。戒壇院・尊光院・新禅院・上生院など15院、二月堂下の大杉2本も類焼する。夜10時頃鎮火（俗称北焼け）。（井上町年代記）

年　号	西暦	関　　連　　事　　項
明和2	1765	8月3日　2日から3日の暴風雨にて、二月堂食堂・四聖坊等屋根被害、境内の大木倒る。(雑集録)
寛政3	1791	8月20日　大風、指図堂倒潰し、知足院破損する。(年中行事記)
安政元	1854	6月14日地震、普請中の東南院書院倒れ、二月堂宿所・念仏堂等破損する。
明治18	1885	7月1日　暴風雨、大仏殿正面・東北隅の屋根大破し、境内の樹木多く倒れる。(日鑑)
明治29	1896	2月9日　暴風雨、修理中の大仏殿西南隅の足代16間が崩壊する。
大正11	1922	4月21日　夕7時半頃、正倉院南東の勧学院湯殿より出火、全焼する。奈良歩兵53連隊のニヶ中隊出動正倉院を警固する。(日鑑)
昭和9	1934	9月21日　室戸台風来襲、境内樹木多数倒れ、諸堂の瓦飛ぶ。
昭和11	1936	2月21日　地震、二月堂参道の石灯篭倒れる。
昭和12	1937	3月1日　法華堂不空羂索観音の宝冠の化仏盗難に遭うこと判明する。
昭和22	1947	7月4日　米国独立記念日、占領軍祝典の花火にて本坊管長室・書院等焼失する。
昭和26	1951	6月　この前後、大仏殿屋根・同回廊・南大門の避雷針の銅導線盗難にあう。
昭和36	1961	9月16日　第二室戸台風、良弁杉倒木。若狭井屋・二月堂食堂・鐘楼損害を蒙る。
昭和37	1962	2月11日　大仏殿正面、国宝銅造八角燈籠の扉（鋼跋子所持音声菩薩像）1面盗難に遭う。
平成10	1998	5月20日　正午頃戒壇院千手堂より出火焼失する。

〔備考〕出典名は原典の他に、略称を用いたものが多い。( ) 内が原典名である。

紀略（日本紀略)、後紀（日本後紀)、言継（言継卿記)、執行記（東寺執行日記)、寺社雑事記（大乗院寺社雑事記)、修中日記（二月堂修中練行衆日記)、巡礼私記（七大寺巡礼私記)、僧綱補任（僧綱補任抄出)、雑集録（東大寺雑集録)、続要録（東大寺続要録)、諸伽藍略録（東大寺諸伽藍略録)、大乗院目録（大乗院日記目録)、多聞記（多聞院日記)、東南院（東南院文書)、29ヶ条（東大寺実忠二十九ヶ条)、年中行事記（東大寺年中行事記)、別当次第（東大寺別当次第)、別当章（東大寺別当章)、坊目拙解（平城坊目拙解)、要録（東大寺要録)、略記（扶桑略記)、略年代記（興福寺略年代記)

能性を秘めているように思われる。長さ七丈四尺（二二・四メートル）の巨材を副柱にして大仏殿を補強したり、大仏殿東北隅にあった多聞天像は二度にわたっての大修理で、前者は大仏殿の構造上の問題、後者は地盤に関係ある被害で、基壇造築の不備より起こった人的災害といえる。延暦五年（七八六）より進行した大仏背面の亀裂は、延暦二十二年に実忠により応急修理が行われたが、以後徐々に進行し、仏教界・政界をまきこんだ問題となり、天長四年（八二七）四月に至って、柱を切り仏後山を造築することで一応解決をみるに至ったが、これも大仏鋳造当初の溶接などの不手際と考えられ、人為的災害といってよい。

災害を自然と人為的災害に大別して、当寺の災害を一瞥すると、まず自然災害は落雷・地震・暴風雨による罹災が掲げられる。雷による罹災は承平四年（九三四）十月の西塔・回廊の炎上から、明応七年（一四九八）三月の国分門の罹災まで八件を数え、そのうち四件までが東塔に関係する。殊に貞治元年（一三六二）一月の落雷は東塔より真言院に飛火して炎上、以後東塔は再興されることはなかった。

地震の被害は斉衡二年（八五五）五月の大仏の御頭の墜落から昭和十一年（一九三六）二月の罹災まで八件で、大鐘の墜落が三件とほぼ過半数に達する。永長元年（一〇九六）十一月の地震は「古今未有如此」といわれた大地震で（中右記）、十二月には改元されて「承徳」と改まるが、東塔の九輪や大鐘が落下し、薬師寺の回廊も顛倒している。宝永四年（一七〇七）十月、関東・東海・近畿・中国一帯にわたって起こった宝永の大地震、安政元年（一八五四）六月近畿地方に起こった安政の大地震は奈良町にも甚大な被害を与えた。興福寺・法華寺・唐招提寺など回廊・塔・土塀の倒潰が生じたが、東大寺では土塀や東南院書院が倒れる程度で、民家の被害に比べると僅少であったといえる。

次に暴風雨による災害は延暦十五年（七九六）八月から昭和三十六年（一九六一）九月の第二室戸台風まで十四件に及び、自然災害三十件のうち四七％を占め、中でも応和二年（九六二）八月と永祚元年（九八九）八月の大風は、鐘楼・南大門・法華堂僧坊（以上応和）、阿弥陀堂・鐘楼が倒れ、南大門は鎌倉時代に至って重源上人に依る再建まで、また法華堂僧坊や阿弥陀堂は、終に再興されぬという深い爪痕をのこすに至った。古記・文献に記す「大風」は、概ね今日の台風にあたるもので、十四件のうち旧暦八月の大風が六回、七・九月が夫々《それぞれ》二回で、秋の来襲による被害が多い。十四世紀中頃に流行し出した「地震・雷・火事・親父」という箴言というか俗諺は社会生活に恐怖を与える事象として流布してきたが、気象学の進歩や防災対策の普及により、落雷や台風の被害は漸次僅少になった。ただ地震だけは第二次災害として往々火災を伴うため、予知できぬ自然現象として今日においても恐れられている。

人為的災害としては老朽による堂舎の顛倒や、盗難や或いは隣山との闘争（喧嘩）などによる災害があるが、何といっても火災による被害が圧倒的に多い。

延喜十七年（九一七）十二月の僧坊・講堂の失火による罹災から、平成十年（一九九八）五月の不審火による戒壇院千手堂の炎上まで二十件を数え、人為的災害三十二件のうち六一％に達する。火災による明細は失火九件・類焼五件・兵火による罹災四件・放火一件・不明（不審火）一件に分たれ、特に延喜十七年の西室よりの出火で三面僧坊・講堂の炎上は、大惨事となり宇多法皇は乗馬にて当寺に行幸衆僧を見舞われた。さらに文安三年（一四四六）一月の戒壇院は授戒堂（金堂）・講堂・僧坊等悉く焼失し、治承四年の兵火以後の大惨事となったし、近世に於いては寛文七年（一六六七）二月の修二会行法中の失火で、二月堂が焼失し、本尊観世音像・紺紙銀字華厳経等をはじめ、多くの法具什宝等が焼失した。

失火に次いで多いのは類焼による災害である。長保二年（一〇〇〇）十二月、興福寺喜多院より出火した火焔は、京街道を飛火して、東大寺正法院・西塔三重目を焼いた。慶長十一年（一六〇六）一月には転害の祇園社前の商家の火により中御門《なかみかど》が類焼し、礎石をとどめるばかりとなった。以後寛永十九年（一六四二）十一月の西坂村、宝永元年（一七〇四）四月・宝暦十二年（一七六二）二月の芝辻村より出火した三度の火災は、折からの西風に扇られて東方に延焼し興福寺や当寺の多くの子院が類焼した。殊に宝暦の大火は昼火事ではあったが、寒風にあおられて延焼し、登大路の北方の村々を焼き当寺では戒壇院・尊光院・新禅院など十五ヵ院が類焼し、火は二月堂辺りにも及んだ。俗称「北焼け」と呼ばれる大火で民家の焼失二千戸ともいわれる大惨事となった。

類焼五件のうち、五件とも西方に発生した火災が、京街道を飛び越えて延焼していることが注目される。惨事となった要因としては、防火対策の不備も当然考えられるが、奈良町の地形が東高西低であること、十一月・十二月・一月・二月・四月という冬期の乾燥期と初夏に発生している例が多いことは、失火の場合と対比しても吻合するといえる（前掲別表）。冬期の乾操期には西高東低の気象より発生する西風が高地の春日・若草山に向かって吹きつけ、惨事となったことが知られる。

失火・類焼に次いで多いのは兵火による罹災である。治承四年（一一八〇）十二月の平重衡による伽藍炎上、永禄十年（一五六七）の三好三人衆と松永久秀との戦闘による五月・十月二度にわたる兵火で、戒壇院・大仏殿などが炎上したことはよく知られている。その他、講堂僧坊の災害としては永正五年（一五〇八）三月の放火による罹災があげられる。延喜・治承による罹災と炎上に次いでの惨事で、後柏原天皇・三条西実隆の援助による再興計画も、戦国時代の世相下、終に画餅に帰した。

近時の災害としては大正十一年（一九二二）四月の失火による勧学院の焼失。昭和二十二年（一九四七）七月の進駐米軍による花火での東南院（本坊）書院等の炎上、平成十年（一九九八）五月の不審火による戒壇院千手堂の焼失があり、また昭和十二年（一九三七）三月に法華堂不空羂索観音像の宝冠盗難事件、朝鮮戦争による影響と推測される避雷針銅線の盗難、昭和三十七年（一九六二）二月には大仏殿前の銅造八角燈篭の扉一枚の盗難事件が発生した。法華堂宝冠の銀製の化仏《けぶつ》等は、戦時下奈良県警・市警の懸命の捜索により、幸に昭和十八年六月に犯人検挙、事件は解決したが、他の二件は未解決に終わっている。これらの盗難事件は寺内巡察警備の夜間の間隙をついて行われたもので、平成十年（一九九八）に到って大仏殿南西に警備施設が新築され、翌年三月には防災施設工事も完成し、災害対策の完備が許られた。

15　東大寺文書とその伝来

東大寺には創建以来から勅書を始め官庁が発給した文書や、経済的にも大切な寺領荘園に関する重要な文書を、印蔵に収納し、印蔵文書と呼んで大事に伝えてきた。今日当寺に伝わる東大寺文書は、何通かを巻子装に仕立てた成巻文書百巻（九百七十九通）と、未成巻文書八千五百十六通が国宝として伝わっている。この外に明治五年（一八七二）八月に皇室に献上され、今日正倉院中倉に保存されている東南院文書百十二巻（八百六十七通）や、内閣文庫・東京大学（文学部・法学部・史料編纂所）・京都大学文学部・早稲田大学図書館・天理大学図書館・根津美術館・大東急記念文庫・大倉集古館・お茶の水図書館・エール大学・真福寺を始め諸家に所蔵され、その総数は二万通に達するかと思われる。

創建期の東大寺は聖武天皇の帰依のもとに、五千戸の封戸と四千町歩を限度とする寺田の開発が勅許され、堂塔の営繕事業と寺僧の宗教活動を支えて来たが、光明皇太后が崩ぜられた天平宝字四年（七六〇）七月に、藤原恵美押勝（藤原仲麻呂）により、封戸五千戸の使用用途が定められた。（一）は堂塔の営造修理に、（二）は仏像や僧侶の仏聖食費料に、（三）は朝廷国家の仏事供養に使用目的を定めたのであった。（一）の営造修理を担当する官営の造東大寺司は、延暦八年（七八九）三月に廃止されたが、造東大寺所として当寺が運営し、下司とか下政所といわれ、平安時代末まで活動を続け、諸堂・仏像などの営繕を行った。仏聖や国家の仏事法要を運営する機関として上《かみ》政所《まんどころ》が設けられ、上司《かみつかさ》ともいわれ、日々諸堂の仏に供える仏聖（仏餉）・僧供などを調達する大炊《おおい》殿・羹所《あつものどころ》・油殿といった施設の外に、一山の経営を掌る大庁が設けられた。その中に南倉と北倉があり、南倉は舞楽装束・楽器を収め、北倉は「流記・公験等」の文書を収めた印蔵であった。藤原為隆の日記永昌記には、「上司は偏《ひとえ》に公文所たり、下司は修理所たり」と指摘している。この南北二倉の倉の外に、東西に並んだ二倉も存在したようであるが、使途が明らかではない。この印蔵の存在した上司の地は、大仏殿の東北約二〇〇メートル、龍松院の東方の一画で、江戸時代初期の寺図に依ると校倉の双倉で南北に並んで描かれ、今日の東大寺本坊の庭上にある国宝の校倉が北倉即ち印蔵、手向山神社の北西の校倉が楽器・装束等を納めていた倉と確認される。

印蔵の由来は明らかでないが、律令制の行われていた八世紀頃は勅詔書や太政官など官庁発給文書には必ずその該当の朱印が捺印されたし、正式な文書として扱われ、収納保管するところからその名が起ったのであろう。しかし律令制が漸次崩潰して来ると、朱印のない綸旨《りんじ》・院宣《いんぜん》や官符などや、大切な文書は収蔵され、印蔵文書として取り扱われることになる。印蔵の初見は永延元年（九八七）六月に大仏殿に落雷し、勅使や僧綱所などの実検記を印蔵に納めたというのが始めであるが、恐らくそれ以前より名付けられていたと思われる。東大寺には正倉院の如く、勅封の蔵、仏教界を統率する僧綱所の高僧の許可で開閉する綱封蔵があったが、印蔵もその開閉は極めて慎重に行われた。「東大寺別当・所司五師検校して印蔵を封ず」と記すように、出蔵文書名を注記し、係の僧が署名、返納にはその文書に年月日を担当僧が署名している。この係の僧は「所司五師」で知られるように、三綱（上座・寺主・都維那）と、年預五師を指し、別当の認可とこれらの僧の立会いで取り出し、また後日返納されたようで、印蔵開閉の手順は、勅封・綱封倉のそれを踏襲した感がある。

治安元年（一〇二一）十一月、平致経は紺瑠璃《こんるり》唾壷を東大寺に施入したが、印蔵に納められた。また四十年後には東大寺内にあった金物・銅・懸魚等も印蔵に入れたようで、文書以外にも貴重品を納めたようである。天喜四年（一〇五六）には「印蔵宝物目録」一巻が作られたようで、その内容は詳かではないが、貴重な仏具類などが納められていたようである。天喜四年から一世紀余り後の久安三年（一一四七）正月に別当に就任した勧修寺の寛信は、就任早々、印蔵文書を自坊の勧修寺に取り寄せて、分類整理の上、巻子装に装幀し、古文書の保存を計った。しかし途中で死去され、仁平三年（一一五三）四月に東大寺へ五合の唐櫃に入れて返納された。勧修寺へ送付した当時の「印蔵文書目録」が東南院文書の中に伝わり、また返納された仁平三年の文書目録は「東大寺諸庄園文書目録」として、京都国立博物館に保存されている。その返納に当っては、天喜四年の「印蔵宝物目録」を含む十一巻十二通の紛失文書のあったことも判明する。四年にわたる寛信の印蔵文書の整理と目録の完成は、当時としては画期的な作業で、古文書保存と活用の重要性を寺僧に喚起するものがあったといえよう。東大寺関係者はその功を伝えるために文書目録の後尾に、

右件の印蔵文書公験絵図等、時代推遷し、年紀久しく積り、或は竹簡朽損し、或は文字消失す。仍て修補を加えむが為に、去る久安三年法務法印大僧都、彼

の文書等を取寄せらる。随て則ち散在の文書等、在々処々に相尋ね、部類を分ち修補を加ふること先に畢んぬ。仍て本寺に返送せんと欲するの間、不慮の外遷化、てへれば、来葉の後房に貽《のこ》さんが為に、由緒を記すところ、件の如し。

（原文漢文）

と付記している。

寛信の印蔵文書整理事業は、はたして単なる重要文書の保存のみを意図しただけであったのであろうか。

安和二年（九六九）に起こった安和の変以後、藤原氏の摂関政治は、律令制の官僚機構の上に、その経済的基盤を庄園にもとめたことはよく知られている。天皇や摂政・関白に荘園が集中し、権門勢家は荘園の獲得に走り、荘園が乱立し、荘園整理令が再三に渉り発令せられたが、その効果はなかったようである。藤原氏を背景とする興福寺は東大寺田村庄や春日庄を押領せんとして闘争が繰返され、備前守平正盛は、東大寺領の伊賀国鞆田村を押領、白河上皇の愛姫郁芳門院に寄進し、平氏一門の出世躍進の端著となった。寺領であることを立証するには、法務局登記所の無かった時代には、それを裏付け立証する文書が必要であった。寛信の文書整理と修復は、このような時勢にともすれば退勢をよぎなくされる東大寺のささやかな抵抗の基礎を造るべく、意図されたものではなかったかと思われる。寛信修復のこの印蔵文書は正文が多かっただけに、所領の論争や法廷での対決などには、再三写しが作られ、大切に保存されたようである。

鎌倉時代の弘安三年（一二八〇）十月、時の造東大寺大勧進聖守は、寛信の造った印蔵文書を収納した唐櫃を造り替えた。公験唐櫃と呼ばれるものである。

聖守は青年期は寛乗とも称し、戒壇院中興の円照上人の実兄にあたり、中道上人とも号し、新禅院や真言院の再興、「四聖御影画像」を造り、木版の盂蘭盆経・三論

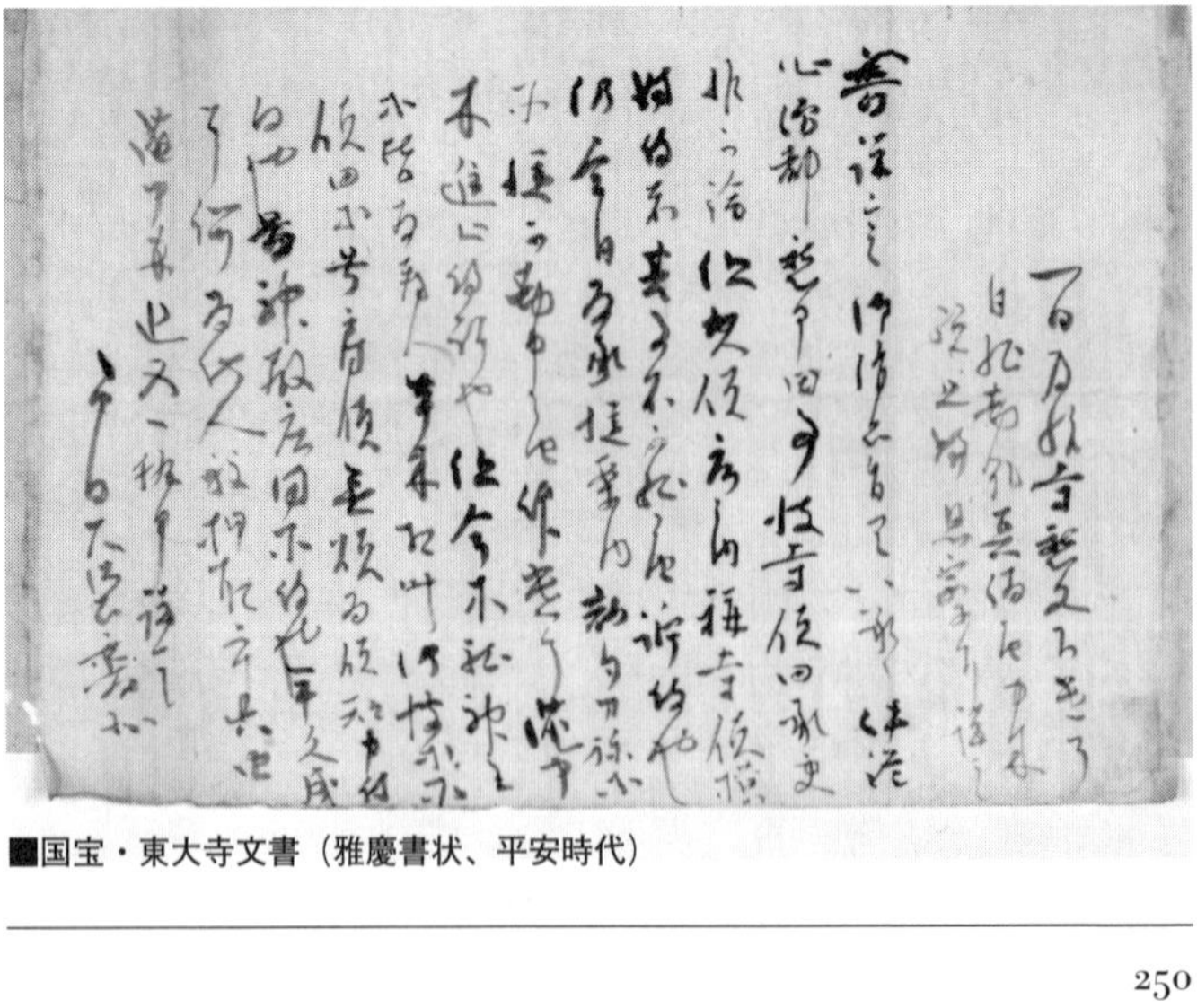

■国宝・東大寺文書（雅慶書状、平安時代）

玄義なども刊行した。世に東大寺版として有名である。公験唐櫃の研究は、早く会津《あいず》八一《やいち》先生が論考を発表され、近くは皆川完一氏が長文の論文を発表された。この唐櫃は、次の如き刻銘が唐櫃の身の両側面にある。

（側面）
公験辛櫃第一
　勅書　封戸　庄園
　寺務　修造　任符
　奴婢　温室

（側面）
公験辛櫃第二
伊賀　大和　院宣
分附　学生帳

（側面）

弘安三年庚辰十月廿九日
造替五合辛櫃納入累代
公験
造東大寺大勧進沙門聖守

（側面）
公験辛櫃第三
美濃　伊勢　摂津
紀伊　播磨　伊与
阿波　周防　因幡
丹波　下野

弘安三年庚辰十月廿九日
造替五合辛櫃納入累代
公験

造東大寺大勧進沙門聖守

公験辛櫃第四
越前　加賀　越中
越後　近江　尾張

弘安三年庚辰　十月廿九日
造替五合辛櫃納入累代
公験
造東大寺大勧進沙門聖守

公験辛櫃第五
筑前　筑後　肥前
肥後　壱岐　奴婢

弘安三年庚辰　十月廿九日
造替五合辛櫃納入累代
公験
　　造東大寺大勧進沙門聖守

第一号唐櫃は正倉院南倉に保管され、この唐櫃は檜彩絵花鳥の模様があり、側面のみ刻銘をのこしている。第二号櫃は奈良国立博物館所蔵品で、もと奈良の某家にあったもの。第三櫃は寧楽十四号に紹介されたもので、現在は所在不明のものである。第四櫃は東洋美術第八号に会津八一先生が拓影を入手紹介されたもので、唐櫃の有無は不詳である。第五櫃は十年余以前に発見したもので、東京都の某氏が所蔵されている。このうち第二櫃が最も原初の形態を止めているようで、材は檜素木で鉄製の蝦錠も附属し、櫃の身には六本の足が完備、身の幅約五九・一センチ、奥行四四・〇センチ、深さ三一・八センチの容量である。

聖守六十二歳の時の寄進で、大勧進職就任から三年目にあたる。櫃の身の側面には、納入された文書が一見して識別できるように、勅書とか美濃（国）といった刻銘があり、美濃国に存在する荘園関係文書が取り出せる訳である。片方の側面には弘安三年十月に「五合の辛櫃を造り替え、累代の公験を納入す」と明記している。「造替」の用語から、旧櫃のあったことが確認できる。

ただ正倉院南倉の第一号櫃だけは、平安後期を偲ばせる華麗な花鳥文様を描き、第二・五櫃とは趣を異にしている。これを如何様に解釈するか、異論もあろうが、私は寛信の印蔵文書整理返還の仁平三年（一一五三）の唐櫃で、たまたま一号櫃のみは使用可能と認め修理を施し、旧態を伝えたものと思う。

上司に在った印蔵は正徳四年（一七一四）頃には大破の状態にあり、七月に東南院庭上に移建修理の上建立された。今日の東大寺本坊の宝蔵で、印蔵文書は一時どこに移されたのか明らかでないが、宝暦十二年（一七六二）二月の奈良町北部の大火には幸いに八幡宮一帯は類焼をまぬがれ、新造屋印蔵は僧達の守護で無事、「天平勝宝已来の古文書等は安全」であった。古文書等は新造屋の宝蔵、即ち法華堂南方の校倉に移され、この校倉が印蔵と呼ばれていたようである。天保七年（一八三六）三月、穂井田忠友は正倉院文書調査のみぎり、新造屋の印蔵文書の中から延暦二十四年（八〇五）の内侍宣などを発見し、後年その著観古雑帖に収めた。ここで知られることは、印蔵とは根本史料とか重要文書などを収納する倉庫を印蔵と呼んだ訳で、あくまでも文書類が主体であるということである。

東大寺文書は創建の八世紀後半より鎌倉時代末にかけては、当寺の宗教的権威と、経済的基盤を支える機能を果たす上で大なり小なり有効に作用したのであるが、近世江戸時代、幕藩体制下になり、文治政策の進展により、大日本史・群書類従や藤堂藩の三国地誌などの採訪により、歴史史料として重視されるようになり、幕府も寺社奉行を通して、享保六年（一七二一）には詔勅書・官符目録の提出を求めたり、寛政四年（一七九二）には、寛政の三博士の一人柴野栗山などに命じ宝物・文書等の調査を行ったこともあって、寺内の古文書などに対する関心が一段と高まった。殊に当寺の古文書類は当寺の歴史史料である一面、寺領荘園や封戸を通して、諸国に関係をもち、その支配保持をめぐって、国衙や権門と時に論争し、裁庭に裁決をもちこんだ訴陳状、史書にはあらわれぬ生きた史実が宿されている。文書数も多いがバラエティーに富んでいるといえるであろう。

六

正倉院秘話

1　正倉院の鍵

リヒトホーフェンが一八七七年に、壮大なユーラシア大陸を横断する東西交渉の道を絹の道と名付け、同じくドイツの東洋史学者のヘルマンをはじめ、二十世紀初頭前後の中央アジアの探検家もシルク交易の道として支持されるようになった。英国の地理学者スタインや仏国ペリオ教授のオアシス古城阯や敦煌石窟からの将来品は、わが大谷探検隊の成果とともに、曾《かっ》て交易に繁栄した中央アジアの一面を実証し、多くの反響を与えた。正倉院の宝物が文献より、あるいは、これらの出土品などから対比研究され、その世界性が注目されたのも、これらの影響によるところが多大である。陸のシルクロードに対して、南のシルクロードも当然存在したことは申すまでもない。わが国はシルクロードの終着点とか、さいはての国ともいわれだした。これは東の終着点ということであろう。千二百年来の伝世品として伝えられた、八世紀を中心とする正倉院宝物は、「内司供擬《ないしくぎ》の物」という聖武天皇の愛用愛好せられたものが中心であるだけに、形状などはさして大きなものはないが、唐を中心とする世界文化の凝集

■正倉院正倉

といってよい。これらの品々について、はたまた宝物の世界性などについては、すでに多くの専門家が紹介し、私が今さらかれこれと解説じみたことを述べるつもりもない。

聖武上皇が亡くなって七々日目の天平勝宝八歳（七五六）六月二十一日に、その遺愛の品々が、光明皇太后により、東大寺など十八ヵ寺に寄進され、その冥福を祈願された。東大寺の場合は、盧舎那大仏が完成しなかったならば「来世に於いてもなほ造らむ」といわれていたほど、その造立に異状な熱情をこめておられた深い関係があったために、特に盧舎那仏に奉納された品数も多量にのぼったわけで、国家珍宝帳の願文を一読すれば、夫である聖武天皇への惜別の情は、胸を打つものがある。この願文は皇太后の意を体して、当代の名文を作る人が作文したのであろうが、内典外典に造詣の深い方であったことを示している。

ところで正倉院は今日、もと東大寺正倉院のみがのこって、固有名詞化しているが、正倉は何も東大寺に限って設けられたものではない。律令制のひかれた八世紀から九世紀頃には、なお国々や中央官衙にも正税を収納したり、重要な物件を納める倉庫を正倉とよんで建てられていた。奈良の西大寺の如きは十五棟もあった。正倉は重要な物件が納められていたから、築地か垣で一廓をかこんで盗難や火災を防いだので、正倉院とも正蔵院とも称せられたようである。南都七大寺などには多かれ少なかれ何棟かの正倉が建てられていたが、その殆《ほとん》どは火災などで姿を消してしまった。

東大寺には平安時代中期頃には、今日のこの正倉の外に何棟かの倉庫があり、それを正蔵院・正倉院と呼んでいた。例えば

鎰七具倉坊　二具勅封鎰在官　二具綱封　一具北隔　一具東三倉
一具西行南一倉

という一廓が正倉院といわれていた。「二具勅封鎰」という鎰二具のある勅封倉が、今にのこる正倉院である。

この正倉院の倉は校倉式、三角形の稜木を組み合わせて造った、南北約三三・三

メートル、東西約九・四メートル、高さ一二メートル弱、床高二・七メートルの単層瓦葺の雄大な一棟で、東面して建てられ、北・中・南の三室に分けられ、それぞれ厚い檜板で造った扉をもつ入り口が設けられ、内部はともに二階、屋根裏は三室通りぬけになっている。中室の中倉は板倉式であるので、元来は南北二倉であったのを、後年にその間を板倉として連接したという学説も起こるが、今日では修理も度々加わっているので詳細は不明という外はない。大仏殿の東方の法華堂（三月堂）はもと羂索院といわれるが、ここにも雙倉（二倉）があり、ここに納められていた宝物類を、天暦四年（九五〇）に破損が甚しいので、正倉院の三倉の南倉に移して、綱封倉としたことが判明する。綱封倉として今日その名をつたえているものに法隆寺の綱封倉がある。綱封倉というのは、仏教界を統率する僧綱所の認可を得て開閉できる倉のことで、勅封倉は開閉の時、天皇の勅許を待って行う倉で、天皇の署名をした紙封を鍵に巻きつけるという厳重なものである。正倉院の勅封制が何時頃から行われるようになったのか、実は正確な年紀は明らかでない。

正倉院宝物はすでに述べた天平勝宝八歳六月の国家珍宝帳にみえる物件と、同日に六十種の漢薬が献納され、以後天平宝字二年（七五八）十月の藤原不比等の自筆屏風が献納されるまで、合わせて五回の献納であるが、今日それ以外に文献や現物からみると、大仏開眼供養会・聖武上皇一周忌の仏具類などより構成されていたようである。

勅封の正倉の宝物は時に出蔵された。当初は漢薬類が病僧の施薬として造東大寺司の官人が署名して出蔵し、延暦十二年（七九三）頃になると、桓武天皇の勅命を承って、太政官が僧綱と東大寺に対して出蔵を命じている。延暦八年三月の造東大寺司の廃止と宝物の出蔵の手続きとは深い関連があるようである。しかしその出蔵も定期的に行われるというものではなく、建物の破損による修理のため、上皇などの戒壇院での受戒のあと宝物を御覧になるとか、御即位料に充てるため、礼服・宝冠を出すといった臨時の開扉が多く、勅使・大監物といった官人の下向を待って開扉、出蔵された。前にも示したように勅封倉の鍵（鎰）は「在官」と明示しているように、太政官で保管し、開閉には、勅使が典鎰という役人に鍵をもたせて、東大寺に下向し、大監物《だいけんもつ》がその開閉と、宝物の実検に立ち合ったようである。二十年も時には三十年も開扉されない場合もあり、開扉に難渋をきたす場合もあったわけである。例えば康治元年（一一四二）五月に鳥羽上皇・藤原忠実が戒壇院で受戒され、翌日勅封倉を開き宝物を一見されたことがあった。蔵人左少弁源師能が勅使、大監物は藤原時貞で鎰をもって東大寺に到着された。この時の鎰は、「件鎰在鈴印辛櫃也」と示されている。鈴は駅鈴のことであろうから、重要なあつかいをうけて保管されていたようである。ところが、いざ開扉となると、鎰と鏁（錠）とがあわない。持参された鎰は勅封倉のものではなかったのである。数刻たってもどうしても開扉できない。勅使・大監物や東大寺別当などが協議して、結局錠を切り破って開扉に成功した。この時出蔵された宝物は

聖武天皇玉冠・鞍・御被枕・棊局・竹籥　八芋《う》・王右軍鳥毛屏風・投壷

などであった。のち三代の碩学といわれた藤原通憲（高階通憲）が屏風の王羲之書と伝える「種好田良易以得穀」の讃文を読み、銅壷をその形状から、三礼図にみる投壷と判定し、その銅壷の中に小豆があるはずと見立てたところ、壷中より小豆三粒が出てきて、その博学に人々が感嘆したという。

　勅封倉の場合は一応勅使か大監物が鎰を京都より持参して、開扉したことが恒例になっていたようであるが、鎌倉時代の嘉禎三年（一二三七）六月の宝物勘検の開扉には、持参された鎰には銘があり、一つは東大寺印蔵、一つは東大寺南、一つは東大寺北とあったという。北倉を開扉しようとして「東大寺北」の銘のある鎰を差し込んだところ、鏁と鎰があわず、いろいろと寺の鎰を探したところ、上司の印蔵に綱封倉の

鎰があるということで、その鎰を以て合わせたところ都合よく開扉できたという。さらに扉にある「倶留留《くるる》」の鎰も、東大寺の銘があり、一は南、一は北、一は中と記してあるが、これも南の銘のある鎰で中倉を開くことができたといい、東大寺側では、「毎事不審なきに非ず」とこぼしている。仁治三年（一二四二）三月の開扉は、後嵯峨天皇御即位の用として、急ぎ玉冠四頭と礼服に着用する冠二十六頭が出された。礼服冠は、即位式に参列の諸臣が戴くものであった。ところが、北倉などの鎰が前年に紛失してしまったということで、御即位の式は迫るし大さわぎとなり、天皇は綸旨をもって、「鎰紛失すと雖も、寺家（東大寺）に仰せ合せ、秘計を廻らし、御冠を取出さる可し」と指示されたため、綸旨を承った東大寺では、勅使の下向を待って北倉の鎰を打ち切り、開扉し取り出したという。紛失した鎰はのち、東大寺で「くるる」鎰とともに新調された。このようなことは、以後の開扉でも起こる可能性が多分にあったようで、江戸時代の正倉院の勅封倉の開扉には、必ず鍛冶とか番匠とかが衣冠を着用して参列するのが習わしとなった。

現在東大寺では「ミツクラ」の付札をもつ鉄製の大きな錠（鑰）と、鎰各一本、元禄六年に作成された北・中・南倉の鉄製の鎰三本が伝わっている。錠の方は曾て、東

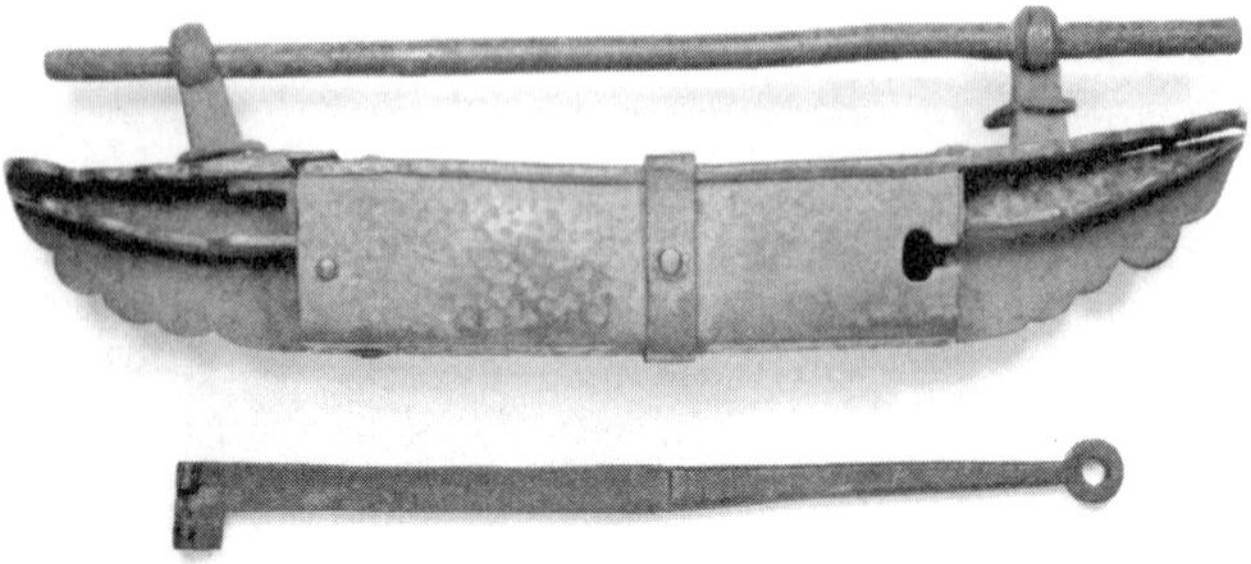

■鉄鑰、鎰（東大寺所蔵）

■鎰（東大寺所蔵）

大寺本坊の校倉に保存されてきたもので、全長が五六センチ、鎰（鍵）は四一センチもあり、正倉院の三倉のうちのどこかに使用されていたいわゆる海老錠の一口である。長方形の筒形の両端に雲形の刻みを入れた鰭《ひれ》をつけ、懸棒を通す立ち上がりの金具を左右上面につけた雄大な作りで、筒形の中央には、一帯をまきつけ花形の鋲《びょう》を打ちつけているなど、正倉院の鑰としては相応しい古雅なもので、恐らく鎌倉時代のものと思われる。

この原稿を記すに当たって、古記文献をしらべて、今日われわれが使用している鍵《かぎ》や錠《じょう》を意味する漢字がかなり多例に及ぶことを知った。字典によっては鍵《けん》と鑰《やく》を混同しているものもあるが、錠（錠前）に該当する漢字は鑰・鏁（鎖《さ》）などがある。「くるる鎰」のくるるは源氏の花宴巻などに「くるる戸」の例があり、奈良では「くろろ」とも訛って使われていたが、今日では戦後派の若人では知る方も少ないと思う。「倶留呂」「倶留々」とも書かれ、枢の漢字が宛られている。

2　大仏開眼筆

正倉院の中倉階下には撥鏤尺《ばちるのしやく》などとともに天平宝物墨・筆などが納められている。墨はこの外に著名な「開元四年丙辰秋作」の朱書のある唐墨とか、「新羅楊家上墨」の陽刻のある新羅墨が十四挺もある。筆も斑竹の筆管のものや仮斑竹《げはんちく》、あるいは銀荘・牙荘を施した、普通日常に用いられたと思われるものが十七管もある。有名な光明皇后の天平十二年（七四〇）五月一日の願文を巻末にもつ五月一日経は、正倉院文書でその一斑の書写が判明するが、恐らくこのような斑竹とか豹文竹などといった筆管の立派な筆でなくて、普通の竹管で作った筆で、写経生が玄昉僧正の舶載した唐経を藍本（原本）として書写したものである。

筆は中国・秦代に蒙恬が初めて竹管と兎毛をもって作ったと伝え、後漢に至って蔡倫が樹皮や麻を原料に紙を作り、蔡侯紙と称して、両者の名を不朽にした。しかし、紙といい、筆といい最近ではさらに遡るものとする説が有力である。墨も筆記の必要品として生まれてきた。松煙・桐煤などで用に当て、やがて固型化に成功し墨となっ

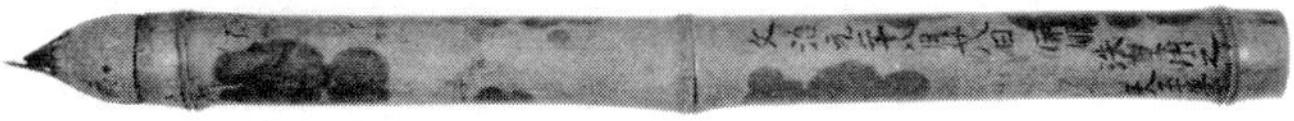
大仏開眼筆（正倉院宝物）

たらしい。

筆墨は最初、朝鮮より伝えられ、やがて遣唐使などで、本場の墨・筆が舶載されたものと思われる。タクラマカン沙漠周辺の古城址などから出土した漢簡と、隋唐に至るまでの木簡に書かれた書法は随分と異なり、なんだか筆も穂先がちがうのではなかったかと疑問が生じてくる。

正倉院の八世紀の筆は、雀頭筆といわれるように、筆の穂（毫）が雀の頭の如く短く、紙を巻いて芯にし、現在のような長鋒ではない。雀頭筆は漢字、特に楷書に適した筆であることは、写経でもすれば一目瞭然である。天平十九年三月の写経所の文書には、「唐新羅并倭筆廿筒」の記事がみえ、写経所でも唐・新羅の筆が倭筆と混用して使用されていた。清少納言が「筆は冬毛、使ふもみめもよし、うの毛」と評しているが、兎毛筆が一般的であったのは、奈良時代に於いても同様で、天平九年（七三七）頃には写経用の兎毛筆一管が二十文、墨一挺が十八文、同十九年頃には物価が上昇して筆・墨ともに五十文、罫線を引く細筆の鹿毛筆は二文であった。書聖といわれ平安三筆の空海の弘仁三年（八一二）六月付の狸毛筆奉献状にみえる狸毛筆は、空海・弘法大師の発明のようにとられるが、「筑紫多々毛筆《つくしのたたげ》」として奈良時代には、写経の表題を書くのに、すでに用いられている。題箋用である。一管十文程で狸筆・狸毛筆ともいわれた。狸毛筆は筑紫産のものが有名であったらしい。

さて正倉院にのこる雀頭筆は、時にシルクロードの古城址などからも出土する。トルファンの博物館では、平城京東市出土の「から墨」、正倉院の墨と形状類似の墨や雀頭筆が出土し展観されている。筆管は竹でなく、葦のようなものを用いている。魚のぼら、さわらなどの卵巣の干物を「からすみ」というが、唐代の墨の形状から名付けられたといわれている。奈良ではこの古型をまねて、時に墨の職人さんがひねって作る場合がある。「ひねり墨」ともいわれ、指型のついたものが時にある。

中倉の階下に伝わる天平宝物筆や墨は、共に天平勝宝四年（七五二）四月九日に行われた東大寺大仏の開眼供養に、聖武上皇に代わって開眼師をつとめた印度僧バラモンボジセンナが使用したもので、筆・墨ともになみはずれて大きい。開眼とは仏教用語で仏像に魂を入れることで、「大山を削り」「国銅を尽くし」て広く国民を信者に吸収して造像された大仏開眼供養は、「仏教が我が国に伝来して以来、これほどの盛儀は曾てなかった」といわれた盛大なものであった。天平宝物筆は大仏開眼筆とも称せられ、穂先は剥落しているが鹿毛を用いた雀頭筆で、筆管は仮斑竹、長さ五六・六センチ、直径は四センチを超える大筆である。そして筆管には、「文治元年八月廾八日開眼法皇用之」・「天平筆」と二行にわたる刻銘があり、墨にも「開眼　法皇用之　天平宝物」の朱の紙箋が付けられている。文治の法皇は有名な後白河法皇のことである。

天平の大仏開眼供養にボジセンナが聖武上皇に代わって用いたこの大筆を、文治元年（一一八五）八月に行われた同じ供養会に、今度は後白河法皇が自ら開眼師を勤められ、用いられたことを示している。天平勝宝四年から四百三十四年をへて、一本の筆が二度も供養会の大役を果たしたわけである。

治承四年（一一八〇）十二月二十八日、東大寺・興福寺は平清盛の四男重衡の軍勢により、七堂伽藍が焼亡し、平安遷都後、宗教都市として南京・南都ともいわれた奈良は潰滅した。翌年閏二月には清盛は熱病のために六十四歳の生涯をとげたが、平氏の退勢はここに至って傾斜の度を早めることになった。戦記文学の平家物語には奈良炎上として、この時の有り様を見事に写実再現している。

興福寺は藤原氏の氏寺であり、摂政近衛基通を中心として再興の計が協議され、東大寺は入宋三度の経験をもつ俊乗房重源が勧進職に任ぜられ、造寺長官藤原行隆とともに再興が計られた。重源の東大寺大勧進職の補任は、天平創建のむかしの行基にならったものと思われるが、重源の任務は大仏の修理、大仏殿をはじめとする諸堂宇の再興という重責を荷なわねばならなかった。源平二氏の攻防がつづく最中、重源は一輪車六両を造って諸国を勧進し、広く大仏修理のための喜捨をもとめた。この大仏修理には幸いに九州・博多に来航していた宋船の中に鋳造の技術者陳和卿・陳仏寿兄弟のいることを知り、この二人を招請し、日本の鋳造師草部是助なども加わり、鎔解してしまった大仏の頭部の新鋳や諸処の大修理に成功したのである。

この大仏の改鋳修理をはじめとする東大寺の再興に異常なまでの熱意を示され、重源の最も力強い援助者となられたのが、後白河法皇であった。保元・平治の乱を身を以て体験して以降、後白河院政は治乱興亡の世紀を、権謀術数をもって切り抜けてきた。東大・興福二寺の炎上は、王法即仏法の衰微を示すものとして受けとられたが、その復興は王法の復興につながるものであった。大仏の修理は後白河院をはじめ庶民層の喜捨を得て、着々と進行し、鎌倉にあった源頼朝も東大寺再建に砂金等を送って助援をおしまなかった。元暦二年（一一八五）三月、平氏一門は安徳天皇を奉じて壇の浦に没し、源頼朝の武家政権の確立が決定的となった一方、平和な社会の到来が期待されることになった。しかしその矢先七月九日に突然京都を中心に大地震が起こり、白河法皇の法勝寺、藤原氏の法成寺や延暦寺などの諸堂は、棟を並べて倒潰し、その被害は甚大に及んだらしい。余震はその後も続き九月の末にも及んだ。天変地動という自然現象は奈良時代以前から大陸の讖緯《しんい》思想の影響をうけて、天下の失政を暗示するもの、また為政者に反省をうながす徴しと考えられ、政道の新しい目標を示す上からも、改元をする場合が多かった。改元のための佳字の選定については、時の学識者四人に依頼して、それぞれの案を古典より選び出し、その会議が行われたのは八月十四日の事で、皇居となっていた閑院が地震で破損がひどく、左大臣藤原経宗の邸宅で行われた。結局文治の元号が建久・仁宝・貞和などの佳字をおしのけて採択されたのであるが、「近くは武力をもって天下を平定せられたが、これからは文治が必要だから、文治が相応しい」という摂政藤原基通の意見が大勢をしめ、決定された。基通は後白河院の寵臣でもあり、上皇の意向が強くはたらいていたものと思われる。基通と関係が余りよくなかった右大臣兼実は、この議定に出席しなかったが、文治の元号については「実にこの年号は悪くない」と賛成している。文治の元号は源平の兵乱が漸く終結し、地震はなお庶民を恐怖におとし入れて余震が続いていたが、新しい政治目標を示すものとして注目された。

白河法皇を範とした後白河法皇は、熱烈な仏教信者であり、大仏開眼供養を王法仏法の理念の実現として考えておられたようで、七月二十日に院宣を以て、八月二十八日を供養日と決定された。当時すでに「我が朝第一の大仏事」といわれていたこの大法要は、元号文治を象徴する最初の行事となり、御斎会に准じて行われた。供養会の僧名は八月十七日に決定され、開眼師は東大寺の僧正定遍、咒願師は興福寺の信円、導師も同じく覚憲で、南都七大寺の僧・千人を招じて行われる事となっていた。供養日の前日公卿・殿上人が随伴して後白河法皇や八条女院が東大寺に到着され、正倉院より天平の開眼筆・墨が出蔵された。

二十八日の早朝、重源上人は法皇に開眼導師を自ら行って戴くようにおすすめし、ここに法皇が開眼師を勤められることになったと山槐記などに記述されている。院の近臣らはこのことに驚き、左大臣藤原経宗とともに反対されたが、法皇は

猶、此の事を遂げんと欲ふ也。すでに此の庭に臨みおわんぬ。希代のことなり。

当にその時、地震にて階壊れ、命を失なはば、何すれぞ、悔となすべからず。という強い御決心であったという。法皇の開眼師勤仕の御決心は、すでに早くから心中に帰するものがあったようで、重源上人の勧誘によるものであろうが、表むきは別当定遍を開眼師として発表し、関係者の眼をそらしておられたようである。院の近習は大仏の東方から七段に構築された階を早速に実検し、その危険の有無を調査したことは当然である。その階は左右を松や竹戸で隙なくうずめて外観をみえぬように配慮し、大仏の仏面には板を敷いた広間を造り、南側には明障子を立て、板敷の上には棚が設けられていた。この棚というのは、恐らく仏面に面しての机で、開眼筆・墨などを置いてあったものと思われる。法皇は僧衣を着け、左少弁藤原親能が御手をひき、右中将実教が御剣を持って後に従い、無事天平の筆墨をもって、開眼の作法を行われた。いわゆる点睛を加えられたのである。なおこの仏面前の板敷の辺りから、十二光仏になぞらえた十二条の長い「善の綱」といわれる綱が下方にひかれており、右大臣以下善男善女がともにこの綱を握って開眼に擬したという。天平の開眼縷を範としたものであった。

3　正倉院と白波

霊寿《れいじゅ》増すこと無くして、轂林《こくりん》揺落し、隙駟《げきしと》駐《ど》め難くして、七々俄かに来る。荼《と》襟転《きんうた》た積り、酷意《ごくい》弥よ深し。后土に披するも徴《しるし》なく、皇天に訴ふるも弔《いた》まず。将に爰に勝業に託して、式《もつ》て聖霊を資けんと欲ふ。

この一文は、聖武上皇がなくなって四十九日に当たった天平勝宝八歳（七五六）六月二十一日に、光明皇太后が、御遺愛の品を東大寺盧舎那大仏に献納して、その御冥福を祈られた時の献物帳の巻頭に述べられた所懐の一端である。いわゆる最初の献物帳で、巻頭に「国家の珍宝等を捨」てとあるところから、他の四回にわたる献物帳と区別して、すでに延暦六年（七八七）には珍宝記、近世では国家珍宝帳とよんでいる。また同日には多くの舶載された漢薬類が献物帳とともに奉納された。これも種々薬記とよばれていたが、種々薬帳と近世では称せられている。平安時代頃までは故人の仏事法要は、一周忌で終わり、四十九日までは殊に丁重に行ったもので、三回忌とか七回忌などはなかったのである。

この珍宝帳の巻頭の願文は、妻としての皇太后の心情を吐露しているといってよい名文である。私はこの隙駟《げきし》(四頭立の車、月日)駐め難く以下の対句で構成された一文を読むごとに、臣下として入内して皇后となられた天平元年以降、幾多の抗争をのりこえて、天皇と共にあゆんで来られた往事を追想した悲愁の皇太后の姿が彷彿とする。皇太后の心情に托して、当代の名文家が、推敲に推敲を重ねて作ったものにちがいがない。この献物帳には上皇の冥福を祈っての文章があとに続くが、先帝御遺愛の品々を万葉の後代にまで伝えるようにという意志表示はされていないけれど、おそらく当時中国にも例がなかった大仏に奉納することによって、天平盛代の宮廷の遺品を後世に伝えようとする意図があったのではないかと思う。

種々薬帳には、漢薬類は病に苦しむものには使用を許すという主旨の願文があり、皇太后の亡くなった翌年の天平宝字五年(七六一)頃から、正倉院の中倉より取り出されて施薬されている。特に皇太后をバックに権勢を専断した恵美押勝(藤原仲麻呂)は、同八年九月に反乱をおこしたが、その日に金銀荘の大刀や弓箭類など多数出蔵された。甲の如きは全部、梓や槻などの弓も全部取り出された。突発的な反乱であったので、急ぎとり出され、内裏に送られたが、以後出蔵の例の多いのは、弘仁時代、すなわち嵯峨天皇の時である。史料の制約もあって多少明らかでないものもあるが、弘仁二年（八一一）から同十四年の十三年間にわたって、出蔵されたり返納されている。特に太政官である中央政府の命で、宝物の一部が買い上げられ、代替え品が返納されたこともあった。現在伝わる鳥毛立女屏風《とりげりつじょびょうぶ》に類似したものや、蓬莱山水画・唐古様宮殿画や散楽の画屏風など、合わせて三十六帖と白石鎮子などが六百二十四貫余で買い上げられている。夜遊図屏風などは珍宝帳に素画とあり、色彩が施されていないいわゆる白描画であろうか。あるいは唐・太宗の「蘭亭殉葬」で有名である王羲之・献子父子の大小王真跡や、忠実な写しであるこれら大小王書法二十巻も百五十貫文で買い上げられた。嵯峨天皇の唐風謳歌の趣味を端的に示したものといえるが、その後再三にわたる内裏の炎上などで伝わっていない。これら書の巻ものは一点も正倉院には遺っていない。しかしこれらの出蔵は、監物や勅使などが派遣されて、正式な形をふんで出されたものであったが、時に勅封倉に白波—盗賊が侵入したこともあった。

現在判明しているのは、長暦三年（一〇三九）・寛喜二年（一二三〇）・嘉暦三年（一三二八）と、慶長十五年（一六一〇）の四回である。その犯人はすべて地の利に明るい東大寺の僧であった。

第一回の宝物の盗難は、長暦三年三月に校倉を焼き穿《うが》って侵入し、宝物をうばったという。侵入する八年前の長元四年（一〇三一）には正倉院の修理が行われており、開扉に当たっては鍵が合わず、開扉に手こずった時でもあり、宝物の所在も見聞して知っていたものと思われる。十二世紀にはすでに正倉院の南倉は綱封倉になり、東大寺の宝物類が収納されていたが、それらの仏具類には目もくれず、勅封倉の宝物を盗んだのは事情に明るかった証拠である。東大寺の報告で京都の検非違使の方は直ちに捜査を開始したらしく、翌年の長久元年九月十八日に主謀者の僧長久を捕え、その自白で数人の同類がいることも判明した。そのうちの一人菅野清延は数日後に捕縛され、隠匿していた銀三十両は召し上げられた。その他の一類のことは明らかでないし、犯人たちの処罰についても今日では知るよしもないが、この銀三十両というのは、恐らく銀器であろう。その後も探索が続行されたようで、長久二年十二月の末に検非違使方より盗品は東大寺に送りかえされた。

その後、天皇即位のためとか、大仏開眼供養会の必用品の出蔵や修理のために開扉が六回ほど行われ、寛喜二年七月に修理のために開封され、北倉の宝物を中倉に、南倉の綱封倉の納物を上司倉に移すなど、移動処置がとられ、無事修理が終わって、宝物類はもとのようにそれぞれ三倉に収納された。一方東大寺では、東塔の七重塔が四年前に完成し、つづいて講堂の再興が行われていたが、世上は京都においても不安定なものがあったらしい。ちょうどこの歳の八月に東寺では宝蔵の位置が「白波往還の道」に当たるために、宝蔵を守る兵士の派遣を願い出ている。建保四年（一二一六）二月に白波が侵入して宝物の盗難にあったのと、東大寺の一帯はこの頃、人家なく曠野と化していたからであった。承久の乱（一二二一）の爪あとが強くのこっていたのであろう。あたかも機を同じくするように、閉扉の終わった直後の十月に、正倉院の中倉の床板を穿って盗賊が侵入したことが判明した。東大寺では早速に参議であり造東大寺長官であった藤原家光の許へ急使を送り、盗品の員数と犯人の逮捕を懇願するとともに、再度の勅使の派遣による宝物の調査を願い出たのである。

正倉院は御承知の如く、一棟三倉で南・北倉は三角材を井桁に組んだ校倉式、その間にはさまれた中倉は分厚い檜板をかさねた板倉で、内部はともに三室に区画され、一倉毎に独立している。内部からは他の倉に入ることはできない。中倉・北倉は勅封の倉であり、五回にわたって献納された宝物を主体として納まっている。床下二・七メートルの高い床、しかも厚板の床板を焼き穿って、一尺余りの入口を作り侵入していた。東大寺でよく調査したところ、大仏殿中門に使用していた階を運んできて、床下にすえて床板に穴をあけ侵入口を作ったことも明らかになった。折から再建中の講堂の人夫などに変装して、院内に侵入したのではなかろうか。大和国の国司をもって任じていた興福寺も、黙視できず、六方大衆の組織を動員して犯人の探索と検挙に当たった。その結果まず南葛城郡の僧顕識とその弟の法師が挙げられ、やがて主犯であり、曾て殺人の下手人ともいわれた東大寺の僧円詮が逮捕された。その間約一ヵ月で事件は見事に解決したのである。この事件の明細をのせた東大寺続要録では、顕識は盗んだ鏡八面・小壷一口・金銅小仏三躰を京都で売りさばこうとしたが、鏡だけは買い手がつかず、大仏殿西南の五百立山に祭祀される五百余所社の中に、紙か帛で包んで隠匿していたが、すでに八面ともに細かく壊されていた。京都で売却できなかったいらだちから破壊したのか、捕わる身の危険を知って壊したのか、その辺はさだかでないが、盗品を身辺に置かず、神社のほこらに隠匿するなど現代的な思考と相通じる。彼等はともに奈良・佐保山で斬首され、奈良坂で首はさらされた。

その後、十二月に至って勅使が派遣された。実検宝物使といわれ、中倉・北倉を開扉して被害の実情を調べ上げたのである。冬の日の暮れるのは早く、調査は灯火をもうけて行われた。まず北倉の宝物を納めた唐櫃六十余箱を、建久四年（一一九三）八月に作られた宝物台帳と照合して進められた。幸いに北倉からは鏡七面と、犯人は自白しなかったが銅小壷一口、金銅三仏が紛失していることが確認された。翌日は中倉の調査が行われたが、台帳の不備もあって、盗まれた品物がわからず、深更にも及んだが、結局明らかにできないまま、勅使は閉扉して勅封をつけ退去され、ここに実検は二日間で終わることになった。

勅使の左少弁時兼は去る七月の開封にもこの場所に来たが、犯人達は前回の時に、開扉の現場を一見しているとみてとっていたらしい。勅使は毎年行われる宇治・平等院の一切経会での氏長者の宝物被見は、常に経蔵内で行われる例をひいて、正倉院の曝涼も、倉内で品名員数の検査点検をすすめ、十二月の盗品究明はその意向にそって倉内で行われた。嘉禎三年（一二三七）六月に行われた宝物の実検も、それぞれ倉内で、勅使・大監物や寺僧の立ち会いのもとで行われた。

寛喜二年の盗品の鏡八面は、明治になって正倉院御用掛の手で修復されたが、一面は紛失部分が多くて破片のままのこされている。

その中には破片四十五個をつないで修復された花鳥背八角鏡や平螺鈿背《ひらでんはい》八角鏡・漆

背金銀平脱円鏡のような直径一尺を越えるものもあり、珍宝帳に記載された聖武上皇の遺愛の品で、ともに唐鏡と認められる。とすれば、遣唐使か遣唐使を送って来た唐使がもたらしたものにちがいない。小壷と銅仏は、誰の手に渡ったのか杳《よう》として詳らかでない。

ところで中世には盗賊を白波と呼んだ例が日記や古文書に散見する。古くは後漢書霊帝紀に「白波賊」とみえ、わが国では広橋経光の日記民経記、法隆寺の日記などに盗賊をさして白波と称している。歌舞伎の白波五人男も推して知るべしである。

■平螺鈿背円鏡（正倉院宝物）

4　蘭奢の香り

今日、北倉と中倉には有名な香木が二材伝えられている。全浅香《ぜんせんこう》とか紅沈香《こうじんこう》とよばれるものと、黄熟香《おうじゅくこう》或いは蘭奢待《らんじゃたい》といわれるものである。全浅香は長さ約三尺四寸、重量四貫七百匁余、黄熟香は長さ約五尺二寸五分、重量が三貫三百余匁ほどもある香木で、ともに何斤何両といった単位で計量するものではなく、材とよばれるに相応しい巨材である。

全浅香には「金字牙牌」とよばれている白牙《びゃくげ》の付札も伝わっている。表・裏面に天平勝宝五年（七五三）三月二十九日の仁王会に盧舎那仏に献納された旨を金字で書かれ、国家珍宝帳にもみえる香木である。香木の伝来は蓋《けだ》し仏教と深い関係があることは申すまでもない。すでに飛鳥時代に伝わっていたことは書紀にも散見するし、天平十九年（七四七）二月の法隆寺・大安寺の資財帳によると沈香・白檀・浅香・青木香など、十六種にも及ぶ香料があったことが知られる。おそらく諸大寺にはこれらと同様な香料が所有され、仏事法要に用いられていたことが想像される。これらのいろん

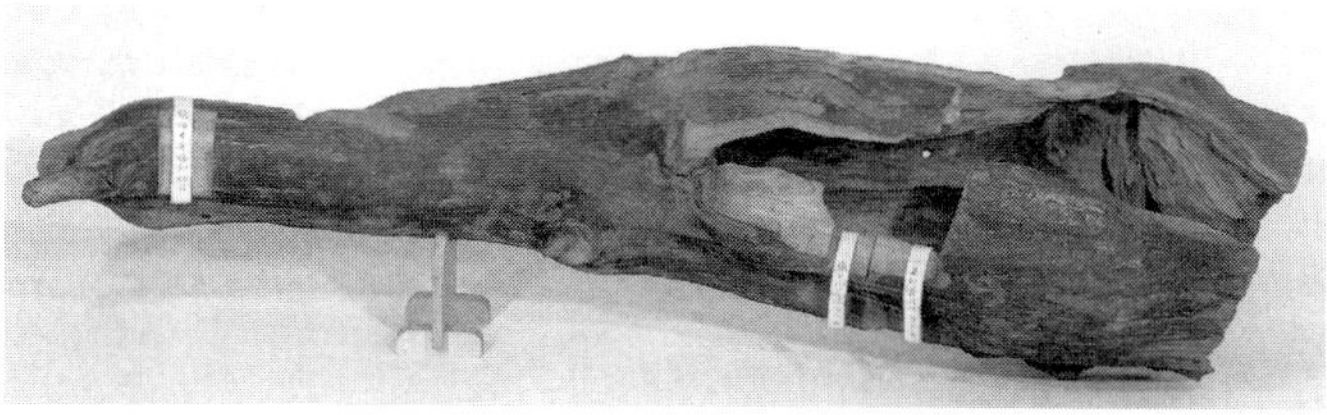

■黄熟香（蘭奢待、正倉院宝物）

な香料はいずれも、遣唐使か新羅より船載されたものであろうが、中国では沈香・浅香といったものは産出しなかったから、南海諸国や、ものによっては遠くアラビヤなどから、中国に船載されたものであったようだ。香もその性質というか特性をいかして、丁子（丁香）や青木香などは書籍の防虫用に、梅檀などはその皮を衣被香《えびこう》として、写経所などでは香水を作るとか薫浄のために名香を用いたことが知られている。沈香（沈水香）や浅香・青木香などは専ら仏教儀礼に用いられる場合が多かった。後一条天皇の忌日に、京都の七ヵ寺を忌日毎に選んでその冥福を祈るため、名香を各三両ずつ折櫃に入れて施入されたこともあった。この名香は何を指すのか明らかでないが、恐らく、沈香を指すのであろうと考えられる。

浅香はその字の示すように薫香を発する沈《じん》の含有が少ないために水に浮かぶといわれ、沈の含有が多くて水に沈むので沈水香とか沈香とよばれるというのが、浅香と沈香の名の由来のようである。今日では戦前・戦中の時代とちがって沈香はたやすく入手できる。国家珍宝帳に記載されている浅香は、その金字牙牌が伝わっているので、大仏開眼供養会の翌年の三月に大仏殿で行われた百座仁王会に用いられ、同八年六月に改めて奉納されたものであったことが確認される。仁王会は天皇の御代に一度だけ百人の智行具足の僧侶を招いて仁王般若経を講讃し、国家の安全、万民の快楽、或いは天災地変の起こらぬことを祈願する法会である。斉明天皇六年（六六〇）五月に初めて行われ、平安時代には大極殿・紫宸殿あるいは清涼殿をはじめ八省の官庁などで高座を設けて行われた。この全浅香の請来については、知る術もないが、四船無事に帰国した第八次遣唐使によって、養老二年（七一八）十月頃にもたらされたものではなかろうか。

ところで蘭奢待の名で有名なもう一つの香木は、鎌倉時代に初めて黄熟香として文献にあらわれてくる。黄熟香の名の由来も詳らかでないが木膚の色より名付けられたのであろうし、全浅香もこれに対して紅沈香という名がつけられたようである。この黄熟香は延暦六年・十二年以降の勅封倉の開検目録には片鱗もその名が見いだされない。伝承では聖武天皇の奉納と伝えてはいるが、定かでない。恐らく施入者は別の方であろうし、保存されていた倉も勅封の中・北倉ではなく、綱封倉である南倉であり、香道の隆昌とともに注目され、沈香でも最上の伽羅ということで、全浅香よりも一段と有名になった。

平安時代以降、上皇や関白などが南都巡礼をくわだて、戒壇院で受戒したあと、正倉院の宝物を一覧された例は多いが、この黄熟香を最初に切り取ったのは、寛正六年（一四六五）九月に南都巡礼を行った将軍足利義政が最初である。その後、織田信長・徳川家康・明治天皇が截香されたが、黄熟香は蘭奢待といわれ、香道史上もっとも著名な香として取り扱われるようになった。

さてこの黄熟香は、重量こそ、聖武天皇が大切にしておられた全浅香よりは軽いが、香の材質は伽羅であり、五尺にも及ぶ大材である。一介の田夫野人の手に入るものではなく、矢張《やは》り天皇家よりの奉納とみて誤りがない。正倉院の勅封倉は元来聖武天皇の御遺愛の品々を納めた倉であったから、この香木は南倉の綱封倉に収納されていたことと考え合わせて、奈良時代後期以後、某天皇によって施入されたものと推測されよう。

史料の制約もあるが、東大寺に香を寄進された文献は余りのこっていない。しかしただ一通だけ伝えられている。延暦二十四年（八〇五）九月に久しく病床にあった桓武天皇は、その病の源は早良皇太子（崇道天皇）の怨霊によるものと考え、その慰霊のために、奈良七大寺僧を大仏殿に集めて祈願を行わせられた。その時に内舎人安倍広主は天皇の使者となり、名香をもって東大寺に到着したのである。東大寺に遺る同年九月二十四日の内侍宣がそれである。一週間に亘る法要は、七大寺（東大・大安・薬師・元興・興福・西大・法隆寺）の智行兼備の僧が選ばれて行われた。恐らく十人や二十人ではなかったであろう。桓武天皇の皇弟であり無実の罪で死に追いやった早良親王の怨霊に対する畏怖の念は晩年になるほど高まり、前年の十二月にも、病気快全のための祈願が大仏殿で行われている。だからこれで東大寺での祈願は二回目ということになる。怨霊禳祷の祈願で延暦二十三年の場合は布施料として綿が多量に支給されたが、今回のは名香であった。この名香が現在のところ黄熟香であるかどうかを示す具体的な史料は伝わっていない。しかし内侍宣でわざわざ「名香を齎《もたら》し東大寺に向はしむ」と明記しているところをみると、小量の香でないことは断言できそうで、私はこの名香こそ、今日伝わる黄熟香ではないかと思う。恐らくこの香木は、延暦二十四年六月に帰還した第十六次遣唐使藤原葛野麻呂によって舶載されたものであろう。伝来のいきさつが違うところから、この香木は正倉院の勅封倉には納められずに、南倉の綱封倉に入れられて伝わった。南北朝頃の佐々木道誉などによる香道の隆昌と、香木への関心が高まるにつれて、黄熟香が世にもめずらしい名香として注目されたらしい。寛正六年九月の将軍義政の截香もその一つと考えられる。この最初の截香も何片截香されたのか所伝が異なる。やや下がって延徳二年（一四九〇）正月に後土御門天皇の御所望により、時の東大寺西室の公恵は一切を献上したことがあった。この時には黄熟香はすでに蘭奢待という名で呼ばれている。義政の截香の時にはこの名はみえない。以後黄熟香は専ら蘭奢待の名で有名となる。

蘭奢待は東大寺の三字を配したもので、なかなか巧妙な選字といえる。元来、この蘭奢は印度で人をほめる言葉として用いられていたと漢籍は伝えているが、それでは意味が通らない。蘭奢は蓋し蘭麝を意味する語と考えられ、麝は麝香であるが、それでは大の字が含まれないから、麝の代わりに奢を選んだのであろうか。蘭は古来中国では王者の香といわれ、麝香はもと薬料として使用されたが、芳香性が強いために中世では香料としても用いられた。待も本来は来たるをまつ意味の字であるが、寺を片とか旁にもつ漢字は求めにくいから待を宛てたのであろう。私は待の発想は躰から待になったのではなかろうかと思う。植物の蘭香、動物性の麝香の二つの香気を合わせもつ香木といった意味であろうが、三字に東大寺を配した香銘は誰人が命名したのか、明らかでない。ただ寛正六年九月の義政の截香には単に「御香を召上げらる」とみえ、二十五年後には蘭奢待の名が初見するから、蘭奢待の名は一応この二十数年間に誰かによって名付けられたということになる。文人墨客、風流数寄の士を集めた義政が、その撰者の一人であったことは確かであろう。

義政の截香以後、蘭奢待を切ったのは百十年後に至って風雲児織田信長による天正二年三月の截香であった。この一世紀余りの間に東大寺は、大仏殿を始めとして諸伽藍が三好三人衆と松永久秀などの戦乱で炎上し、潰滅的な被害をうけた。久秀はそれよりさき永禄四年（一五六一）に佐保山の聖武天皇山陵の東方の高地に多聞城を築き、宗教都市南都を睥睨したが、長くはつづかず天正元年（一五七三）十二月に織田信長に降り、信貴山城に移った。畿内をほぼ平定した信長は、翌二年三月二十三日に使者を東大寺に送り、蘭奢待拝見につき、同意を求め、その交換条件として、寺領の証認を行うことを申し込んできたのである。

東大寺としては松永久秀には随分とたたきのめされ、信長の大和国安定は好感をもっていた反面、延暦寺焼き打ちの暴挙など、古代的、宗教的な権力に対する反撃に示された信長への恐怖などが入りみだれ、一山衆議の上、ようやく開封への同意をしたのである。東大寺では、開封は早くても来年の春頃とふんでいたのであるが、四日後の三月二十七日に一門を率いて奈良へ下向するという有り様であった。

信長は数日の間に朝廷にも働きかけて、蘭奢待拝見についての裁許をとり、勅使派遣の儀も決定をみていた。信長の直情径行的な性格を垣間みるのであるが、この開封許可の報は、三月二十六日に勧修寺晴右より東大寺に伝えられた。勅使日野耀資は翌二十七日夕方に東大寺東南院に到着したが、信長はそれよりさき、柴田勝家・荒木信濃・原田直政・前田利家などを従えて多聞城に入り、東大寺使僧より東大寺の歴史についての質疑をきき、多聞城内で明日蘭奢待拝見のことを申し入れた。截香記などによると信長自身が正倉院に出向すれば、宝物を自由にするというあらぬ噂が生じるのをはばかって、城内で拝見することにしたという。信長の蘭奢待拝見に関連する正倉院の開封は、何分にも期間が短かったために、東大寺側としては諸準備に忙殺されたし、二十八日の開封には勅使が鍵を持参されなかったために、開封できず、番匠によって鑰を切りとり開扉するといった有り様であった。中倉に納置されていた蘭奢待は唐櫃と共に多聞城に運ばれ、寺僧の面前で二片が切り取られた。将軍義政の例にならったのであるが、信長はこのとき、「一ハ禁裏様、一ハ我等《われら》拝領」といって一寸四方の香二片の截香を行った。その後信長はさらに全浅香（紅沈香）も一見したいというので、北倉にあった同香を唐櫃に入れて、多聞城に運んだが、截香の先例がないことを知り、返却された。信長の香木に関する造詣はなみなみならぬものがあった。特に香道の蜂屋氏の指導を得ていたようで、全浅香についても、「天下無双の名香」であるから、蘭奢待と同様に中倉に一緒に納めるように、さらに箱にはそれぞれ香名を書き入れておくように指示している。信長は多聞城で諸臣と共に両種の香木を一見したが、さらに正倉院に足をのばして、南倉の綱封倉まで開扉させて、三倉に入り内部を見分し、京都にひき上げて行った。一片の蘭奢待はその後、正親町天皇に献上されたようで、今日前の摂政関白であった九条稙通へつかわされた宸翰御消息が伝えられている。即ち、

蘭奢待の香、ちかき程は、秘せられ候、今度ふりよ（不慮）に勅封をひらかれ候て、聖代の余薫をおこされ候、この一炷にて、老懐をのへられ候ハバ、可為祝著候、此よしなお、勧修寺大納言申し候へく候、あなかしく

（正親町天皇）
（花押）

入道とのへ　九條殿

という料紙二葉にわたる消息で、老後の九条稙通に蘭奢待の一片を分与され、香を聞き、その徒然を慰められたものである。

蘭奢待は正倉院宝物を代表する宝物として識者の関心をひくようになり、香道では東大寺と称して蘭奢待を名香の第一番におくようにもなる。

天正十七年（一五八九）に豊臣秀吉も蘭奢待截香を行わんとして果たさず、文禄三年（一五九四）にも截香の準備までできたが、ついにこれも実現できずに終わった。信長についで截香を果たしたのは、慶長七年（一六〇二）六月の徳川家康によってであり、近くは明治十年の明治天皇による東大寺東南院での截香であった。

慶長七年の家康の截香は、正倉院修理の内検のために派遣された本多正純・大久保石見守などによって行われた。勅使は藤原光豊など三名が派遣された。家康の截香は当時表向きは截香はなかったとしているが、ひそかに蘭奢待の截香が行われた。翌八年二月には正倉院の修理が行われ、櫃三十合が寄進された。

足利義政以降、正倉院開封と蘭奢待の截香は密接な関連をもつことになり、宝物盗難による開封は別として、寛文六年（一六六六）・元禄六年・天保四年（一八三三）

の修理にもとづく開封には蘭奢待は、恰《あたか》も正倉院宝物を代表する霊宝として取り扱われ、開封・開扉の式も、全く儀式化するようになった。両種の御香は、西室四聖坊でそれぞれ白木の大机の上で、点検され、行列を組んで東南院に運ばれた。四聖坊では座敷中央の一室に四聖御影を床上に掲げ、西方には奈良町奉行・東大寺別当の休憩所が設けられ、宝物点検の場所には勅使などの座がしつらえられていた。正倉院周辺は奈良町奉行配下の与力・同心をはじめ、長柄鑓が立てられ、警備は厳重であった。両種の香木は東南院客殿で一部の有識者や奉行所関係者、隣山の僧などの閲覧に供したようである。

5　天皇御即位と礼服・玉冠

正倉院宝物の中には、即位とか朝賀などの大儀に限って着用された、聖武天皇・光明皇后をはじめ五位以上の諸臣が着用したと思われる礼服《らいふく》と礼冠が納められていた。いわゆる盛装用の服装一式である。衣服令《いぶくりょう》に皇太子・親王以下の礼服の規定がみられ、八世紀に入って規制化されたものと思われる。

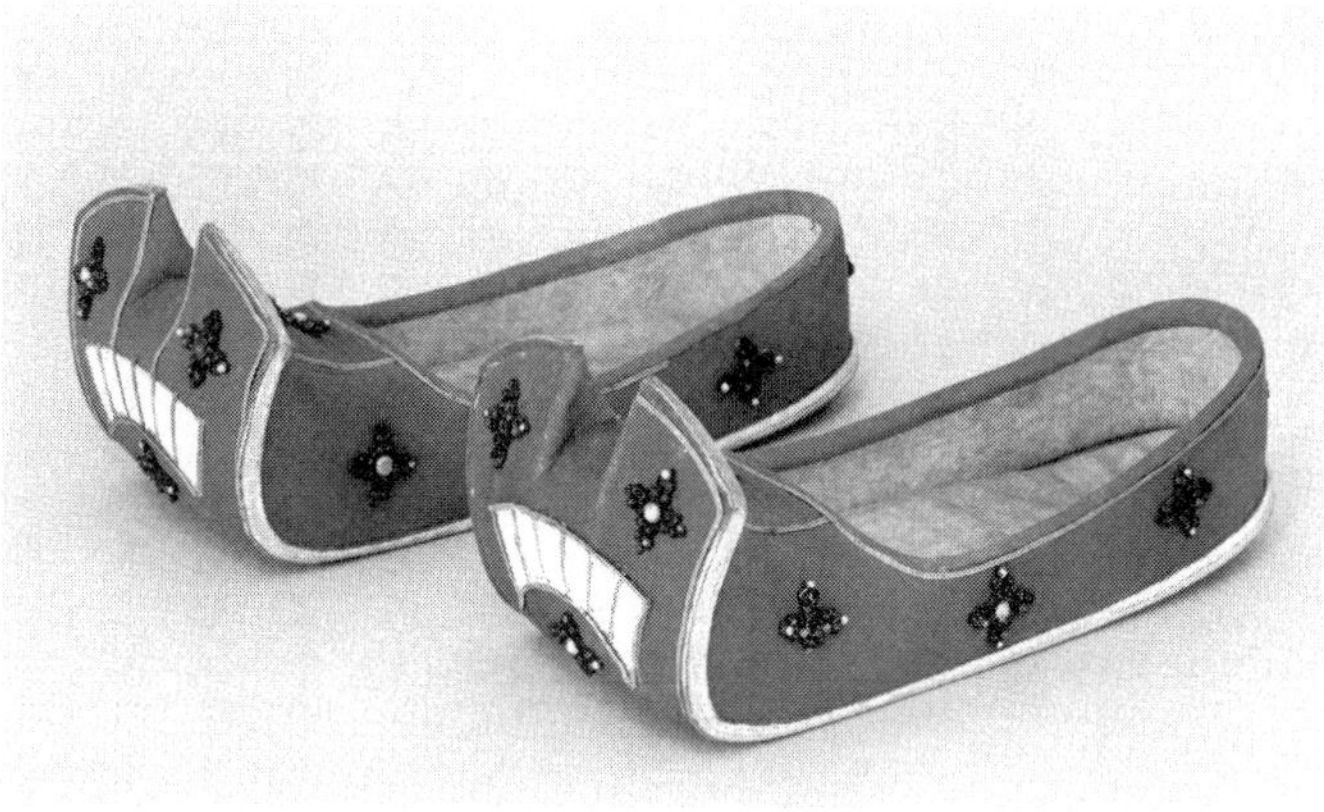

■衲御礼履（正倉院宝物）

今日正倉院北倉階下に聖武上皇・光明皇太后が天平勝宝四年（七五二）四月の大仏開眼供養会に用いられたことを意味する墨書のある木牌（木製の付札）一枚が伝わっている。また南倉階上には、「衲御礼履《のうのごらいり》」即ち礼服の上に衲の袈裟を着用された時の、緋皮造りの銀の花形に大小の真珠をはめこんだ御履《おんくつ》が、赤漆櫃とともに伝わり、題箋《だいせん》には第五櫃と墨書されている。延暦十二年（七九三）六月の曝涼帳には、第二十六号と第二十七号の櫃にそれぞれ二頭の礼服御冠、すなわち、礼冠が赤漆塗の小櫃に入れて収納されていた。やや後年の礼服礼冠目録からみると、第二十六号櫃の二頭の豪華な礼冠は「佐保皇太后」すなわち光明皇太后の使用されたもの、第二十七号櫃の二頭はどうやら孝謙天皇のものであったかと推測される。これらの礼服礼冠は国家珍宝帳をはじめとする献物帳には明記されていない。一体何時頃に献納されたのかも明らかでない。礼服と礼冠は一体不離のものであるから、恐らく同時に東大寺に奉納されたものか、それとも聖武天皇のものと、光明皇后のものは、それぞれ年紀を別に奉納されたのか、それも詳かでない。いずれにしろ、御二方が崩御されてからのことであろう。延暦十二年頃には礼服二具（聖武・光明）と礼冠四頭が襲蔵されていた。康治元年（一一四二）五月に戒壇院で受戒された鳥羽上皇と前関白藤原忠実などは、翌日正倉院宝物を一見されたが、その筆頭に聖武天皇の玉冠があった。玉冠は四頭のみのようであったが、臣下の冠が他に二十六頭も納められていたことが、仁治三年（一二四二）三月の記録で判明する。この二十六頭の臣下の冠については、古記に明記するものがない。

宝物の出蔵は、平安時代初期に頻繁に行われた。やがて鎮静化したが、天皇の御即位にあたって礼服・礼冠が出納されるようになった。その先例をひらいたのが長寛三年（一一六五・永万元）七月の六条天皇の御即位の時であった。二条天皇にかわって僅か二歳の六条天皇の即位が決定したのは七月五日で、日時が陰陽寮《おんみょうりょう》によって決定されて七月二十七日と決まった。御即位式まで日数も少なく、大納言藤原忠雅など六人の専当官が任命されたのは七月六日であり、諸般の準備に忙殺されたらしい。これら六人の公卿は、御即位式に礼服着用が定められていた。幼帝の礼服などは幸いに内蔵寮にあったものが出されて用いられたが、公卿六人の礼服は日限に間に合わず、七月二十二日に至って急使が東大寺に到着し、礼服の出蔵を督促してきた。今日この御即位に関する文書が幸いに伝存している。「勅封倉・綱封倉のどちらに礼服が納められているか、当方ではわからない。綱封倉にあるのであれば至急に京都に送るように、もし勅封倉に保管されているのなら、早速勅使下向の旨を連絡してほしい」というものである。この公卿の礼服はどちらの倉にあったのか詳かでないが、勅使下向の史実が窺えないところから、綱封倉にあったらしく、無事に取り出されて京都に運ばれた。大納言忠雅などはこれらを着用して即位式に臨んだものと思われる。七月二十七日の御即位には、摂政近衛基実が、二歳の六条天皇を抱きかかえ奉り、無事に終了した。鎌倉時代に入ると、建久九年（一一九八）三月の土御門天皇の御即位にあたっても礼服・礼冠が出蔵された。天皇は時に四歳、後鳥羽天皇が院政を行わんとして譲位されたためであった。それよりさき正月二十五日には摂政近衛基通が女官の装束などを調べ、翌二十六日には内蔵寮に保管されていた天皇着用の礼服・礼冠など、公卿数人とともに内検するところがあった。幼帝の礼服・礼冠が選ばれたことは勿論である。この御即位には参列の公卿の礼服が不足していて、法勝寺・金剛勝院・蓮華王院をはじめ鳥羽殿の倉や勝光明院にも礼服があるという風聞があり、探索されたが、鳥羽殿のものを除いて、他は全く有名無実であった。東大寺にも勅使藤原公定らが二月二十六日に到着、翌日勅封倉を開扉し、礼服・礼冠を京都にもち帰っている。この時に出蔵されたものは、礼服二具と玉冠二頭であったと三条長兼の日記三長記に記している。この礼冠の一つには先帝の御冠であるという短冊（付け札）がついていたという。しかし天皇が幼帝であるために礼服とともに用いられずに終わった。無駄な開扉であり、礼服の出蔵であったわけで、勅使の下向は徒労に終わったといえる。

建久九年から四十五年目の仁治三年（一二四二）三月になって後嵯峨天皇の御即位式が行われるに至った。天皇の御即位については二月十二日に摂政近衛兼経を筆頭に、右大将徳大寺実基などが、日時について議定を行った。いろんな意見が出たのであるが、結局三月十八日に決定したのである。諸準備が進行していったが、三月八日に至って、前内大臣土御門定通が天皇御著用の礼冠などを内検したが、十月になり更に内蔵寮より玉冠を取り出して、破損程度を再び見分した。当時民部卿でもあり、前内大臣定通のよき相談役でもあった平経高は内蔵寮の玉冠は、先年盗賊のために礼冠の金銀珠玉の錺《かざ》り物は盗まれて無く、ただ冠の羅が少々残っている有り様で、全く有名無実であったと伝えている。摂政兼経なども期日切迫していることとて、いかがすべきか「はたと」困却したようである。即位式には礼服と共に特に礼冠は不可欠のものであるだけに、新調するとしてもその本様《ためし》が必要であった。さらに有職故実を重視し、固守せんとした宮廷儀礼の中にあっても、天皇御即位はその最たるものであった。御代一度の即位に礼冠で行きづまったのである。曾て三代の博学といわれた藤原通憲の如く、諸種の典籍故実と政務に練達し、且つ広い学識をもった平経高の助言によって途が開かれた。同席していた経高は東大寺の宝蔵、すなわち正倉院に「天子御冠二頭が伝えられている」こと、もし出蔵されたならば「それを本様にして新しく礼冠を作成されてはどうか」ということを進言したのである。三月十日の礼冠の問題は「佐保朝廷（聖武）礼冠図」にも話が及び、深更にも及んで解散した。後嵯峨天皇は後日経高の進言を伝聞されて大層感動されたという。天皇の礼服・礼冠のほかに諸臣のものも不足していたので、政府は直ちに翌十一日官宣旨を東大寺に下して正倉院の開扉と使者の応接について指示し、勅使として右少弁平時継・大監物丹波尚長等三十四人が東大寺に到着、十三日に勅封倉が開扉された。開扉は難渋を極めた。というのは、宮廷で保管の勅封倉の鎰（鍵）が去年十二月に紛失していたために、勅使は鎰を持参しなかったからで、東大寺では鍛冶師をして勅封倉の錠を打ちこわし、聖武天皇・光明皇后の伝承ある礼冠各二頭と諸臣の礼冠二十六頭を出蔵したのである。しかしこの三十頭の礼冠出蔵にあたっても問題が生じた。官宣旨には単に「礼服御冠等を取出」すこと、後嵯峨天皇綸旨には勅封倉の御冠を即位の礼冠の本様とするための出蔵とあり、臣下の礼冠については、一言も触れていないからである。諸臣の礼冠の件については勅使の恣意によるものではないかとも感取されたからである。玉冠は聖武・光明御二方の四頭でよいのか、諸臣の礼冠も含むのか明らかでなかったが、一応勅使時継の言い分にまかせて、合わせて三十頭の礼冠が取り出されて渡された。東大寺では後日の証としてこの時には請取状をとり、即位式が終了すれば、速やかに御返納されるよう申し入れた。勅使は直ちに帰京し、聖武天皇の玉冠を本様として、新しい礼冠が造られた。この新造の礼冠は内蔵寮に保管されて、のちには伏見天皇の御即位式にも用いられたが、この玉冠を造る技工は多忙を極めたことが察せられる。

三月十八日は朝から「天片雲なし、日輝いて照燿たり」という好天を迎え、御即位式は無事に終了した。正倉院の礼冠は、三月二十二日に勅使一行によって東大寺に返納されたが、路次木津の辺りでこともあろうに聖武・光明御二方の四頭の礼冠が原型をとどめない程に打ちくだかれ粉砕されてしまうというハプニングが起こった。東大寺続要録では玉冠であることを知らされずに持参した人夫が振り損じたとあるが、ぞんざいに取り扱ったためである。詳細は明らかでないが馬につんだ玉冠を入れた小櫃が、馬上より落ちたのか、馬があばれて落下したのか、今日伝わっている現情からみても、相当な衝撃を与えた結果生じた不祥事件といえる。東大寺では由緒ある四頭の礼冠が、返納にあたってかかる事態が生じたことについて、「朝廷の無沙汰か、勅使の越度か」と悲憤慷慨《ひふんこうがい》している。聖武天皇即位に用いられたものと考えられる礼冠、天平勝宝四年の大仏開眼供養会に新調された礼冠や、光明皇后の礼冠は、再び本来の姿を世上にみせることはなくなった。他の二十六頭の諸臣の礼冠も、その後、暦応年間（一三三八〜一三四二）に礼服とともに出蔵されて返納されず、天平の搢紳が着用した礼服・礼冠は、ついに視界より姿を消したのである。

6　失われた武器

聖武天皇の崩御、四十九日に大仏に奉納された遺愛の品々や香薬を最初とし、都合五回にわたる献納品は、正倉院宝物の中核をなすものであるが、時代の変遷とともに出蔵される場合があった。薬剤は光明皇后の願文にも明記するように、病苦に悩むものには、その時に応じて用いることが許されたので、すでに天平勝宝八歳（七五六）十月に施薬院に人参が出蔵して下付されているのを始め、以後再三にわたり出蔵されている。正倉院にはこれらの宝物の出入帳などが伝わっていて、延暦六年（七八七）・同十二年・弘仁二年（八一一）などの宝物検財帳とともに、出蔵された品々、時に納められた品々の一斑を知ることができる。国家珍宝帳以下四種の献物帳には大仏に奉納する願意が明記されてはいるが、これを使用してよいとはひと言も触れられていない。しかし時に後代の天皇の恣意により出蔵された場合があった。文章経国を標榜された嵯峨天皇は屏風百帖のうち三十六帖・白石鎮子十六枚をはじめ、大小王真跡一巻（王羲之・献之真蹟）、王羲之の草書の写し二十巻などを出蔵し、代価を支払われた。

しかも出蔵の数といい、献納宝物出蔵の例をひらいたと思われるのは、天平宝字八年(七六四)九月に勃発した恵美押勝の乱における武器の出蔵であろう。

正倉院勅封倉には多数の武器が収納されていたことは、天平勝宝八歳六月の国家珍宝帳で知ることができる。「御大刀壱佰口」「御弓壱佰張」「別色御弓参張」「御箭壱佰具」の武器が念珠・鏡・屏風などと共に「先帝翫弄の珍、内司供擬の物」として献納されていた。陰陽の宝劔二口を筆頭に金銅荘唐大刀・銀荘鈿作大刀など五十八振と、黒作大刀四十振、後世の仕込み大刀に当たる杖刀二口の三種類にわかたれ、それぞれ一

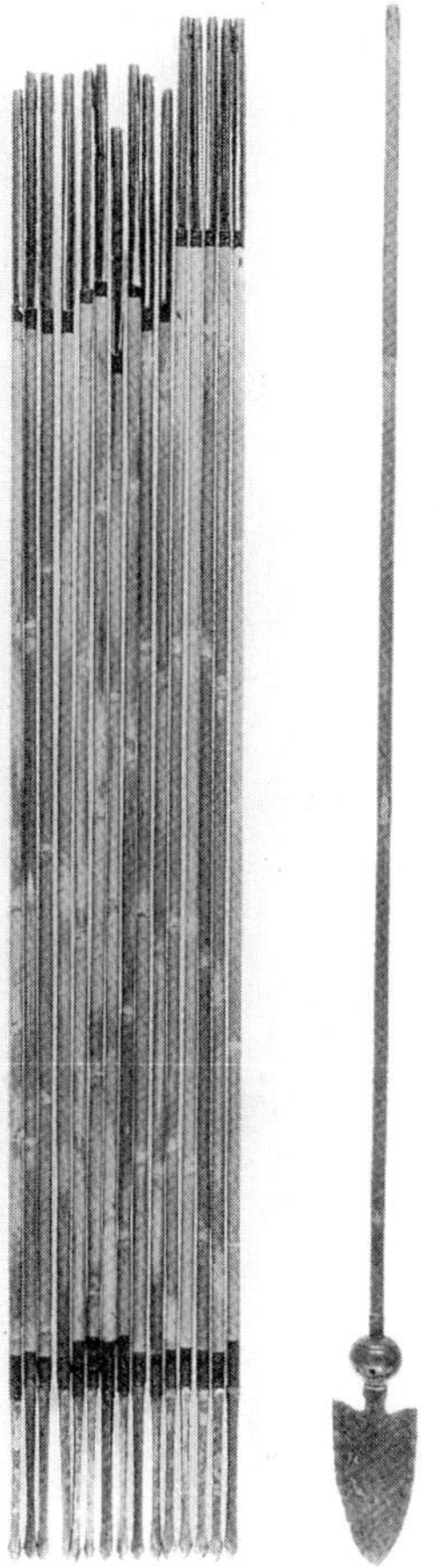

■箭(正倉院宝物)

括して唐櫃に納められていた。弓は百張であるが、このうち梓弓《あずさゆみ》が最も多くて八十四張、槻弓《つきゆみ》が六張、檀弓《まゆみ》八張などに分かたれ、別色弓として蘇芳・水牛純角などの弓が三張あった。箭《や》百具として明記されている内容をみると、靫《ゆき》・胡禄《ころく》が合わせて百具で、この内には靫や胡禄にそれぞれ八本から五十本の箭が入れられていた。概数を珍宝帳によって計算すると約三千四十九本という数になる。箭には筑紫加理麻多箭・上野乎比多祢箭といった生産地をあらわす箭もみえ、胡禄では播磨胡禄といった名もみえる。大刀は百振と明記しているが、陰陽の二剱と、藤原不比等が聖武天皇が皇太子の時献上した大刀など四振は「除物」として、献納の砌《みぎり》皇太后の手許にとどめ置かれたらしく、実数は九十九振ということになる。これら四振の大刀は由緒深い大刀であったからであろう。大刀といい弓箭類といい、一品ずつについて寸法や特色といったものが明記されているところをみると、宮廷に秘蔵されていたものの中から、よりすぐって大仏に奉納されたものといえる。献納されてから三年目の、天平宝字三年十二月に大刀ひと振が出蔵された。その理由や目的は明らかでない。つぎに大刀・弓箭類が大量に出蔵されたのが、同八年九月十一日の藤原恵美朝臣押勝の乱においてであった。

押勝はもと仲麻呂と称し、藤原不比等の長男武智麻呂の次男として慶雲三年（七〇六）に生まれた。続日本紀には「率性《そっせい》聡敏にして、ほぼ書記に渉る。大納言阿倍少麻呂に従って算を学び、尤もその術に精《くわ》し」と記され、生まれつき聡明で、書籍を愛読し、博学の士でもあり、算術代数などにもくわしかったことが知られる。当時の貴族の教養としては、中国文学が大きな比重をしめていたことは申すまでもない。奈良時代後期の「文《ふみ》の首《おびと》」といわれた淡海《おおみ》三船（玄開）は「性識聡敏にして群書を渉覧」したし、大伴古慈斐《こじひ》も「略《ほぼ》書記に渉り」といわれた。仲麻呂の学識は相当なものであったといってよい。天平十二年（七四〇）九月の従弟に当たる藤原広嗣の大宰府における反乱は、叔母に当たる光明皇后や仲麻呂にも大きな衝撃を与えたが、以後皇后の厚い信頼とバックアップによって、異例の昇進を遂げた。東大寺の大仏の鋳造が漸く完成に近づき、天平二十一年二月には、産金の瑞報が陸奥国から報ぜられた。年号はこの瑞祥により天平感宝元年と改まり、さらに聖武天皇はこの歳の七月に皇太子阿倍内親王にゆずられ、年号は更に天平勝宝元年と改まった。この日の内に左大臣橘諸兄、仲麻呂の兄の豊成は右大臣として組閣が行われ、仲麻呂も大納言に昇進したが、一ヵ月をへた八月に至って新設された紫微中台《しびちゅうだい》の令（長官）に任ぜられた。この紫微中台は光明皇后の皇后宮職を改称し、組織を拡大した役所で、従来とかく病弱であった聖武上皇にかわって、孝謙天皇を補佐する意図より出たものと思われる。紫微中台は天皇と最も深い関係のある太政官の中務省に代わって、詔勅などを諸官庁に発布する役所であったが、人材をそろえたこの紫微中台は、皇后の権威を背景に政治の実権を握るに至った。仲麻呂の権勢は以後旭日ののぼるような勢いで、天平勝宝八歳正月には右大臣橘諸兄は不敬の言辞があったとして失脚させられ、聖武上皇の崩御後は、身内の大炊王を皇太子に推薦し、諸卿の推した塩焼・池田王を排斥し、その専断は目に余るものがあった。聖武上皇の一周忌が大仏殿で終了した五月、彼は紫微内相に就任し、天皇のもつ兵馬の権を一手ににぎり、大納言でありながらその待遇は大臣と同等になり、反対派の橘諸兄の息奈良麻呂を兵部卿から右大弁に、大伴古麻呂を陸奥鎮守府将軍として中央から追放するなど、反仲麻呂派の貴族らを要職からはずしてしまった。かくて七月に至って橘奈良麻呂の変が勃発したが、仲麻呂はいち早く情報をキャッチして先制攻撃を加えて、一類を逮捕し、その処罰は徹底的に行われた。唐僧鑑真和上一行を乗船させて渡航に成功したあの大伴古麻呂も獄所に捕えられて、杖下に死亡し、兄豊成も関係者として大宰員外帥に左遷され、仲麻呂の専制独裁の地位が確立された。大祖父藤原不比等や父武智麻呂さえも果たせなかった藤原氏の政権が遂に成立した。大炊王は孝謙天皇にかわり即位して淳仁天皇となったが、仲麻呂の擁立した天皇であったただけに、全く彼の自家薬篭中の天皇であった。即位の日に仲麻呂は太保（太政大臣）に任ぜられ、祖先鎌足以来の功を賞して恵美の姓、押勝の名をたまわった。恵美は慈悲、押勝は「暴を禁じ強に勝つ」という武を象徴したもので、文武両道兼備の人物ということで、藤原恵美朝臣押勝と称するに至った。正倉院の天平宝字二年十月の藤原公真蹟屛風帳には、「大保従二位兼鎮国太尉藤原恵美朝臣」と自署し、同四年七月の淳仁天皇封戸処分勅書「太師従一位藤原恵美朝臣」をはじめ全文彼の自筆にかかる。

位人臣を極めた仲麻呂（押勝）の専制政治は長くは続かなかった。殊に光明皇太后の崩御は、彼にとって大きな衝撃を与えたことは申すまでもない。四面楚歌の中に反対派を封じるために子弟たちを要職につけたことが、かえって反対派の怒りをかい、暗殺計面が練られたし、また道鏡の出現は、孝謙上皇と淳仁天皇の反目となり、内乱の近きを示唆する風潮が高まっていった。仲麻呂は身辺警備と反乱抑圧のために規定に反して一国に六百人の兵士の動員令を発し、太政官印を押して諸国に伝えようとした。密告によりこの事実を知った孝謙上皇は、帝権の象徴である内印（天皇御璽ノ印）と駅鈴を回収すべく、先制攻撃がかけられ、仲麻呂の居所田村第《たむらだい》では両者の軍兵の間に激闘がくりひろげられた。反仲麻呂派の大伴・佐伯をはじめ同族の藤原永手や縄麻呂などや吉備真備なども決起、仲麻呂の追討にはせ参じた。この時仲麻呂は宇治路より近江国に走り、さらに子息執棹《とりざお》が国守をしている美濃国に逃れんとしたが、ついに八日間の激戦のすえ、琵琶湖の西岸の勝野津で斬殺された。これが史上有名な恵美押勝の乱である。

孝謙上皇派の先制攻撃の発案は、軍略でなる吉備真備によるものであろう。突発的な攻撃と宮廷警備のために、正倉院の大刀八十八振、弓百三張、甲百領、靫・胡禄九十六具の出蔵が行われ、東大寺の学僧安寛は、唐櫃二十二合に収めて内裏に運送した。国家珍宝帳に記載された美麗な金銅荘大刀などは四十八振、黒作大刀は全部、甲・箭などもすべてこの乱のために充当されたのである。乱が鎮定し、社会不安も一応おさまった十月十三日に、九月十一日に内裏に進めた武具を対校するために、検定文一巻が内裏に送られた。安寛が急送した大刀・弓箭が内裏にのこされ、国家珍宝帳に記す内容と一致するかどうかを対校するためであったろうし、また散失したこれらの武具を補充して正倉院に納める意図からであったと推測される。

現在珍宝帳に記載された大刀は三振のみ伝わり、北倉に納められている。黄金荘大刀・金銀鈿荘唐大刀など十四振、黒作大刀十二振、無荘刀二十三振、あわせて四十九振の大刀は珍宝帳に明記のものにあわないものであり、胡禄なども献納当初のものではない。ただ珍宝帳に記載のない柄の長さ三メートルから四メートルに及ぶ長大な鉾などが伝えられている。その数実に三十三口、箭も三千七百三本も伝えられている。これら現存する大半の武具は、十月十三日の検定文により、後日代納せられたものであろう。中倉に収められている漆葛胡禄は鏑箭を含む箭五十一本を収めているが、「天平宝字八年九月十四日に木工衣縫大市が、矢一柄を給わった」ことを墨書した木札がついている。十四日は仲麻呂がすでに近江国に逃れ、使われずに後日ほかの武具と共に納められたものの一つであるらしい。「枢機の政、独り掌握より出ず」といわれた仲麻呂は、国家珍宝帳の巻末に紫微令中衛大将という肩書きで「仲麻呂」と自署しているが、くしくもその武器で誅せられたともいえる。

七

東大寺の現代史

1　銀仏盗難

《昭和十二年（一九三七）三月　東大寺三月堂の国宝　不空羂索観音《ふくうけんさくかんのん》の宝冠の銀の阿弥陀立像と玉類などが盗まれているのが分かった。銀仏は像高わずか二三センチだが単独でも国宝になろうかという一級品。》

三月堂の溝辺さんという堂僧が宝冠の化仏《けぶつ》（仏像の頭部などに付く小仏像）がないのに気付いたんですわ。私は初めてのお水取りで北隣の二月堂にこもっていました。そのため少し後になって、当時管長だった雲井春海さんが和上（筆頭練行衆）の鷲尾隆慶さんのところにやって来て「えらいことができてしまった」と対策を相談され、それで初めて事件を知ったんです。

新聞は「世界で三番目の冠の化仏が盗まれた」と報じました。一番はエジプトのツタンカーメン。二番目がフランスのルイ十四世の冠。その次がこの宝冠だそうです。当時で五十万円とか百万円とかというびっくりするような値段がとりざたされました。

警察当局は最初、「犯人寺内説」と「寺外説」の両面から捜査していた様子でした。

気の毒だったのは、事件の後、三月堂前の池を掃除していて銀仏によく似たアンチモン（金属の一種）の仏像を見つけたお寺の作業をしていた人でした。疑いをかけられて連行され留置場に入れられて、時には署員の柔道の練習相手をさせられたりしたようです。もらい下げにいきましたら、ぼろぼろ泣き出しまして――。あのアンチモンの像は、犯人が銀仏と取り換えるつもりで持って来て捨てたのかも知れませんなあ。

■国宝・不空羂索観音の宝冠化仏（奈良時代）

《事件は時効間近の昭和十八年九月に解決した。》

大阪の社会大衆党の代議士で美術品の収集家だった田万清臣弁護士の所へ、京都の古美術商が宝冠の一部を売りに来たんですわ。田万さんはすぐに三月堂のものと疑って奈良の美術写真家小川晴暘さんに相談、盗まれたものに間違いないことが分かり、古美術商は間もなく故買容疑で逮捕され、盗品もほとんどを回収しました。

盗みを働いたのは、古美術商とは別の二人組。中年の主犯の男は当時すでに別の事件で逮捕され、獄中で死亡していました。共犯の若い男は広島の連隊にいたところを捕まり、軍法会議で処罰されたと聞きました。二人は、三月堂の縁の下の木の桟をノコで切り、床板をめくって堂内に入り隣の手向山八幡宮から盗んだはしごを運び込んで像高三・六メートルの乾漆づくりの観音さんの肩にかけ、化仏や玉類をもぎ取って逃げたということでした。

変な話ですが、盗まれてから気付くまでに一ヵ月あまりもかかりました。その間、三月堂では二回法要があり、みんなで本尊の観音さんを拝んでいるのに分からなかったんですわ。堂内が薄暗いうえ、まさかという気持ちもあって見過ごしてしまったんですね。

発生のころ、お寺へいろんな情報が入ってきましたなあ。情報提供料を取ろうという話がほとんどでしたが、当時の庶務執事だった筒井英俊さんらは信用できなくても、ほっておけず走り回っておられました。

振り返りますと、もし犯人があのアンチモン像を銀仏の代わりに宝冠へ取り付けていたら事件の発覚はもっと遅れていたでしょう。それを思うとぞっとしますなあ。それにしても、あのアンチモンの仏像、警察に証拠品として持って行かれたままですが、いまどこにあるんでしょうか。

2 お水取り

《堀池さんがお水取りにこもったのは昭和十二年(一九三七)から四十二回。算数小綱《さんずのしょうこ》という役。約四十人が三週間余りこもる行の会計、物資調達を一手に引き受けてきた。》

お水取りの苦労話はいっぱいありますが、その一番はやっぱり終戦前後の食糧確保です。なにもが配給でしたから、みんな食糧切符持参でこもったもんです。しかし、そんなんでは足りません。試別火《ころべっか》の昼食にサツマイモをふかして出したら、みんなえらく怒りました。

《本行の正食は一日一回、お昼の食堂作法《じきどうさほう》の時だけ。》

食堂では、ご飯を大きな塗り物の鉢に盛ってしゃもじを真っすぐ立てます。戦前までは一升（一・五キロ）炊いて山盛りにしていたんですが、配給だった昭和二十一年には三合（〇・四五キロ）まで減らしました。そしたらしゃもじが立たんのです。格好がつかず困りました。三年ほどして五合に戻し、以来、五合でやってます。野菜の調達にも、困りました。行中は精進で、決められた献立表通りのおかずができないんです。

《お水取りの供えもちは壇供《だんぐ》と呼ばれ、必需品。円盤状のを前半用と後半用に千枚ずつつく。》

もち米の確保が心配でしたが、幸いに県が春日若宮おん祭りとお水取りには特配を認めてくれました。しかし、普通だと六石（九〇〇キロ）いるのに、特配は半分の三石。つきたてのやわらかいとき、わげものの枠で形を整えるのですが、当然、厚さが半分になります。二月堂の須弥壇へ七、八段積みますが、薄いと重みがなく、乾燥する時反ってきて崩れます。これにはまいりましたなあ。

《灯明の油》

菜種油が手に入らなくてヤシ油を使ったんです。そしたら、夜がふけて冷え込むと、灯明皿の中で白く固まってきよるんです。そのうち灯しんに油がしみなくなって火が

■紙衣

消えるんですわ。やっかいでしたなあ。

《お水取りでは、紙衣《かみこ》という和紙の衣を着用するが、これに和紙が大量にいる。》

紙衣は仙花紙《せんかし》という厚手の和紙で作ります。ところが、終戦前後にはこの紙が手に入りません。代わりに笠紙《かさがみ》というのを使いましたが、薄くてすぐ破れるんです。

ツバキの造花も仙花紙を使うんですが、紙衣ほどはいりません。それでも、奈良の紙屋さんに染めてもらった赤い紙と白いままの紙を蓄えておいて、なんとか物のない時代を乗り切りました。

《たいまつ用の竹》

竹は建築資材として統制物資だったため、簡単に入手できません。どうにもならず、戒壇院など寺内のやぶの竹で間に合わせましたが、細くてさっぱりでした。

《童子（練行衆らの付け人）は十四人必要。しかし、戦争で男手はない。》

童子さんの確保には苦労しました。別火に入っても十四人そろわないんです。あせりましたなあ。こんな気の毒な話もありました。昭和十九年、紀寺（奈良市）の農家の兄弟がこもってくれたんですが、留守宅へ牛泥棒に入られ一頭盗まれました。行中に弟へ召集令状がきて兵隊に取られるなど散々でした。

この年、お水取りの最中に童子さん四人と練行衆三人に召集令状がきました。こればっかりは断れません。二月堂の北の出口で、みんなでバンザイして次々に送り出しました。三人の練行衆は今の長老の狭川宗玄さんと筒井寛秀さん、それに新薬師寺の中田聖観さんでした。欠けた役は残った人が一人二役をやって切り抜けましたが、そんなの前代未聞ですわ。

3　戦時体制

《戦時中、東大寺は奈良時代から伝わる建物や仏像などの文化財を戦火から守る対策を真剣に考えた。》

大阪の空襲の前でしたから昭和十九年ごろだったと思います。大仏殿の大屋根がB

29の標的になりやすいというので、迷彩を施すことになりました。屋根をすっぽりと緑色のネットで覆って周囲の樹木と色合わせしようというわけです。

高い場所なので、風雨が強く、蚊帳のような繊細なものではもちそうにありません。結局、細い縄で編んだような目の粗い網をかぶせました。それにしても、あれで迷彩になったんでしょうか。米軍機はレーダーも持っていたそうですから、ネットぐらいでごまかせるとは考えられませんがね。

《奈良時代の乾漆像などが集中している三月堂の仏像も疎開した。》

戦争が進むにつれ、文部省から「文化財の保護を考えよ」という内示が、県の聖地顕揚課社寺係を通じて東大寺にも届きました。そのころはまだ切迫した状態ではなかったんですが、同十九年の後半になると、本気で保護策を考えざるをえなくなりました。寺の会議では「生あるものは必ず滅する。このままでよい」という声と「可能な限りの保護策を考えるべきだ。建物を土のうで囲んではどうか」という意見などが出ました。そのうちに疎開案が浮上し、同二十年に入って実行に移しました。

ところが、元気な男の人はほとんど出征していて、仏像を運搬する人がおりません。困っていたら、県が刑務所に頼んで受刑者を動員、大きな担架をこしらえて歩いて運んでくれました。疎開先は、柳生へ行く途中の忍辱山円成寺と、山の辺の道の奥にある菩提山正暦寺でした。私は狭川明俊さんと円成寺へ行きましたが、二体運んだところで終戦になりました。

正倉院の宝物の疎開計画もあり、管理していた奈良帝室博物館から寺へ、荷造り用の板を分けてもらえないかとの依頼がありました。しかし、こちらには板はもちろん縄さえありません。結局、県が春日山の木を切って作ったようです。

正倉院の宝物の場合は、疎開させる前に終戦になりましたが、奈良市の不退寺の近くにある古い鉄道のトンネルに避難させる予定だったと聞きました。あそこは天井から水がボタボタ落ちるところで、避難しなくてよかったと思います。

《食糧難、配給、買い出しの時代。奈良公園のシカが密猟された。》

同十九年の年末、奈良公園のシカを殺して食べた人たちが三十人ほど警察に逮捕されました。その中に東大寺の関係者が三人いました。男手のない時だったので、三人の逮捕は寺にとって大痛事。当面、正月用のもちつきができません。「堀池、もらい下げてこい」ということで、奈良の検察庁へ出向きました。

このシカ事件を検察庁で担当したのは山根さんという人でした。「春日大社が管理している神鹿《しんろく》をあやめたのだから、春日大社と話し合ってみてください」といわれ、すぐに春日大社の人を呼んでくださいました。

おいでになったのは大東延和さん（春日大社参事）のお父さんで、こちらの事情を説明しますと、春日大社としても事を荒立てるつもりはないと言ってくださいました。それで、みんな釈放してもらい、無事もちつきもできました。

大仏殿の迷彩や、仏像の疎開、肉を食べるために公園のシカを密猟するようなことなどは、今ではちょっと考えられませんがね。

4　大釣り鐘

《大仏殿東側の鐘楼には、国宝の大きな梵鐘《ぼんしょう》がある。「奈良太郎」と親しまれる奈良時代の名鐘である。低音が魅力だといわれる。今回はその大釣り鐘の音の話から。》

昭和十二年夏に日中戦争が始まりましたが、その翌年ごろ、鐘楼の東側にある念仏堂で、奇妙なことが起こったんです。

戦争が長びくにつれ、県内出身者からも戦死者が出始め、最初は奈良市内の木辻あたりの尼寺に遺骨を納めていました。ところが、次第にその尼寺では収容し切れなくなり、東大寺でまつってもらえないかという相談が持ち込まれたんです。奈良の陸軍三十八連隊に、大和郡山出身の藤田少佐という幹部がおられて、その人が寺との交渉に当たっていました。

東大寺には、墓地や納骨堂を造る習わしはないんですが、国のために戦った英霊ですから、その念仏堂でまつることになりました。真言宗や浄土宗などのお寺だと、戦没者の家の宗派と違ったりして不都合が生じるので、「八宗兼学」の東大寺が一番よいということも理由のひとつだったと覚えています。

遺骨が念仏堂に初めて納められたのは同十三年だったと思います。暑いころでした。遺骨箱は一〇センチ四方、高さ一五センチほどでした。百ほどあったでしょうか。本尊の地蔵菩薩の

■国宝・梵鐘（奈良時代）

背後にひな壇のようなのを作って、そこに遺骨箱を一列ずつ真っすぐに並べました。英霊をそのまま放っておくわけにいかず、「一週間ほど」という上からの指示で、亡くなられた北河原公典さんと私が堂内に蚊帳をつり、泊まり込みました。

最初の朝、起きてびっくりしました。一直線に並べておいたはずの遺骨箱が波打っていたんです。二人で「気色悪いなあ」と言いながら、とりあえず並べ直しました。ところが、翌朝もその次の朝も動いているんです。

四、五日たってやっと、原因はどうやら近くで鳴らす釣り鐘の音らしいと分かったんです。

《この鐘は高さ三・八五メートル、口径二・七メートル、重さ二七トンもある。念仏堂との距離はざっと二〇メートル。当時は毎日午後七時に時報としてつかれていた。》

大きな鐘だけあって、音に力があったんですなあ。しかも余韻が長い。軽い桐《きり》の遺骨箱はその音の波に押されてずるずる動いたんですわ。音の波の微妙な当たり具合で、箱が波打ったのだと思われます。えらいもんですなあ。あの大鐘の底力を見せつけられた思いでした。

《同十四年三月一日、大阪府枚方町（いまの枚方市）で陸軍の火薬庫が爆発。当時の朝日新聞によると、被害（三日後の府警調べ）は死者八十四人、重軽傷五百九十四人、行方不明五十六人とされた。奈良からも爆発の明かりが見えたという。》

ちょうどお水取りにこもった時でした。高い場所にある二月堂から見ると、よく見えるんです。北西の空がパーッと明るくなったかと思うと、ちょっと間をおいてビリビリーッと地響きがしました。まるで地震でした。はるか向こうなんですが、ここまで震動が届くんですから、相当な爆発力だったんでしょう。

夜になると、それが一層はっきりして稲妻のように光るんです。そんなのがしばらく続き、枚方の住民はみんな京都の方へ逃げたと聞きました。

日中戦争が続いていたころで、「戦争というのに、火薬がなくなってえらいこっちゃなあ」とみんなで話し合ったもんです。戦前のお水取りころの鮮烈な思い出のひとつですわ。

5　道鏡擁護論

《奈良時代に皇位をうかがった政僧として悪評の高い弓削道鏡《ゆげのどうきょう》の擁護論が起っている。堀池さんもその一人である。》

道鏡は、世にいわれるような、あんな淫腓《いんび》な人ではなかったと思います。たぶん、妬《ねた》みと誤解が生んだ言い伝えが増幅したんでしょう。

その思いを強くしたのは、昭和三十一年に京都・栂尾《とがのお》の高山寺で行われた文化財保護委員会の古文書調査の時でした。私も参加したんですが、おびただしい数の史料の中に「宿曜占文抄《しゅくようせんもんしょう》」という星占いや天文のことを書いに古写本があったんです。その中から道鏡の伝記が見つかりました。

《この宿曜占文抄の写本は文治年間（一一八五〜九〇年）に写されたもの。原本は平安末か中ごろのものと推定される。道鏡のほか藤原鎌足や吉備真備らの伝記も載っている。》

この写本には、道鏡が宿曜秘法、つまり占星術を使って女帝・孝謙天皇（後に称徳天皇）の病気を治したという記述が二ヵ所にわたってあり、その功績で出世したというようなことが書かれてありました。続日本紀にも二ヵ所、孝謙天皇が道鏡のことを「己が師」「朕《ちん》が師」と書いています。

これらを併せ考えますと、道鏡は孝謙天皇の仏教の師匠で、星占いの秘法を天皇に施したと考えるのが穏当だと思います。二人の間柄は水鏡（鎌倉時代の歴史物語）などに出てくるようなみだらな男女関係ではなく、もっと清らかな間柄だったとみるべきです。占星術などの秘法は、密教の場合もそうですが、密室で行われることがあるわけで、道鏡と女帝が一対一で部屋に閉じこもったりしたことなどから、二人の間が疑われたんでしょう。

《道鏡は孝謙天皇に認められて政界に進出。恵美押勝の乱後、太政大臣禅師、次いで法王となり、権勢を振るった。皇位問題から和気清麻呂らに失脚させられ、宝亀三年（七七二）に下野国の薬師寺で死去した。》

正倉院文書の中に道鏡の書状が残っていますが、なかなか立派な文字です。その書の風格から考えても、みだらな人柄は連想できません。女帝は父の聖武天皇や母の光明皇后の影響を受けた熱心な仏教崇拝者で、こちらも道鏡との間に乱れた関係があったとは考えにくい。あくまで仏教を通じた師弟関係だったんでしょう。

道鏡は修行時代、東大寺の開祖・良弁の使僧、つまり弟子のような存在でした。このため東大寺とも深いつながりがあるんです。

《一九九二年秋、東大寺で、道鏡の出身地・八尾市の市民グループなどによって「道鏡を偲《しの》ぶ会」が開かれた。道鏡の汚名をそそぐ集いで、全国から約百人がやって来た。道鏡ファンは意外に多い。》

この宿曜占文抄は、えらくおもしろい写本で、私はあれを読んで道鏡の人柄が世評と違うことに確信を持ちました。

あの高山寺の調査では、五條市の栄山寺の古い経典も見付けました。「華厳修慈分」という前山寺《さきやまでら》の朱印を押した奈良時代の恵美押勝のころの経典でした。栄山寺は前山寺ともいわれていたんです。押勝は東大寺の写経所からお経を借り出して返さないまま失脚、経典はあちこちに渡り、栄山寺などで残ったようです。

6　国宝盗難

狭川明俊さんが管長のときで、大仏殿回廊の修理の終わった翌年でした。大仏殿の仲番の人が、夜中、飼っていた番犬があまりほえるので見に行ったところ、境内の国宝の銅造八角灯籠《とうろう》の火袋が壊されていたんです。寺は大騒ぎになりました。

■国宝・八角灯籠火袋羽目板
（音声菩薩、奈良時代）

《東大寺の八角灯籠は天平時代の金属工芸の傑作。とくに火袋の音声菩薩《おんじょうぼさつ》の透かし彫りは有名だった。その音声菩薩のある羽目板の一枚が昭和三十七年二月十一日夜、盗難に遭った。》

仲番というのは大仏殿の西側にある集会所《しゅうえしょ》という建物に住み込んで、大仏殿関係の警備や殿内の仕事をする係でした。当時、さい銭泥棒が多かったため、犬の鳴き声でそれを確かめに行ったようです。さい銭箱には異状がなかったんですが、やがて八角灯籠の火袋の東北側の羽目板が壊されてなくなっているのに気づいたんです。

翌朝、あたりを探したところ、大仏殿東奥の芝の上に音声菩薩が捨ててありました。犯人はバールのようなものでこじあけてはずし、逃げたんでしょう。ところが、銅製のため重く、犬にもほえられて、途中でほうり出し、土手を乗り越えて逃げたようです。

盗まれかけた羽目板は周囲の格子部分が壊れてなくなっており、大仏殿東側の長池の中まで探しましたが、破片は出てきませんでした。その後、羽目板は樹脂で複製して灯籠にはめ込みましたが、日光で変色し、今は鋳銅製になっています。壊れた羽目板はこじられたときに歪《ゆが》んでしまい、収蔵庫で保管しています。犯人は結局、捕まっていません。

《朝鮮戦争のころの金へん景気で、銅が高く売れたため、電線泥棒などが多発。奈良の社寺も銅製品が狙われた。》

東大寺では、避雷針の銅線がよく盗まれました。大仏殿では大屋根に張ってあった銅のワイヤが切り取られ、南大門では地上二〇メートル付近から下の銅ワイヤがなくなりました。

大仏殿の屋根へは、裏にある防火用送水管を支えるための鉄やぐらをハシゴ代わりにして登ったらしく、たいていは毎年六月ごろの避雷針導体検査で電気が通じないため分かったんです。修理するんですが、しばらくするとまた盗まれました。くず銅にして売ったんでしょう。八角灯籠の音声菩薩も美術品泥棒ではなく、金属めあての泥棒だったと思います。心ない犯行で天平の遺宝が傷つけられ、まことに残念です。

《三月堂の脱活乾漆造り四天王（国宝）の多聞天像が踏みつけている邪鬼。いつのころかその頭部が壊されて盗まれた。》

なくなった邪鬼の頭は、明治の終わりごろに乾漆が得意な細谷さんという奈良の仏師が復元、修理。ところが、昭和十五年、東大寺も寺宝を出品してベルリンで日本文化展が開かれましたが、そのとき邪鬼の頭がドイツにあると判明したんです。

この文化展で、ドイツに日本ブームが起き、忘れられていた邪鬼の頭がにわかに注目されたんでしょう。「東大寺で買い戻さないか」という話もあったんですが、値が高いことや、すでに復元していたことからご破算になってしまいました。ドイツは第二次世界大戦で廃虚になったんですが、邪鬼の頭がどうなったのか。消息は聞きませんn。

《現在、多聞天の邪鬼の頭部は少し赤みを帯びて布目がついており、周囲より新しい感じである。》

7 災害

《火事＝昭和二十二年七月四日、東大寺南大門わきの本坊から出火、西側の一角を残してほぼ全焼した。東大寺では戦後、最大の火事となった。》

ちょうどアメリカ合衆国の独立記念日の夜でした。進駐軍が東大寺の東にあった春日野グラウンドで打ち上げ花火をし、それが本坊に落ちたんです。場所は管長室の屋根。悪いことに、かわら屋根でなく、柿《こけら》ぶきという木片をふいた屋根でした。

それもすぐには発火せず、待機していた消防車が引き揚げた後、燃え上がったんですわ。当時の北河原公海管長も帰宅後で、あわてて出てきました。私も駆けつけましたが、熱くて近寄れません。炎の中で、棟木がドーンと落ちたのが、いまも思い出されます。

本坊には「金光明四天王護国之寺」と彫った奈良時代の西大門勅額（重文）がありましたが、管長と清水公照さんの二人でいち早く運び出し、無事でした。しかし、タイの皇帝からもらった銀製の香炉や室町時代の東大寺縁起絵、大きな金屏風《びょうぶ》などは焼いてしまいました。

幸い、風がなくてよかったんです。すぐ南に国宝の本坊経庫があって、風が強いと延焼したかも知れません。この経庫が焼けていたらたいへんです。校倉《あぜくら》造りの貴重な建物を失うだけでなく、中に入っていた多数の天平、鎌倉時代の大切な文化財を焼失するからです。いまは新しい鉄筋の収蔵庫へ移しているので、延焼の心配はまずありませんがね。

《台風＝昭和三十六年九月十六日、第二室戸台風が近畿を直撃。東大寺も明治以後で最大の被害を受けた。》

あれはえらい風でした。昼過ぎだったと思いますが、あまり風が強いので早びけになり、私は東大寺学園内にあった図書館から帰宅する途中、寺務所へ立ち寄ったんで

■室戸台風で倒れた良弁杉と若狭井屋

す。ところが、風が強くなって外へ出られません。境内は木が倒れ、枝や葉が地面いっぱいに落ちて歩けないんです。

《この台風で老木だった二月堂の良弁杉が倒れた。幹が途中で二つに裂けて一方は若狭井戸の屋根へ、もう一方は二月堂の食堂《じきどう》へ。井戸の建物はお水取りの時、限られた人しか入らせない。寺の一大事だった。》

建物は二棟とも屋根が大破。井戸はすぐシートで覆い、その上に板を載せて隠してしまいました。私は風が少しおさまって二月堂のあたりを見て回りましたが、三月堂の南でも杉の大木が倒れ、隣の手向山八幡宮の校倉を壊していました。後で倒れた木を八幡宮にもらっていただいて、それで損害を償ってもらったのを覚えています。良弁杉は残った幹に杉皮を巻き付けていましたが、四十一年に完全に枯れて伐採。翌年、良弁杉の枝を挿し木して育てた若木を植え、今はもうかなり大きくなっています。

《地震＝明治以後、目だった被害はない。》

私が体験したわけではなく、大仏殿の仲番の人から聞いた話ですが、地震のときは大仏殿がえらい音を出すそうです。戦前、大仏殿のあの大きな建物が、ギシッギシッと鳴ったんだそうです。木がきしむといった生やさしい音ではなく、怖いほど大きな音だったといっていました。建物が大きいと、音まで大きくなるんですなあ。

8　大虹梁

今の大仏殿を再建した公慶上人の二百五十年忌を記念して、昭和二十七年に「公慶《こうけい》上人年譜聚英《しょうにんねんぷしゅうえい》（年代順に記録した公慶の業績）」を編集したんですが、その時、それまで分かっていなかった大仏殿の大屋根を支える梁《はり》の用材確保のいきさつを突き止めたんです。

《大虹梁《だいこうりょう》と呼ばれる梁材は松の大木二本。宮崎県の白鳥山から鹿児島県経由で運んだことは分かっていたが、詳しい輸送コースや方法などはなぞだった。》

私も疑問を持って鹿児島県庁に尋ねましたが、「酒だるのようなもので木が沈まないようにして船で引いたのと違いますか」というだけで、明確な回答はありませんでした。

しばらくして奈良市多門町にある旧家の玉井家で古文書調査をしました。そこでえらいものが見つかりました。大仏殿再建記という筆書きの和とじ本で厚さ四、五センチ。すぐ借り出して読んだところ、大虹梁が大仏殿に組み上げられるまでのいきさつが詳しく載っていたんです。大感激でした。

それによりますと、宮崎県南端の白鳥山（標高一三六三メートル）の白鳥神社参道わきで、元禄十五年（一七〇二＝赤穂義士討ち入りの年）十一月に、松の大木二本が見つかりました。すぐ奈良へ知らせの飛脚が走り、翌年一月に折り返し、東大寺の大工がやって来て二本を二千両で買い付けたということです。

この年九月に伐採し、運び出しを開始。まず、白鳥山北側の加久藤（宮崎県えびの市）へ出し、現在のＪＲ肥薩線沿いを山越えで鹿児島湾最奥部の川口（国分市）へ陸送。延べ十万人と牛四千頭で引っ張り、所要日数は百十五日でした。川口からは海に浮かべて船で引き、いったん鹿児島へ。そこで千キロを超える長旅の準備をしたようです。

《用材は二本とも八十四尺五寸（二五・六メートル）、最大直径四尺三寸（一・三メートル）、重い方は六千百八十三貫（二三・二トン）。》

この海上輸送を引き受けたのが、鹿児島県の志布志湾を基地にしていた志布志の弥五郎という海運業者でした。ところが、こんな長尺で重いものを輸送した経験がありません。名案が浮かばず困っていると、まだ幼い自分の娘が「簡単です」と、満潮の時に千石船を浅瀬で沈めて両舷へ大木二本を乗せ、干潮時に船内の水をかい出して船を浮かべる方法を提案。やってみるとうまくいきました。

鹿児島湾出口の山川港、志布志沖、豊後水道、瀬戸内海経由で大阪の淀川河口へ。そこでもう一度船を沈めて松を浮かべ、川沿いの住民延べ二万人の寄進引き（労働奉仕）で淀川と木津川を引き上り、木津（京都府）から台車に乗せて宝永元年（一七〇四）九月五日に奈良へ運び込んだというわけです。

《大仏殿再建記は四十数冊に分かれている江戸時代の地理・歴史書和州志の中の一冊。》

玉井家は奈良町奉行の与力だったという家。「何かあるのでは」と目星を付けて調査に行きました。案の定、長持ち一杯分ほどの古文書が残っていて奈良国立文化財研究所の田中稔さんと一生懸命目録を作りました。その中で、大仏殿再建記はとくに印象深く、江戸時代の東大寺の歴史をはっきりさせるのにずいぶん役に立ちました。

9　重源交換状

戦後、古文書とか書画骨とうなどの古美術品が、所蔵家の没落でどっと市場へ出てきました。そんな時、鎌倉時代に大仏殿を復興した俊乗房重源の書状が二通見つかったんです。

《発見されたのは建久七年（一一九六）に重源と公家の源通親が交わした仮契約書と本契約書。》

なんの書状かというと、大仏殿で復興中の四天王を彩色するための漆がなくて困った重源が、京都の所有地を、通親が持っていた漆と交換しようという契約書（交換状）でした。まず、奈良市南魚屋町の方が持っている建久七年十月の「相博」という本契約書が見つかりました。そしたら間もなく、同市多門町の方が建久七年九月に書いた仮契約書を持っているのが分かったんです。

《ともに数え年重源七十六歳の直筆。大仏殿再建の大勧進職・重源の業績を知る興味深い史料となった。》

この二通は、京都の大応寺という寺にあったのが流出したもののようです。一通は東京の人が所蔵していて、古くから知られていましたが、もう一通は初めて世の中に現れたもの。いずれも戦後の混乱期に京都の本屋か道具屋から売りに出されたようで、たまたま奈良に集まったんです。

昭和三十年七月に東大寺で重源上人七百五十年忌を営みましたが、その時「重源上人の研究」という論文集を出しました。私も論文を書かなければならないので史料を探していたら、知人が偶然にこの契約書の所在を教えてくれたんです。

重源関係では、同年六月に和歌山県美里町の泉福寺へ平安時代末期の釣り鐘を調査に行き、銘文を発見したのも印象に残っています。奈良国立文化財研究所の小林剛さんと坪井清足さんの三人で行きました。坪井さんが拓本をとったところ、銘文が浮かんできたんです。重源上人が三度中国へ渡ったことを書いた文字が鋳造されていたんです。

《いま、この鐘は重文に指定されている。》

あのころは旧華族や財閥、困ったお寺などからいろんな美術品が出ました。唐招提寺の森本孝順長老も宸翰《しんかん》（天皇の書）や経典を集められ、私もよく見に行きました。初めての時は知らんふりして床の間の掛け軸を指して「これ、だれのもんでっしゃろ」と尋ねるんですわ。「凝然さんですなあ」と答えますと「やっぱり知ってはりまっか」と笑うんです。私の鑑識眼を試したようです。あの方にはかないません。

《凝然は東大寺戒壇院の鎌倉時代の学僧。》

凝然さんで思い出すのは京都・清水寺の大西良慶さんです。まだ九十歳代のころだったと思います。「堀池を喜ばしてやろう」と山形県へ旅をしてその地の酒屋から凝然が書いた経巻を二巻借りてこられたんです。京都へ帰るとさっそく「すぐ来なされ」と電話してこられました。

次の日行ってびっくり。経巻も立派でしたが、裏に珍しいものが書いてあったんです。後に鎌倉市史にも載った新史料でした。

鎌倉時代中期の武将・安達泰盛一族が、権勢争いの相手に中傷されて北条貞時に滅ぼされた事件を詳しく記していました。霜月騒動という弘安八年十一月の事件ですが、東大寺の凝然に鎌倉の縁者から報告が届き、その裏に凝然がお経の解説を書いていたんです。

大西さんとは親子以上に年が違いますが、えらい大事にしていただきました。

（一九九三年三月〜四月、朝日新聞対談記事より抜粋。聞き手は、朝日新聞奈良支局編集委員・岸根一正氏である）

◆東大寺略年表

（堀池春峰 編・東大寺史研究所 増補）

東大寺略年表	事項
七二八年〔神亀五〕	十一月、皇太子の冥福を祈る山房を建て、智行僧九人を住まわせる（続紀）。
七三三年〔天平五〕	金鐘寺を創建すると伝える（要録）。
七三五年〔天平七〕	十一月二十一日、山房の僧延福、野菜を受領す（長屋王旧邸出土木簡）。
七四〇年〔天平十二〕	二月、聖武天皇など河内国知識寺の盧舎那仏に参拝（続紀）。
	十月、大安寺の僧審祥（詳）を招き、金鐘寺にて華厳経の研究を開始する（要録・円融要義集・一乗開心論）。
七四一年〔天平十三〕	二月十四日、国分・国分尼寺建立の詔出る（三代格・政事要略）。
七四二年〔天平十四〕	七月十四日、太政官、皇后宮の令旨により、大和国金光明寺（金鐘寺）に安居を設ける（要録）。
七四三年〔天平十五〕	一月十三日、大和国金光明寺（国分寺）に四十九人の僧を招き、殊勝の最勝会を設け、像法の中興をはかる（続紀・要録）。
	十月十五日、近江国信楽宮において聖武天皇、金銅盧舎那大仏造顕の詔を発し、行基、弟子を率いて勧進する（続紀・要録）。
七四四年〔天平十六〕	十一月十三日、近江国甲賀寺の地に大仏の骨柱を立てる（続紀）。

十二月八日、金鐘寺および朱雀路にて万燈供養を行う（続紀・要録）。

七四五年［天平十七］
八月二十三日、平城京の東、山金里に改めて盧舎那大仏造立の工事を始める（要録）。
この頃、国中連公麻呂、造仏長官となる（正倉院文書）。

七四六年［天平十八］
十月十六日、聖武天皇、金鐘寺に行幸し、盧舎那仏像を燃灯供養する（続紀・要録）。

七四七年［天平十九］
九月二十九日、大仏の鋳造を始める（延暦僧録・要録・扶桑略記）。

七四九年［天平二十一］
二月二日行基、平城右京菅原寺にて入寂、八十二歳（続紀・舎利瓶記・菩薩伝・要録）。
四月一日、聖武天皇、東大寺に行幸し、陸奥国の産金を大仏に告げ、瑞祥を喜ばれる（続記・要録）。

七四九年［天平勝宝一］
七月十三日、諸寺の墾田の地限が定まり、東大寺は四千町、大安・薬師・興福・諸国金光明寺は千町となる（続紀）。
十月二十四日、三ヵ年八度の鋳継ぎにより、大仏の鋳造成る（要録・巡礼私記・大仏殿碑文・延暦僧録）。

七五一年［天平勝宝三］
三月九日、大仏の両脇侍、観音・虚空蔵の巨像完成する（巡礼私記）。
この年、大仏殿造営される（要録）。

七五二年［天平勝宝四］

閏三月七日、大梵鐘の鋳造完成する（巡礼私記）。
四月九日、聖武上皇・孝謙天皇等東大寺に行幸し、大仏開眼供養を行う（続紀・要録）。

七五四年［天平勝宝六］

五月一日、良弁、初代の東大寺別当となる（要録）。
四月五日、唐僧鑑真を請じて大仏殿前に戒壇を設け、聖武上皇・孝謙天皇以下受戒される（東征伝・要録・戒律伝来記等）。

七五五年［天平勝宝七］

九月、戒壇院建立。金銅四天王像・華厳経厨子を安置する（要録）。

七五六年［天平勝宝八］

五月二日、聖武上皇崩御される、五十六歳（続紀）。
六月二十一日、光明皇太后、聖武先帝の遺愛の品・珍宝を東大寺に施入される（国家珍宝帳・要録）。
六月九日、東大寺山堺四至図成る（同銘）。

七五七年［天平宝字一］

十一月二十八日、東大寺唐禅院の鑑真等の供養料に備前国の墾田百町を施入する（続紀）。

七六〇年［天平宝字四］

六月七日、光明皇太后崩御される、六十歳（続紀・要録）。
この年、実忠、小塔院を建て、新薬師寺西野に土塔を建立（要録）。

七六七年［神護景雲一］

二月四日、称徳天皇、東大寺に行幸し、国中連公麻呂・佐伯真守以下、造寺工に位階を進められる（続紀）。

七八九年［延暦八］	三月十六日、造東大寺司を廃止する（続紀）。
八〇三年［延暦二二］	この年、実忠、大仏の御背部・左手の破損の修理を行う（要録）。
八一八年「弘仁九」	三月二十七日、二品酒人内親王、朝原内親王の遺言により、美濃国厚見（茜部）・横江・土井の三庄等を施入される（東大寺献納文書・要録）。
八二二年［弘仁一三］	二月十日、寺内に灌頂行法所を設く（三代格・正倉院文書）。
八二七年［天長四］	四月十七日、大仏の傾斜を止めるため大仏仏後に山を築く（要録）。
八三六年［承和三］	五月九日、寺内に灌頂堂（真言院）を建て、二十一僧を置き息災増益の法を行う（三代格・要録・続後紀）。
八五五年［斉衡二］	五月二十二日、大地震により大仏の御頭が墜落する（文徳実録・要録・巡礼私記等）。
八六一年［貞観三］	三月十四日、大仏開眼供養を行う。治部卿賀陽親王、会事を監督される（要録）。
八七五年［貞観一七］	十月二十四日、聖宝、東南院を創建し、三論宗の本所とする（要録・別当次第）。
八八九年［仁和五］	四月二十六日、勅して、修理用封戸九百烟の調庸雑物をもって、大仏四天王像と東西両塔の修理にあてさせる（要録）。
八八九年［昌泰二］	十一月二十四日、宇多上皇、戒壇院にて受戒される（紀略・別当次第）。

九〇一年［昌泰四］	別当道義、七大寺の衆僧を請じて、講堂にて解除会を行い、永く恒例とする（要録）。
九一七年［延喜一七］	十二月一日、西室より出火し、講堂・三面僧坊等が焼失する（要録・別当次第・政事要略）。
九三四年［承平四］	十月十九日夜、西塔並びに廊、雷火により罹災する（紀略・要録・扶桑略記等）。
九三五年［承平五］	五月六日、千僧を請じ、講堂の落慶供養を行う（要録・扶桑略記）
九五四年［天暦八］	吉祥堂焼亡。以後、吉祥悔過を羂索院に移して行う（要録）。
九五五年［天暦九］	十二月二十五日、別当光智、尊勝院を建て華厳宗の本所とし、国家・皇室の繁栄を祈る（続要録）。
九六二年［応和］	八月三十日、大暴風雨により、南大門・大仏殿扉三間等倒壊する（紀略・要録・別当次第）。
九八二年［天元五］	八月十五日、奝然入宋求法につき、東大寺、長安の青龍寺に牒状を送る（朝野群載）。
九八六年［寛和二］	三月二十二日、円融法皇、戒壇院にて受戒される（同御受戒記）。この日、大工仁海、工夫二百人をもって大仏殿上層の角木を取り替える（同記）。
九八九年［永祚一］	八月十三日、大風により、南大門・大鐘楼・大仏殿後戸等倒壊する（要

録・別当次第）。

一〇一九年［寛仁三］　十一月十六日、有慶、僧正堂（良弁堂）を建て、初めて忌日を行う（要録・別当次第）。

一〇七〇年［延久二］　十月二十日夜半、大地震により大鐘地に落ちる（扶桑略記・百錬抄）。

一〇九六年［嘉保三］　九月七日、この頃、東大寺、封戸が減少し、弁済の国わずかに四ヵ国、封物の弁済により諸堂修理を国に願う（東南院文書）。

一一〇〇年［康和二］　十月二日、別当永観、大仏殿銅造八角灯龍を修理（同刻銘）。
この頃、東塔七重ことごとく修理なる（要録・別当次第）。

一一〇二年［康和四］　九月三日、手掻会田楽について、東大・興福寺の衆徒争う。当寺西里四町、興福寺東里焼失する（中右記）。

一一〇六年［嘉承一］　五月、東大寺要録十巻編纂される（要録）。

一一四二年［康治一］　五月五日、鳥羽上皇・前関白藤原忠実と共に、戒壇院にて受戒される（本朝世紀・台記等）。

一一四七年［久安三］　この年より、別当寛信、印蔵文書・絵図等を分類修理する（守屋家旧蔵東大寺文書）。

一一四九年［久安五］　覚仁、伊賀国目代と黒田荘・玉滝杣につき摂関家藤原忠通政所で対決論争する（東大寺文書）。

一一七〇年［嘉応二］　四月二十日、後白河上皇、戒壇院にて受戒される（別当次第・兵範記）。

一一八〇年［治承四］　十二月二十八日、平重衡の軍勢により、東大・興福・元興寺の諸堂炎上する（山槐記・二月堂練行衆修中日記・続要録・玉葉等）。

一一八一年［養和一］　六月二十六日、造寺官を任命し、東大寺再興の詔が出る（続要録）。
八月、俊乗房重源、綸旨にまかせ勧進状を作り、大仏の修理・大仏殿の再興を計る（続要録）。

一一八三年［寿永二］　二月、宋人鋳物師陳和卿等七人、日本の鋳物師草部是助等十四人、大仏の御手・御頭を鋳始める（続要録・造立供養記）。

一一八五年［元暦二］　三月七日、源頼朝、重源に米一万石・砂金千両・上絹千疋を送り再興を助成する（吾妻鏡）。

一一八五年［文治一］　八月二十七日、勅封倉を開き、天平開眼筆・墨を出庫する（玉葉・山槐記・続要録）。
八月二十八日、大仏開眼供養会。後白河法皇・八条院等行幸。法皇親しく開眼される。

一一八六年［文治二］　三月二十三日、周防国を東大寺造営料所にあて、重源に国務を見させる（玉葉・続要録）。
四月二十三日、東大寺衆徒、伊勢内外二宮に参詣し、大般若経を転読して

大仏殿再建を祈る（東大寺衆徒参宮伊勢大神宮記）。
十月一日、藤原秀衡、東大寺造営料として黄金四百五十両を京に送る（吾妻鏡）。

一一八八年［文治四］
二月十八日、鎌倉幕府、東大寺再興につき、重源に合力することを師中納言藤原経房に連絡する（吾妻鏡）。

一一八九年［文治五］
五月十八日、佐々木高綱、重源を助けて周防国の杣より柱十五本を搬出する（吾妻鏡）。

一一九〇年［建久一］
十月十九日、大仏殿上棟式。後白河法皇以下近臣等開眼綱をもって結縁する（玉葉・別当次第）。
十二月初旬、源頼朝、密かに四天王寺・東大寺に参詣する（東大寺文書）。

一一九二年［建久三］
三月十三日、後白河法皇崩御される（玉葉等）。

一一九三年［建久四］
四月十日、源頼朝の奏状により、備前国を造東大寺料にあて、重源を国司とする（玉葉・愚管抄）。

一一九四年［建久五］
六月二十八日、源頼朝、大仏脇侍・四天王像を有力御家人に割り当てて願主とし、また戒壇院の再建をも急がせる（吾妻鏡・続要録・東大寺縁起絵詞）。
十二月二十六日、大仏師快慶・定覚、中門二天像を造り始める（続要録）。

一一九五年［建久六］

二月二十九日、勅使を伊勢大神宮に遣わし、東大寺供養を報告する（玉葉・百錬抄）。

三月十日、源頼朝は東南院に、七条院殖子は尊勝院に入る。夜半、後鳥羽天皇行幸される（玉葉・吾妻鏡）。

三月十一日、源頼朝、馬千頭・米一万石・黄金千両・絹千疋等を重ねて寄進する（吾妻鏡）。

三月十二日、大仏殿供養。後鳥羽天皇・七条院殖子・藤原兼実以下の公卿、将軍源頼朝、御家人和田義盛・梶原景時等を率いてこれに臨む（続要録・吾妻鏡・造立供養記）。

一一九六年［建久七］

六月十八日、大仏両脇侍菩薩像を造り始める（続要録・造立供養記）。

十二月十日、大仏四天王像完成する。この年、宋人石工、大仏脇侍・四天王像及び中門獅子を造る（続要録・造立供養記）。

一一九九年［正治一］

六月、南大門上棟する（別当次第・南無阿弥陀仏作善集）。

一二〇一年［建仁一］

十二月二十七日、仏師快慶、重源の命をうけ、僧形八幡神像を造り、開眼供養を行う（体内銘）。

一二〇三年［建仁三］

七月五日、東大寺諸仏供養を十月五日と定め、行事官・僧事を定める（別当次第・続要録）。

七月二十四日、二丈六尺の南大門仁王像を造り始める（別当次第）。

八月八日、南大門仁王像（吽形）体内に納める「宝篋印陀羅尼経並結縁交名状」を恵阿弥陀仏書写する（同経跋文）。

十月三日、運慶・快慶作の南大門仁王像の開眼供養を行う（続要録・別当次第）。

十月二十三日、東大寺総供養を十一月三十日と決定する（続要録）。

十一月三十日、東大寺総供養。後鳥羽上皇行幸し、請僧一千人をもって行う。六波羅武蔵守平朝政、軍兵を率いて境内を警護する（続要録・明月記・百錬抄等）。

この頃、重源南無阿弥陀仏作善集を作る。

一二〇六年［建永一］

六月五日、俊乗房重源、浄土堂にて入寂、八十六歳（明月記・阿弥陀寺文書）。

十月十一日、後鳥羽院院宣・土御門天皇宣旨により、栄西（建仁寺開山）を造東大寺大勧進とする（東大寺文書）。

一二一五年［建保三］

七月九日、栄西入滅し、行勇を造東大寺勧進とする（東大寺文書）。

一二二七年［嘉禄三］

十月二十二日、東塔（七重塔）再建される（明月記）。

一二三三年［天福一］

十一月二十五日、将軍家、御家人・権門勢家をとわず、東大寺講堂材木の木曳人夫を催促させる（千載家旧蔵東大寺文書）。

一二三七年［嘉禎三］	四月十九日、講堂上棟する（続要録・別当次第）。
一二三九年［延応一］	六月六日、大鐘、酉刻（午後六時）推鐘の時、釣鐘の付根より落下する（別当次第・続要録）。 九月三十日、大鋳師左兵衛志延時、大勧進行勇の指揮にて大鐘の釣鉤を修理する（釣鉤刻銘）。
一二四九年［宝治三］	三月、法眼聖玄、二月堂修二会ならびに浄土堂の料田を寄進する（東南院文書）。
一二五七年［正嘉一］	聖守、聖武天皇五百年忌に当たり「四聖御影」を作り、僧坊北室に安置する（続要録）。
一二六三年［弘長三］	八月二十五日、勅使参向し、大仏殿にて行基舎利供養を行う（続要録）。
一二六八年［文永五］	十月、聖守真言院に僧坊を建てる。大工助延・権大工等十三人（続要録）。
一二六六年［文永六］	四月五日、後嵯峨上皇、戒壇院にて受戒される。これより先に円照、金銅多宝塔を壇上に安置する（円照上人行状）。
一三〇七年［徳治二］	十一月二十一日、後宇多上皇、戒壇院にて受戒される（続要録）。
一三二一年［元亨一］	九月五日、戒壇院長老凝然入寂、八十二歳。
一三二七年［嘉暦二］	四月二十七日、幕府、摂津国三ヵ津の商船目銭をもって、大仏殿葺替料にあてさせる（極楽寺文書）。

一三三一年［元弘一］　八月二十五日、後醍醐天皇、東南院へ潜幸される。別当院主聖尋、手勢百五十人をもって迎える（雑集録・大宮家文書）。

一三三六年［建武三］　一月二十三日、足利尊氏、摂津国椋橋庄を当寺に寄進する（東大寺文書）。

一三六二年［康安二］　一月十三日、七層の東塔・真言院等雷火により炎上する（嘉元記・興福寺略年代記）。

一三九一年［明徳二］　十月八日、足利義満、造東塔料として一時遠江国蒲御厨を寄進する（東南院文書）。

一三九五年［応永二］　九月十六日、足利義満、戒壇院にて受戒し、十九日に法華堂・執金剛神像を拝す（大乗院日記目録・二月堂大双紙抜書）。

一四一〇年［応永十七］　九月二十八日、足利義持、大勧進惣深に蒲御厨を再び寄進し、東塔造営を急がせる（東南院文書）。

一四一七年［応永二十四］　七月三日、足利義持、大仏塗金のため、金数百両を金箔にして、塗金を完成する（続史愚抄・相国寺真愚稿）。

一四四六年［文安三］　一月一日、戒壇院炎上する。受戒堂・講堂・長老坊等ことごとく焼失する（再興化縁疏・東寺執行日記・後鑑・続史愚抄）。

一四四八年［文安五］　一月二十九日、戒壇院再建のため、造東大寺長官に藤原俊秀、次官に小槻晴富を任命する（康富記）。

一五〇八年［永正五］	三月十八日、東室より出火、講堂・三面僧坊も類焼する（二月堂修中練行衆日記・続史愚抄）。
一五〇九年［永正六］	四月十三日、後柏原天皇、講堂・三面僧坊再建の綸旨を下される（実隆公記）。
一五三五年［天文四］	九月十二日、後奈良天皇、八幡宮縁起絵巻上巻に宸筆を添えられる（続史愚抄）。
一五三六年［天文五］	六月六日、祐全上人勧進し大仏縁起絵巻三巻を作る（奥書）。
一五六七年［永禄十］	五月十八日、三好・松永の合戦で戒壇院炎上する（多聞院日記・言継卿記等）。
	十月十日、大仏殿・浄土堂・中門堂・唐禅院・四聖坊等、三好・松永の兵火で焼亡する（二月堂修中練行衆日記・多聞院日記・言継卿記等）。
一五六八年［永禄十］	三月二十七日、正親町天皇、大仏殿再建の綸旨を諸国に下される（御湯殿の上の日記）。
一五六九年［永禄十二］	七月十八日、大仏の仏体を鋳掛け、右膝の鋳掛けを完了する（多聞院日記・勧進状案）。
一五七二年［元亀三］	六月、織田信長、清玉上人を大仏殿再興のため、全国に勧進させる（東大寺文書）。

一五八三年［天正十一］　三月二十九日、夜、大風により国分門倒壊する（多聞院日記）。

一五九四年［文禄三］　九月豊臣秀吉、東大寺に大和国櫟本二千石の朱印を下す（東大寺文書）。

一六一〇年［慶長十五］　七月二十一日、大仏仮堂、大風により倒壊する（三綱所日記・義演准后日記・雑集録）。
八月八日、上生院、大仏修理を徳川家康に訴願し、幕府、中井大和守正次に修理を命じる（徳川実記・中井家文書）。

一六六七年［寛文七］　二月十四日、二月堂内陣より出火、二月堂炎上する（二月堂修中練行衆日記・続史愚抄・諸伽藍略録等）。

一六六九年［寛文九］　五月九日、二月堂の上棟式を行う（年中行事記）。

一六八四年［貞享一］　五月、釜屋弥左衛門、大仏蓮弁を修理する（年中行事記）。
六月九日、幕府、大仏殿再興・勧進の許可を僧公慶に与える（大仏再建記・年中行事記）。

一六九〇年［元禄三］　八月十五日、大仏仏頭、鋳物師広瀬弥左衛門国重・同国定等により完成する（仏頭刻銘）。

一六九一年［元禄四］　二月、大仏の修復すべて完成する（再建記）。

一六九二年［元禄五］　三月八日より一ヵ月間、大仏開眼供養を行う（再建記・年中行事記・公慶上人年譜等）。

一六九六年［元禄九］　五月二十一日、徳川綱吉、公慶持参の勧進杓を一見し、白銀千枚を大仏殿再建に寄進する（再建記・棟札銘等）。

一七〇五年［宝永二］　閏四月十日、大仏殿棟上げ式を行う（再建記・三綱所日記）。
七月十二日、大勧進公慶、江戸にて入寂、五十八歳。護持院隆光の計らいで遺体を奈良へ運ぶ（再建記・公慶上人行状・公慶上人年譜等）。

一七〇九年［宝永六］　三月二十一日より四月八日まで、大仏殿落慶供養を行う（再建記・続史愚抄等）。

一七一一年［正徳一］　五月二十日、幕府、大仏光背造立の勧進を許可する（年中行事記）。

一七一三年［正徳三］　四月二十五日、大仏殿中門の上棟を行う（諸興隆略記）。

一七一六年［正徳六］　四月十一日、大仏殿廻廊の立柱を行う（年中行事記）。

一七一九年［享保四］　一月六日、大仏殿中門二天開眼供養を行う（諸興隆略記）。

一七二六年［享保十一］　四月、大仏光背造顕の勧進帳を作り、勧進を開始する（同勧進帳）。
九月十六日、大仏二脇侍像の御衣木加持を行う（年中行事記・諸興隆略記）。

一七三三年［享保十八］　一月十一日、戒壇院受戒堂の落慶供養を行う（年中行事記・慧光長老戒壇院興隆記）。

一七三九年［元文四］　五月十六日、大仏光背完成する（同光背銘）。

一七五二年［宝暦二］　二月四日、大仏脇侍虚空蔵の巨像完成する（年中行事記）。

一七六二年	〔宝暦十二〕	二月二十三日、芝辻町より出火、戒壇・尊光・新禅院など類焼する。
一八〇六年	〔文化三〕	七月、大仏殿二重目の屋根が下がり、角柱にて支える（年中行事記）。
一八三七年	〔天保八〕	八月、大仏殿東北角の柱、根継ぎ終る（年中行事記）。
一八五五年	〔安政二〕	五月二日、聖武天皇千百年御遠忌を大仏殿にて執行する（年中行事記）。
一八六八年	〔明治一〕	三月二十八日、神仏判然令発布。以後、南都荒廃する。
一八七〇年	〔明治三〕	四月、大仏殿大勧進職を廃止する。
一八七七年	〔明治十〕	二月八日、明治天皇、東南院に御宿泊、蘭奢待を御覧になる。
一八八二年	〔明治十五〕	十月、大仏殿修理のため内務省・宮内省に勧進公許願書提出する。宮内省より五百円下賜される（日誌）。
一八八三年	〔明治十六〕	三月二十二日、大仏会を組織し修理勧進を計る（日誌）。
一八八六年	〔明治十九〕	六月、華厳宗として独立する（官報）。
一八九四年	〔明治二十七〕	五月、旧尊勝院経蔵（聖語蔵）を宮内省に献納する。
一八九六年	〔明治二十九〕	この年、東大寺図書館開設する。
一八九八年	〔明治三十一〕	十二月、大仏殿中門・廻廊ともに特別保存建造物に指定される。
一九〇三年	〔明治三十六〕	五月、法華堂修理落慶法要を行う（日誌）。
		七月一日、大仏殿の修理を始める。
一九〇七年	〔明治四十〕	九月二日、大仏殿解体足場作りにあたり古刀二振、蓮華座の下より銀壺、

古刀二振等発掘される（日誌）。

一九一一年［明治四十四］　五月二日、大仏殿修理上棟式を行う。修理総工費七十一万余円（大仏及び大仏殿誌）。

一九一五年［大正四］　五月二日から八日まで、大仏殿落慶供養を行う。皇室銀製大香炤 打敷等を下賜せらる。

一九一六年［大正五］　四月、貞明皇后、大仏殿・法華堂・二月堂に参詣される。

一九二二年［大正一一］　四月二十一日、勧学院・上生院焼失する。

一九三〇年［昭和五］　五月、南大門修理なり、落慶法要を行う。

一九五一年［昭和二十六］　二十二年七月焼失の本坊、十二月に再建完成する。

一九五二年［昭和二十七］　十月十二日から十九日まで大仏開眼千二百年法要を行う。

一九五六年［昭和三十一］　九月、大仏殿廻廊修理起工式を行う。六ヵ年にて完成する。

一九六二年［昭和三十七］　二月十一日、大仏殿八角灯籠、扉一部盗難にあう。

一九六三年［昭和三十八］　五月六日、日中友好のため、大仏殿にて鑑真和上千二百年法要を行う。

一九七二年［昭和四十七］　十二月、法華堂屋根葺替修理完成する。

一九七四年［昭和四十九］　六月、大仏殿昭和大修理起工式を行う。

一九八〇年［昭和五十五］　十月十五日より五日間、大仏殿昭和大修理落慶供養を行う。

一九八八年［昭和六十三］　十一月、南大門仁王像修理事前調査及び起工式を行う。

一九八九年［平成一］　南大門仁王像（吽形）の修理を開始する。

一九九一年［平成三］　一月、戒壇院南門東方の地下より奈良時代の鋳造遺跡出土す。
三月末、南大門仁王像（吽形）の修理完成。
五月七日、開眼供養を行う。
同日、阿形像の撥遣を行い、修理を開始する。

一九九三年［平成五］　十一月、仁王像二体修理成り、落慶法要を行う。

一九九五年［平成七］　九月、二月堂内絵馬堂再建し接待所となる。

一九九六年［平成八］　二月、二月堂湯屋宿所修理完成する。

一九九八年［平成十］　三月、大仏殿前警備詰所竣功する。
五月、戒壇院千手堂、不審火にて炎上する。
十二月三日、世界文化遺産に認定せらる。

一九九九年［平成十一］　三月、酸性雨にて汚染の大仏殿前銅造八角大燈籠修理成り旧位置に建つ。
三月、平成元年より始まった防災施設工事完成する。
十月、源頼朝公八百年御忌法要を行う。

二〇〇〇年［平成十二］　東大寺文書の修理始まる（十年計画）。

二〇〇二年［平成十四］　四月〜七月、「大仏開眼千二百五十年　東大寺のすべて」展、奈良国立博物館にて開催。十月十五日より五日間、大仏開眼千二百五十年法要を行う。

二〇〇三年［平成十五］

十月十二日～十九日　東大寺惣供養八百年記念展観「東大寺の鎌倉復興」、東大寺金鐘会館で開催。

二〇〇五年［平成十七］

十月十四日より三日間、公慶上人三百年御遠忌法要を行う。

二〇〇六年［平成十八］

五月一日より三日間、本願聖武天皇千二百五十年御遠忌法要を行う。

十月十四日より三日間、重源上人八百年御遠忌法要を行う。

二〇一〇年［平成二十二］

四月四日、菩提僊那僧正千二百五十年御遠忌法要を行う。

五月、国宝・法華堂須弥壇修理を開始する。

十月十五日より三日間、光明皇后千二百五十年御遠忌法要を行う。

十月、国宝の金堂（大仏殿）鎮壇具のうち金銀荘大刀二振に「陽剣」「陰剣」の象嵌銘文が確認される。

二〇一一年［平成二十三］

六月十二日、鎌倉復興以来のゆかりがある鎌倉鶴岡八幡宮にて東大寺と合同で「東日本大震災物故者追善並びに被災地復興への祈り」を行う。（九月十八日には大仏殿にて行う）

八月十三日、大仏殿にて「東日本大震災物故者慰霊と被災地復興への祈り」を行う。

九月　法華堂に使用されている木材の伐採年が天平元～三年（七二九～七三一）と判明。

二〇一二年〔平成二十四〕

十月十日、東大寺学園跡地に東大寺総合文化センター開設。

（東大寺ミュージアム、東大寺華厳学研究所を新設。東大寺図書館、東大寺史研究所をセンター内に移転する）

三月十一日、大仏殿にて「東日本大震災物故者一周忌法要」を行う。

十一月十四日、金鍾会館にて「賢首大師千三百年御遠忌賢首会」を行う。

二〇一三年〔平成二十五〕

三月、国宝・東大寺文書（成巻百巻九百七十九通、未成巻八千五百十六通）の修理完了。

五月、国宝・法華堂須弥壇修理完了。

六月十四日、大仏殿にて鑑真和上千二百五十年御遠忌法要を唐招提寺式衆とともに行う。

〔出典略称一覧　掲出順〕

続紀＝続日本紀
要録＝東大寺要録
三代格＝類聚三代格
舎利瓶記＝大僧正舎利瓶記
菩薩伝＝行基菩薩伝
巡礼私記＝七大寺巡礼私記
東征伝＝唐大和上東征伝
続後紀＝続日本後紀
文徳実録＝文徳天皇実録
別当次第＝東大寺別当次第
紀略＝日本紀略
続要録＝東大寺続要録
造立供養記＝東大寺造立供養記
雑集録＝東大寺雑集録
年中行事記＝東大寺年中行事記
再建記＝大仏殿再建記
諸興隆略記＝大仏殿再興発願以来諸興隆略記

あとがき

堀池春峰先生が他界されて、はや二年と八ヵ月の歳月が経とうとしています。

日本史や仏教史を専門とする研究者、奈良をフィールドとする考古学者、それに奈良支局に勤務する新聞記者の間では、「東大寺史といえば堀池さん」が合い言葉でした。堀池先生は、東大寺に生まれ育ち、戦中・戦後の経済的に困難な時期にあっては小綱職として寺の会計を支え、また東大寺・南都仏教史を専門とする歴史学者として学界に名を残した学者でありました。東大寺の歴史を縦糸に、また政治・経済・文化・思想・文学さまざまな分野を緯糸に使いながら、多彩で新しい南都仏教史像を精確に織りなす、そんな学風を先生は堅持しておられました。

先生は、生前、『南都仏教史の研究』東大寺編・諸寺編（法蔵館、昭和五十五・五

十七年）の大著を発表され、ご自身の研究成果を世に問われました。仮初めにも東大寺の歴史を勉強しようと志す者は、常に堀池先生の書かれた論文を座右に置き、自らの研究を進めてきたはずです。先生の近くにいる恵まれた人々は、疑問に突き当たると堀池先生に尋ねる。すると先生はご研究の成果や収集された史料を惜しげもなく示してくださる。今から考えますと、我々は本当に良き環境に住まいしていたことでありました。しかし本当に残念なことに、直に堀池先生にお話をうかがうことはもうできません。幸いなことに、この度一般向けに書かれたいくつかの文章をまとめ、先生が所長を勤められていた東大寺史研究所のハンドブックとして刊行することができました。本書は、より一歩、東大寺に近づきたい方々を導く灯火になろうかと思います。

本書刊行にあたり、ご遺族の千鶴子夫人からは遺稿出版へのご理解を賜り、また出版の趣旨に心から共鳴してくださった昭和堂の大石泉さんにご尽力をいただきました。

では本書を片手に堀池先生の言葉に耳を傾けながら、東大寺史の奥深い森に分け入ってまいりましょう。

東大寺史研究所

平成十六年四月末日

〔初出一覧〕

一　東大寺の歴史　『東大寺の至宝』　朝日新聞社　一九九九年

二　東大寺の伽藍　『日本歴史地名大系　奈良県の地名』　平凡社　一九八一年六月

三　東大寺の年中行事

1　年次の法要　『宗報華厳』三一、三二、三三、三六　東大寺教学部　一九八一年九・十二月、一九八二年五月、一九八三年八月

2　東大寺二月堂とお水取り　『史窓余話』（国史大辞典附録）　吉川弘文館　一九八九年九月

3　華厳知識供　『雑華乃薗』五二　東大寺　一九四四年六月

四　東大寺境内の神社　『宗報華厳』　三八〜四〇、四二、四三、四九　東大寺教学部　一九八四年七月、一九八五年四月、一九八六年二月、一九八七年三月・七月、一九八九年十二月

五　東大寺秘話

1　執金剛神と金鐘寺『日本美術工芸』　五六八　日本美術工芸社　一九八六年一月

2　辛国行者と剣塚（原題　東大寺の伝説　辛国行者と剣塚）『宗報華厳』一四　東大寺教学部　一九七六年四月

3　黄金花さく―大仏鋳造と産金　『日本美術工芸』五六九　日本美術工芸社　一九八六年二月

4　婆羅門菩提僊那の墓所　『奈良県観光』五六　奈良県観光社　一九六一年七月

5　大仏仏後の山　『日本美術工芸』　五七〇　日本美術工芸社　一九八六年三月

6　維摩会と五獅子如意　『日本美術工芸』　五七一　日本美術工芸社　一九八六年四月

7　東大寺と醍醐寺　『宗報華厳』　一五　東大寺教学部　一九七六年九月

8　平氏一門と東大寺　『日本美術工芸』　五七二　日本美術工芸社　一九八六年五月

9 俊乗房重源と源頼朝　『日本美術工芸』五七三　日本美術工芸社　一九八六年六月
10 知足院地蔵菩薩（原題　東大寺の伝説　知足院地蔵菩薩）『宗報華厳』一九　東大寺教学部　一九七七年十一月
11 福住と山田道安　『奈良県観光』一一三　奈良県観光社　一九六六年四月
12 山焼き余話　『奈良県観光』二六　奈良県観光社　一九五九年一月
13 水門町の今昔　『奈良県観光』一九四　奈良県観光社　一九七三年一月
14 東大寺の災害史　『東大寺防災施設工事・発掘調査報告書　防災施設工事編』東大寺　二〇〇〇年三月
15 東大寺文書とその伝来　『国宝指定記念　特別展　東大寺文書の世界』　奈良国立博物館　一九九九年二月

六　正倉院秘話
1 正倉院の鍵　『日本美術工芸』五六二　日本美術工芸社　一九八五年七月
2 大仏開眼筆　『日本美術工芸』五六三　日本美術工芸社　一九八五年八月
3 正倉院と白波　『日本美術工芸』五六四　日本美術工芸社　一九八五年九月
4 蘭奢の香り　『日本美術工芸』五六五　日本美術工芸社　一九八五年十月
5 天皇御即位と礼服・玉冠　『日本美術工芸』五六六　日本美術工芸社　一九八五年十一月
6 失われた武器　『日本美術工芸』五六七　日本美術工芸社　一九八五年十二月

七　東大寺の現代史　『朝日新聞』連載　朝日新聞社　一九九三年三月〜四月
東大寺略年表　『東大寺の至宝』　朝日新聞社　一九九九年

（本書収録にあたり原文の表記を一部改め、統一を図った）

●著者紹介
堀池春峰（ほりいけ・しゅんぽう）
1918年　奈良市生まれ
1948年　京都大学史学科旧制大学院卒業
1970年　奈良大学客員教授
1985年　東大寺史研究所所長
2001年　逝去

主要著書
『南都仏教史の研究・上　東大寺編』『南都仏教史の研究・下　諸寺編』
『南都仏教史の研究・遺芳編』（以上「法蔵館」）

写真提供　朝日新聞社 井上博道 植田英介 宮内庁 東大寺

東大寺史へのいざない

2004年4月30日　初版第1刷発行
2014年3月31日　初版第2刷発行

監　修　東大寺
著　者　堀池春峰
編　者　東大寺史研究所
発行者　齋藤万壽子
発行所　株式会社昭和堂
〒606-8224 京都市左京区北白川京大農学部前
TEL(075)706-8818　FAX(075)706-8878
振替口座　01060-5-9347

©堀池春峰2004
印刷　亜細亜印刷
ISBN4-8122-0342-2
乱丁・落丁本はお取り替えいたします。
Printed in Japan

東大寺教学部 編

新版 シルクロード往来人物辞典

46判・356頁
本体2,800円＋税

かつて東西の文物や文化が交流し、日本にまで至る仏教伝来の道ともなったシルクロード。その道を行き来した幾多の先人の中から2135人を選び、その業績を紹介し、偉業をしのぶ。

奈良女子大学文学部なら学プロジェクト 編

大学的奈良ガイド
——こだわりの歩き方

A5判・304頁
本体2,300円＋税

歴史豊かな「奈良」の文化・社会・空間を現代的視点から読み解くユニークな奈良案内。時代や地域ではなく、テーマを軸に構成する。

昭和堂刊

昭和堂ホームページ　http://www.showado-kyoto.jp